国情教育研究书系

田慧生◎主编　曾天山◎副主编

中国学前教育发展报告 2013

中国学前教育发展报告课题组　著

教育科学出版社

·北京·

丛书编委会

主　　编：田慧生

副 主 编：曾天山

编委会成员（按姓氏笔画排序）：

于发友	马晓强	王　素	王　燕	田慧生	刘　芳	刘占兰
刘明堂	刘建丰	刘贵华	刘俊贵	刘晓楠	孙　诚	孙智昌
李　东	李晓强	杨润勇	吴　键	吴　霓	张男星	张敬培
陈如平	所广一	单志艳	孟万金	郝志军	姚宏杰	高宝立
彭霞光	葛　都	曾天山	赖　立			

中国学前教育发展报告课题组

负 责 人：刘占兰　中国教育科学研究院

核心成员：易凌云　中国教育科学研究院

　　　　　　高丙成　中国教育科学研究院

　　　　　　霍力岩　北京师范大学

　　　　　　刘玉娟　中国教育科学研究院

丛书总序

为打造具有国家水准、国际视野的教育科研成果，更好地服务于办好人民满意的教育，服务于全面建成小康社会，在中央级公益性科研院所基本科研业务费专项基金的支持下，我院开展了对国内外重大教育理论与现实问题的系统研究，形成了"国情、国视、国菁、国际"四大书系。

"国情"教育研究书系以年度发展报告的形式，全面反映我国各级各类教育的成就、经验和挑战，对全国各省（自治区、直辖市）教育发展和政策进行区域比较，对我国各级各类教育的发展水平进行国际比较，力求对我国教育的规模、结构、质量和效益做出科学判断。

"国视"教育研究书系聚焦社会关注的教育热点难点，着眼于基础性、长远性、前瞻性问题，以了解事实、回应关切、提供政策建议为主要目的，探索教育发展规律。

"国菁"教育调研书系专门研究大中小学生的学习生活状态，涉及学校生活、家庭生活、社会生活、网络生活等，通过调查研究，了解当代学生的思想情感和行为特点，为研究如何促进学生的身心健康发展提供科学依据。

"国际"教育研究书系分为著作和译作两类，主要反映国际教育改革发展动态，回顾国际教育的历史进程，跟踪国际教育的改革动态，把握国际教育的发展趋势。

四大书系既各自独立又相互联系，在保持各书系特点的同时，力求做到：

一、"从事实切入"。"事实"是"事件真实的情形"，是在过去和现在被验证且中立的信息。在科学研究中，事实是指可证明的概念，是研究的起点。客观的事实是逻辑的基础和内容，逻辑是事实的理论再现。从实际对象出发，从实际情况出发，能够提高研究问题的针对性和实效性。

二、"用数据说话"。数据是研究和决策的基础。四大书系力图建立在数据和事实的基础之上，通过对数据的搜集、提炼、整合、分析，发现问题，探索规律。

三、"做比较分析"。没有比较就没有鉴别。四大书系力求通过国别比较、区域比较、类型比较、结构比较，找到差距，发现真知，提供卓见。

四、"搞协同创新"。协同创新是提高创新效率和创新水平的战略要求。四大书系研究调动院内外、系统内外、国内外资源，注重人员交叉、学科交叉、方法交叉，力求有所创新、有所突破。

五、"靠政策影响"。建言献策是智库研究的最终目的。四大书系以教育公共政策为研究对象，以影响政府决策为研究目标，以公共利益为研究导向，以社会责任为研究准则，建可信之言，献可行之策。

四大书系的编辑出版是我院全面提高教育科研水平的一项整体努力，也是建设国家一流教育智库的客观要求。在研究和编写过程中，书系得到了相关机构和同仁，特别是教育部相关司局及有关部委的大力支持，前期成果也受到了广大读者的欢迎，在此一并致谢！我们将以此为起点，不懈努力，加快中国特色新型智库建设，为推动中国教育事业科学发展发挥不可替代的重要作用。

中国教育科学研究院
2014 年 11 月

目 录
CONTENTS

前　言

近年来，我国学前教育事业迎来了快速发展的新时期。2010 年前后，随着《国家中长期教育改革和发展规划纲要（2010—2020 年）》（以下简称《教育规划纲要》）的研制和出台，特别是学前教育三年行动计划的推进，长期以来制约我国学前教育发展的许多瓶颈问题有了根本性的突破，学前教育的普及程度迅速提高，学前教育投入特别是财政性投入明显增加，建设师资队伍和提高保教质量的政策体系基本建立，入园难、入园贵的问题明显缓解，我国学前教育的发展水平与世界各主要国家相比也有了明显的提高。

当前，我国学前教育的发展状况既是历史不断积累的结果，更是新时期跨越式发展的成就。为了全面、系统、及时地反映我国学前教育的发展变化，《中国学前教育发展报告 2013》在注重与《中国学前教育发展报告 2012》的连续与衔接的同时，力求在多方面有所突破。本报告及其相关研究也得出了一些具有重要启示意义的结论。

本报告具有五个突出特点：

第一，事业发展阶段的回溯与延展。我国学前教育的发展经历了曲折的历程，回顾改革开放以来我国学前教育所走过的道路，对我们继往开来，保持学前教育科学快速发展的强劲势头具有重要的意义。本报告在第一章描述我国学前教育事业发展概况时，在关键指标和重要数据上不仅与2012 年的报告保持一致，而且将时间推移至改革开放启动之时，分析改革开放以来我国学前教育事业的发展状况与历程。在分析比对中，我们能够清楚地看到学前教育走过的发展道路、采取的发展模式和体制机制以及所带来的发展结果，避免未来在学前教育事业的发展中走弯路或回头路，确保能够选择正确的方向，采取有效的措施一路前行，健康发展。

第二，**区域发展的综合性指数化分析**。我国幅员辽阔，地区差异巨大。学前教育发展也呈现出巨大的区域差异和省际差异。本报告沿用 2012 年报告中学前教育综合发展水平指数分析的方法，对我国各省份以及东中西部地区学前教育发展水平进行分析，并特别就 2008 年以来各省份、各地区各年度的学前教育发展水平进行了综合分析和发展指数计算，以期深入细致地反映各省份、各地区学前教育综合水平和各项指数的变化趋势，客观呈现学前教育三年行动计划的推进情况和取得的初步成效。

第三，**各国综合排名比较与相近案例分析**。在本报告的国际比较部分，学前教育入园率、公立幼儿园比例、财政性学前教育投入、学前师资队伍四项重要指标分析与 2012 年的报告一脉相承，而且本报告还就各国近年来学前教育的发展变化情况进行了比较，增加了两部分特别重要的新内容：一是各国学前教育发展的综合水平和排名比较，二是对"强势开端"（Starting Strong）项目①三份报告中的国家政策的案例分析，以期为我国连续实施学前教育三年行动计划提供借鉴。

第四，**热点问题研究与发展难题破解**。学前教育阶段的特殊性决定了学前教育的普及与学前教育的公平紧密相关，学前教育的普及必须以质量提高为前提和基础，而教师队伍的建设又是保证学前教育质量的关键要素。因此，促进学前教育公平、加强教师队伍建设和提高保教质量是当前学前教育的三大热点问题。本报告对这三大问题进行政策分析和现实问题分析，并根据典型的地方经验提出了初步的政策建议。

第五，**实地专题调研与突出问题分析**。本报告在课题研究过程中进行了西部五个国家级贫困县教育环境和教师专业能力、东部三省幼小衔接质量以及 0—3 岁早期教育状况的专题调研，获得了较大样本的数据和现场资料。这三项专题研究深入地揭示了农村贫困地区学前教育质量、幼小衔接、0—3 岁早期教育的突出问题，并提出了解决这些问题的思路和措施。

---

① "强势开端"项目是经济合作与发展组织（OECD）发起的一项学前教育国际比较研究项目，详细情况请参见本书第三章第四部分。

本报告得出了四项主要结论：

结论一：我国学前教育基本公共服务体系已见雏形，但实践形态正在形成和探索之中，普惠性资源短缺成为首要制约因素。

2010 年《教育规划纲要》和《国务院关于当前发展学前教育的若干意见》（以下简称学前教育"国十条"）以及其他相关政策的出台，已经构建了我国覆盖城乡的学前教育基本公共服务体系的框架，经过 2011—2013 年学前三年行动计划的制定与实施、十几项改革项目的探索与实践，政府主导、公办民办共同发展、普及与质量兼顾的发展局面已经基本形成，入园难、入园贵的情况明显缓解。但我们通过数据分析和调研发现，学前教育公共资源的增加特别是公办幼儿园的发展和各级财政的持续投入面临很多困难，引导民办幼儿园提供普惠性服务的政策措施难以落实，普惠性资源的增加成为重点和难点问题。

结论二：我国学前教育发展的差异巨大，推进学前教育公平的进程刚刚开始，中部地区明显凹陷，贫困地区已成为低谷。

本研究发现，东中西部地区之间、城乡之间、各省份之间甚至是同一省市的区县之间，政府对学前教育的重视程度、学前教育的普及程度、财政投入的力度等各个方面都具有显著的差异，甚至在不同类型的幼儿园之间，办园条件、师资队伍和保教质量等方面也都存在巨大的差异。促进学前教育公平任重而道远，面临着多方面的挑战。本研究通过对东中西部地区学前教育综合发展水平的深入分析发现，中部地区已经明显地出现公办园比例、财政性投入比例过低的状况，公办园、财政性投入这两项学前教育基本公共服务体系核心要素的短缺，将极大地制约学前教育的公益普惠性发展。本研究还发现，广大农村地区特别是边远贫困地区，是我国学前教育发展的重点和难点。对学前教育三年行动计划推进结果的综合分析显示，"地方先行，中央奖补"的原则使得经济条件较好、对学前教育投入多的地区获得了各级财政特别是中央政府比较多的支持，而那些真正贫困、无法先行投入的地区成为学前教育事业发展中的巨大凹陷和低谷。对于这些地区，需要调整政策措施，通过填平补齐使其获得基本的发展。

结论三：我国学前教育的国际地位仍然很低，学前教育的可获得性、支付能力和教育质量需要大幅提升，分析借鉴国际成功经验十分必要。

从国际相关经验来看，各国政府均高度重视学前教育的发展，并将其与公民的人生发展和后继学习进行系统规划和整体考虑，通过提高或保持对学前教育的投入水平和公立学前教育机构的比例，实施具有重要意义的推进计划，全面促进学前教育的普及和质量提高。比较近年来我国与主要OECD国家、其他人口大国及周边国家学前教育的发展水平，能够明显看到我国在入园率和财政投入等方面的增长，但在2012年公布的名为《优质起跑》的45国学前教育发展水平评估比较与排名中，中国总分列第42位（倒数第4），其中学前教育的可获得性和质量排在第41位，而支付能力则排倒数第1。可以说，在45国中，我国的幼儿园是最贵的，入园机会是很少的，质量是很差的。国际经验证实，我国还要积极提高公立幼儿园的比例，不能仅靠引导占比较大的民办园来提供普惠性服务。OECD早教项目组发布的"强势开端"项目阶段I到阶段III的分阶段研究报告，以及学前教育发展的政策要点与发展框架推进告诉我们，以我国当前的入园率、办园体制与格局，合并考虑财政投入与教师队伍的编制因素，我国学前教育要达到世界中等水平至少还需要两个阶段6年时间的持续推进和整体拉动。

结论四：我国学前教育质量保障的政策体系已经形成，但实践探索和全面实施仍需要时间，农村贫困地区的质量问题十分突出。

我国学前教育的发展采取了"边普及，边提高"的发展思路。近年来，在加快学前教育普及的同时，也特别重视学前教育质量的提高。2010年以来，教育部陆续出台了一系列有关学前教育质量的文件，并组织了国家层面的科学保教宣传活动，特别是《幼儿园教师专业标准（试行）》和《3—6岁儿童学习与发展指南》的颁布以及国家级培训和实验区试点工作的部署，拉开了质量提高的序幕，初步形成了质量保障的政策体系。但是，由于长期积累形成的体制机制问题，广大农村地区特别是贫困地区的学前教育质量问题十分严重，教师素质普遍较低，办园条件普遍较差，不符合幼儿身心发展规律和特点的做法普遍存在。因此，普遍提高农村地区幼儿园（班）特别是新建幼儿园（班）的办园条件、保教质量和师资素质，是当前和今后一个时期的迫切需要和重点任务。

本报告的完成有赖于坚实的研究基础。在报告研制之初，课题组开展了三个专题研究：一是"我国学前教育事业发展现状与综合水平研究"，旨在通过数据和证据描述与分析我国学前教育发展的过程、水平和地区差异，并特别收集了新中国成立以来我国学前教育事业发展的珍贵数据；二是"我国与世界各主要国家学前教育的比较研究"，旨在通过研究数据和分析典型政策，客观判断我国学前教育事业的发展水平和政策走向，借鉴有益的重要国际经验；三是"近年来我国学前教育的热点问题和新政分析"，并结合地方性新探索新经验提出政策完善和落实的路径与措施；四是"聚焦教育质量的专题调研"，包括贫困地区幼儿园教育质量与教师教育能力、幼小衔接与入学准备的质量、0—3岁早教机构的教养质量等主要内容。大量真实、珍贵的数据和证据，保证了本报告内容的科学性，同时，研究方法和思路的创新保证了研究的学术性和前瞻性。

近期，教育部、国家发改委、财政部联合印发了《关于实施第二期学前教育三年行动计划的意见》，各级政府将围绕"扩大总量、调整结构、健全机制、提升质量"的重点任务，进一步深入推进学前教育的改革发展，我国学前教育将进入新的发展阶段，学前教育的明天会更好。

第一章

中国学前教育事业发展概况

　　《教育规划纲要》颁布实施以来，特别是经过学前教育三年行动计划的推进，我国学前教育事业实现了跨越式发展。全国学前教育入园率快速提高，办园条件明显改善，教育投入大幅增长，师资队伍建设取得显著成效。本章根据《中国教育统计年鉴》《中国教育经费统计年鉴》和《全国教育事业发展简明统计分析》等相关统计数据，从学前教育普及情况、幼儿园格局与发展状况、学前教育投入状况、幼儿园师资队伍状况、幼儿园办园条件五个主要方面，对改革开放以来至2013年我国学前教育事业发展变化情况进行了深入具体的分析，以探明我国学前教育发展的现状及改革开放以来的变化过程，为预测我国学前教育的未来趋势和提出发展建议奠定基础。

一、学前教育普及情况

　　学前教育的普及程度是衡量一个国家或地区学前教育发展水平的主要指标。分析改革开放以来特别是近年来我国学前教育普及状况的发展变化，能更加清楚地了解学前教育政策对事业发展的影响。本部分主要从学前教育普及率、幼儿园园所数、幼儿园班级数和班级规模、幼儿园在园儿童数等方面，对 1978 年以来我国学前教育的普及程度进行分析研究。

（一）学前教育普及率不断提高，近 10 年来发展较快

本研究通过学前三年毛入园率和小学招生中接受过学前教育的儿童比例两个指标来分析我国学前教育普及率的变化，结果显示，改革开放以来我国学前教育普及程度呈现波浪式增长的趋势。

1. 学前三年毛入园率呈现波浪式增长的趋势，近年来稳步快速提升

改革开放以来，随着我国社会经济和教育的快速发展，学前教育也实现了快速发展，入园率呈现逐渐升高的趋势。从图 1-1 可以看出，1978 年我国学前三年毛入园率只有 11.3%，2013 年则达到 67.5%。1978—1995年，我国学前三年毛入园率稳步提升；随着 20 世纪 90 年代全国企事业单位改革的进行，企事业单位集体办园数量不断减少，使得 1995—2001 年学前三年毛入园率呈现逐渐降低的趋势；2002—2009 年，特别是 2004 年以后，随着《中华人民共和国民办教育促进法实施条例》的实施，民办园数量快速增加，学前三年毛入园率也呈现缓慢提高的趋势；2010 年以来，随着《教育规划纲要》的颁布和学前教育三年行动计划的实施，我国学前三年毛入园率呈现快速增长的趋势。

2. 小学招生中接受过学前教育的儿童比例逐年增加，已达到很高的普及程度

图 1-2 显示，2007—2012 年全国小学招生中接受过学前教育的儿童比例逐年增加，到 2012 年已经达到 95.51%，比 2007 年增加了 8.28 个百分点。这说明我国绝大部分适龄儿童在上小学以前已经接受过不同程度的正式或非正式的学前教育。具体来说，城市地区小学招生中接受过学前教育的儿童比例 6 年间一直在 95% 以上，且还在缓慢上升，2012 年已经达到97.91%。农村地区小学招生中接受过学前教育的儿童比例则呈现逐年显著增加的趋势，2012 年也达到了 94.56%。对比城乡地区小学招生中接受过学前教育的儿童比例变化情况，可以看到，虽然城乡之间还存在着一定的差距，但这种差异呈现出逐渐缩小的趋势。

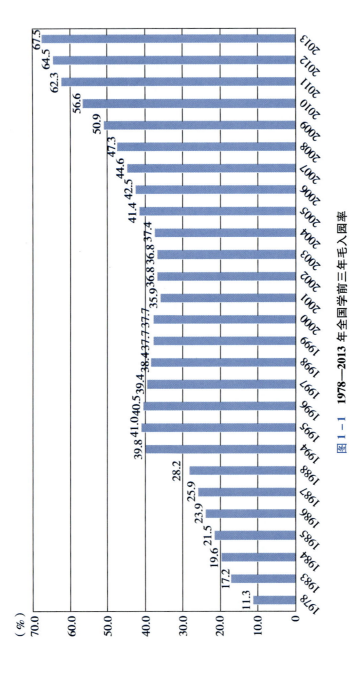

图 1-1 1978—2013 年全国学前三年毛入园率

【数据来源】全国教育事业发展简明统计分析 [Z] .2008－2012. 北京：教育部发展规划司，2008－2013；中国学前教育发展战略研究课题组. 中国学前教育发展战略研究 [M] . 北京：教育科学出版社，2010.

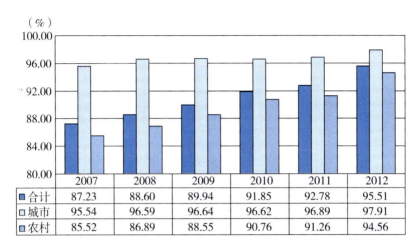

图 1-2　**2007—2012 年小学招生中接受过学前教育的儿童比例**

（%）	2007	2008	2009	2010	2011	2012
合计	87.23	88.60	89.94	91.85	92.78	95.51
城市	95.54	96.59	96.64	96.62	96.89	97.91
农村	85.52	86.89	88.55	90.76	91.26	94.56

【数据来源】全国教育事业发展简明统计分析［Z］. 2008-2012. 北京：教育部发展规划司，2008-2012；中国教育统计年鉴［M］. 2007-2012. 北京：人民教育出版社，2008-2013.

（二）幼儿园数量和学前班数量变化趋势不同

改革开放后，幼儿园数量呈现波浪式增多的变化过程，我国中西部地区附设了学前班的学校比例较高。

1. 改革开放以来我国幼儿园数量呈现波浪式增多的趋势

图 1-3 显示，1979—2000 年，由于政策的不断调整，我国幼儿园数量呈现波浪式增多的趋势，但是波动范围和变化幅度不大。需要注意的是，2001 年幼儿园数量与 2000 年相比急剧减少，此后幼儿园数量开始逐年缓慢增多。2003 年以后，随着《关于幼儿教育改革与发展的指导意见》的颁布实施，我国民办园快速发展，全国幼儿园数量也随之呈现逐年持续增长的趋势。2010 年以后，随着《教育规划纲要》的发布与实施，幼儿园数量快速增加，到 2013 年增加到 19.9 万所，比 2001 年增加了 8.7 万所，13 年间增加了 77.68%。

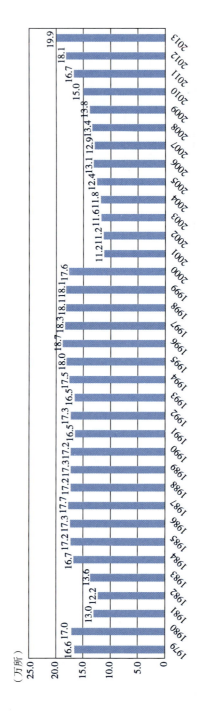

图 1-3 1978—2013 年全国幼儿园数量

【数据来源】中国学前教育研究会 . 百年中国幼教（1903—2003）[M] . 北京：教育科学出版社，2003；中国教育统计年鉴 [M] . 1978 –
2012. 北京：人民教育出版社，1979 – 2013.

2. 近年来中西部地区附设学前班的学校比例较高

表1-1显示,近三年来,我国附设学前班的学校数量有所增加,其中中西部地区增幅较大。2012年全国附设幼儿班、学前班的学校数量为13.4万所,比2011年增加了3万所。分地区来看,2012年东部地区附设学前班的学校数量比2011年增加了0.4万所,中部地区增加了1.1万所,西部地区增加了1.8万所。可见,中西部地区的增长大于东部地区,在中西部地区,特别是广西、河南和四川等省份,增加数量都超过了4000所[①]。

表1-1 全国附设学前班的学校数量

(单位:万所)

年份	全国	东部	中部	西部
2005	16.5	2.9	6.9	6.7
2006	14.9	2.6	6.2	6.1
2007	13.6	2.3	5.6	5.7
2008	12.3	1.9	5	5.3
2009	10.9	1.6	4.4	4.8
2010	9.8	2	3.8	4.1
2011	10.4	2.1	3.8	4.6
2012	13.4	2.5	4.9	5.9

【数据来源】全国教育事业发展简明统计分析 [Z]. 2008-2012. 北京:教育部发展规划司,2008-2012.

从近年来附设学前班的学校数量和独立设置幼儿园的数量以及两者的比例来看,2005—2011年,附设学前班的学校比例都在下降,而2012年这一比例又有所增长,这与国家鼓励小学利用剩余资源举办学前教育的政策直接相关(图1-4)。

----

① 全国教育事业发展简明统计分析 2012 [Z]. 北京:教育部发展规划司,2012.

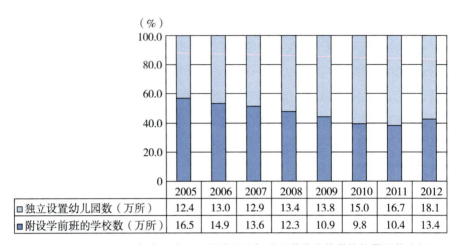

（%）	2005	2006	2007	2008	2009	2010	2011	2012
独立设置幼儿园数（万所）	12.4	13.0	12.9	13.4	13.8	15.0	16.7	18.1
附设学前班的学校数（万所）	16.5	14.9	13.6	12.3	10.9	9.8	10.4	13.4

图 1-4 **2005—2012 年全国独立设置幼儿园与附设学前班的学校数量及其比例**

【数据来源】全国教育事业发展简明统计分析 ［Z］. 2008-2012. 北京：教育部发展规划司，2008-2012.

（三）幼儿园班级数近三年增加明显，班均儿童数变化不大

改革开放以来，幼儿园的班级数总体上呈不断增加的趋势，幼儿园规模在逐渐扩大，但幼儿园的班均儿童数基本保持稳定。

1. 幼儿园班级数量基本呈现缓慢增加的趋势

1978—1995 年，我国幼儿园班级数虽然个别年份有所减少，但总体趋势是逐渐增多（图 1-5）。1996—2003 年幼儿园班级数呈现小幅减少的趋势，2003—2009 年又呈现逐年增加的趋势，2010 年以后则快速增加。可以发现，虽然全国幼儿园班级数的变化与全国幼儿园数量的变化在关键的变化年份上有差异，但基本趋势是一致的。

2. 幼儿园班均儿童数基本保持稳定

总体来看，改革开放以来，我国幼儿园班均儿童数基本保持稳定，变化不大，其中 1995 年班均儿童数最高，达 33.6 人，2001 年最低，为 27 人（图 1-6）。

从幼儿园园均班级数和班均儿童数的变化来看，全国幼儿园通过盘活内部资源，扩大班级数和儿童学位数，使更多的孩子能够进入幼儿园。从班级容量即班均儿童数来看，班均规模仍在合理的范围之内。

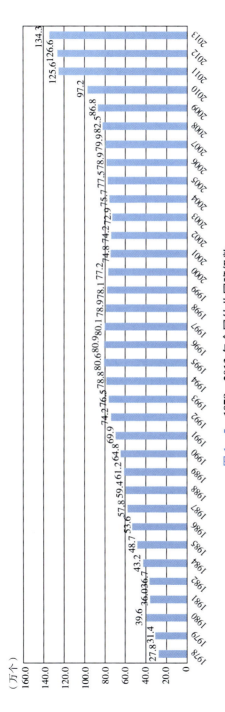

图 1 - 5　1978—2013 年全国幼儿园班级数

【数据来源】中国学前教育研究会. 百年中国幼教（1903—2003）[M]. 北京：教育科学出版社，2003；中国教育统计年鉴 [M]. 1978 -

2012. 北京：人民教育出版社，1979 - 2013.

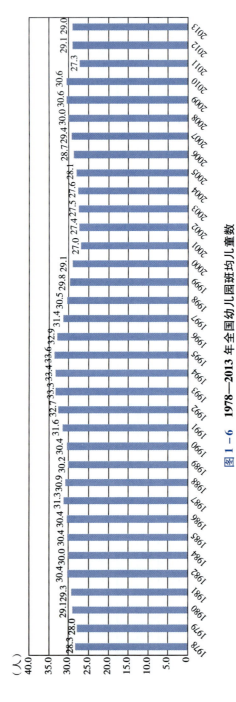

图 1 - 6　1978—2013 年全国幼儿园班均儿童数

【数据来源】中国教育统计年鉴 [M]．1978 - 2012．北京：人民教育出版社，1979 - 2013．

（四）幼儿园在园儿童数近 10 年来呈现增加的趋势

改革开放以来，我国幼儿园在园儿童数经历了先升后降再缓慢增长的过程，近 4 年来增加最多。从图 1-7 可以看出，1978—2013 年，全国幼儿园在园儿童数呈现波浪式增多的趋势。其中，1978—1995 年在园儿童数基本上是逐年增多的；1995—2003 年则不断下降，2003 年较之 1997 年下降了 20.45%；2003 年以后在园儿童数又开始逐年增加，2010 年以后开始快速增加，到 2013 年在园儿童数达到 3894.69 万人。全国幼儿园在园儿童数的变化发展状况与幼儿园班级数的变化发展状况基本一致。

总的来说，改革开放以来我国学前教育的普及情况在不断改善。学前教育普及率不断提高，幼儿园数量有所增长，在园儿童数不断增加。

二、幼儿园格局与发展状况

根据不同的办园体制，我国幼儿园可分为四种主要类型：教育部门办园、集体办园、民办园和其他部门办园。本部分重点分析四类园的比例变化，特别是公办园和民办园的数量与容量变化的趋势与现状，从而反映我国学前教育公共服务体系的特点与现状。

（一）不同类型幼儿园数量变化情况有所不同，园所格局变化显著

四类幼儿园在幼儿园数量、幼儿园班级数、在园儿童数等三个方面均呈现出不同的变化趋势。民办园数量和民办园班级数、在园儿童数均快速增长，集体办园和其他部门办园数量、班级数和在园儿童数急剧减少，教育部门办园的班级数和在园儿童数有所增加。我国幼儿园的园所格局已经发生了显著的改变。同时，四类幼儿园的办园规模不断扩大，班级规模基本保持稳定。

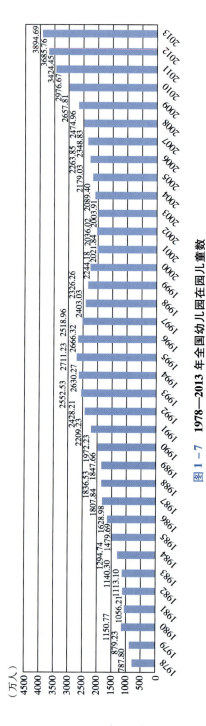

图 1-7 1978—2013 年全国幼儿园在园儿童数

【数据来源】中国教育统计年鉴［M］．1978－2012. 北京：人民教育出版社，1979－2013.

1. 民办园数量持续增长，其他三类园变化趋势存在差异

1979—2002 年，教育部门办园数量缓慢增长，2003 年之后逐渐下降，近年来又逐渐回升，从 2010 年开始增长较快，2013 年达到 4.5 万所，是 30 多年来的最高值。

集体办园和其他部门办园两类幼儿园的数量均呈现出从 1997 年开始持续快速减少的趋势，这主要是由于国有企业和事业单位改革的影响。近年来两类幼儿园的数量变化不大，合计仅为 2 万所左右。

民办园则呈现出不同的发展趋势。1994 年以来，民办园数量持续增长，2013 年达到 13.35 万所，相比 1994 年的 1.83 万所增加了 11.52 万所，增幅达 629.51%（表 1-2）。

表 1-2　1979—2013 年全国四种类型幼儿园的数量

（单位：万所）

年份	教育部门办园	集体办园	其他部门办园	民办园
1979	0.50	14.08	1.98	—
1980	0.75	14.16	2.13	—
1981	0.6	10.16	2.27	—
1982	0.63	9.06	2.52	—
1983	1.32	9.34	2.97	—
1984	1.003	12.6	3.05	—
1985	1.12	13.13	2.98	—
1986	1.1	13.5	2.74	—
1987	1.01	13.38	3.29	—
1988	1.01	13.39	2.78	—
1989	1.12	13.33	2.81	—
1990	1.28	13.14	2.81	—
1991	1.77	11.89	2.78	—
1992	1.28	10.01	2.71	—
1993	1.79	11.94	2.79	—

年份	教育部门办园	集体办园	其他部门办园	民办园
1994	2.06	11.25	2.33	1.83
1995	2.16	11.49	2.32	2.08
1996	2.52	11.57	2.19	2.45
1997	3.07	10.67	2.04	2.46
1998	3.17	9.96	1.92	3.08
1999	3.57	9.10	1.74	3.70
2000	3.52	8.07	1.56	4.43
2001	5.57		1.15	4.45
2002	5.38		0.95	4.84
2003	5.18		0.91	5.55
2004	4.76		0.82	6.22
2005	2.57	2.41	0.58	6.88
2006	2.69	2.27	0.55	7.54
2007	2.67	1.97	0.51	7.76
2008	2.74	1.84	0.47	8.31
2009	2.70	1.75	0.44	8.93
2010	2.93	1.51	0.38	10.23
2011	3.10	1.85	0.18	11.54
2012	3.70	1.78	0.19	12.46
2013	4.50	1.82	0.19	13.35

【数据来源】中国学前教育研究会. 百年中国幼教（1903—2003）［M］. 北京：教育科学出版社，2003；中国教育统计年鉴［M］. 1978-2012. 北京：人民教育出版社，1979-2013.

从目前幼儿园的格局来看，民办园占比最高，为67%，教育部门办园占23%，集体办园约占9%，其他部门办园最少，只有1%。

将1994年不同类型幼儿园占全国幼儿园总量的比例与2013年的情况进行比较可以发现，如今我国幼儿园的办园格局与20年前相比已经发生了根本性的改变，已从集体办园为主转变为民办园为主（图1-8）。

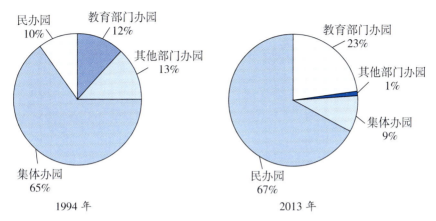

图 1-8 **1994 年和 2013 年全国四种类型幼儿园的比例**

【数据来源】中国教育统计年鉴 1994［M］. 北京：人民教育出版社，1994；教育部发展规划司. 中国教育事业发展统计简况 2013［Z］. 北京：教育部发展规划司，2013.

2. 民办园班级数急剧增加，其他园班级数变化趋势有所不同

从表 1-3 可以看出，1979—1993 年我国教育部门办园、集体办园和其他部门办园班级数呈现缓慢增长的趋势。1994—2013 年四种类型幼儿园班级数的变化趋势各不相同。其中，教育部门办园班级数起伏变化，时增时减，但总体来说有所增加，2013 年较之 1994 年增加了 28.06 万个，增幅达 128.01%。集体办园班级数急剧减少，与 1994 年相比，2013 年减少了 32.66 万个。其他部门办园班级数则逐年减少，2013 年与 1994 年相比减少了 8.48 万个。民办园班级数则呈现逐年急剧增加的趋势，2013 年较之 1994 年增长了 68.63 万个，增幅达 1844.89%。

表 1-3 **1979—2013 年全国四种类型幼儿园的班级数**

(单位：万个)

年份	教育部门办园	集体办园	其他部门办园	民办园
1979	2.41	23.56	5.43	—
1980	3.83	29.76	5.99	—
1981	3.81	25.40	6.78	—
1982	4.24	24.10	8.31	—
1984	5.96	27.76	9.45	—

续表

年份	教育部门办园	集体办园	其他部门办园	民办园
1985	7.40	31.72	9.58	—
1986	7.86	35.34	10.37	—
1987	8.94	37.54	11.31	—
1988	10.46	38.05	10.91	—
1989	10.82	39.23	11.12	—
1990	12.85	40.43	11.54	—
1991	16.14	42.16	11.63	—
1992	5.80	18.40	10.63	—
1993	20.58	44.32	11.65	—
1994	21.92	42.57	10.54	3.72
1995	23.65	42.57	10.44	3.94
1996	24.98	41.61	9.72	4.63
1997	27.18	38.63	9.32	4.99
1998	27.47	35.86	9.11	6.46
1999	28.10	32.81	8.63	8.61
2000	28.80	29.34	8.05	10.96
2001	54.27		6.86	13.71
2002	52.11		6.30	15.79
2003	48.96		6.04	18.86
2004	47.50		5.51	22.73
2005	39.50	8.42	4.27	25.30
2006	38.61	7.76	3.93	28.57
2007	37.49	7.41	3.73	31.28
2008	36.89	7.18	3.62	34.79
2009	36.70	7.09	3.49	39.51
2010	38.31	6.85	3.34	48.66

续表

年份	教育部门办园	集体办园	其他部门办园	民办园
2011	49.89	9.82	1.99	63.88
2012	47.56	9.96	1.88	67.26
2013	49.98	9.91	2.06	72.35

【数据来源】中国学前教育研究会. 百年中国幼教（1903—2003）［M］. 北京：教育科学出版社，2003；中国教育统计年鉴［M］. 1978-2012. 北京：人民教育出版社，1979-2013；中国教育事业发展统计简况 2013［Z］. 北京：教育部发展规划司，2013.

　　与四种类型幼儿园数量变化趋势基本一致，1994—2013 年我国不同类型幼儿园班级数的格局发生了根本性的转变。1994 年我国幼儿园班级还以集体办园班级为主，其在幼儿园班级总数中的比重为 54%；其次是教育部门办园和民办园，分别占 28% 和 13%。到了 2013 年，民办园班级在幼儿园班级总数中的比重显著上升，达到 54%；而集体办园和其他部门办园班级所占比重急剧下降，分别只有 7% 和 2%；教育部门办园班级所占比重略有上升，达到 37%。

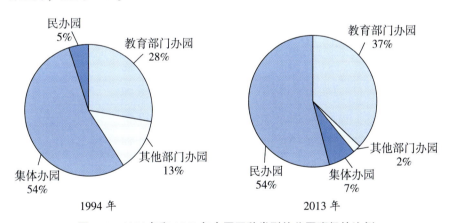

图 1-9　**1994 年和 2013 年全国四种类型幼儿园班级的比例**

【数据来源】中国教育统计年鉴［M］. 1994. 北京：人民教育出版社，1994；中国教育事业发展统计简况 2013［Z］. 北京：教育部发展规划司，2013.

　　3. 民办园和教育部门办园在园儿童数持续增加，其他两类园变化趋势不同

　　从表 1-4 可以看到，1979—1993 年，我国教育部门办园在园儿童数呈现缓慢增长的趋势。1994—2013 年，四种类型幼儿园在园儿童数的变化趋势各不相同。其中，教育部门办园在园儿童数有所增加，从 1994 年的 814.62 万人增加到 2013 年的 1548.47 万人。集体办园在园儿童数急剧减少，较之 1994 年的 1385.85 万人，2013 年的 293.41 万人已经减少了 1092.44 万人。其他部门办园在园儿童数在 1994—2013 年呈现逐年减少的趋势。民办园在园儿童数在 1994—2013 年则呈现逐年增加的趋势，2013 年民办园在园儿童数为 1990.25 万人，比 1994 年的 103.62 万人增加了 1886.63 万人，增幅达 1820.72%。

表 1-4　1979—2013 年全国四种类型幼儿园在园儿童数

（单位：万人）

年份	教育部门办园	集体办园	其他部门办园	民办园
1979	84.20	648.92	146.11	—
1980	131.27	863.77	155.73	—
1981	134.09	750.41	171.72	—
1982	151.14	743.75	218.20	—
1983	191.80	721.90	226.60	—
1984	207.01	837.48	250.25	—
1985	253.51	956.32	269.86	—
1986	278.84	1060.06	290.08	—
1987	326.22	1158.53	323.09	—
1988	374.96	1158.69	302.88	—
1989	378.89	1144.96	323.80	—
1990	442.26	1190.10	339.87	—
1991	568.45	1287.66	353.17	—
1993	757.87	1423.97	370.70	—
1994	814.62	1385.85	326.18	103.62
1995	879.66	1391.95	329.64	109.99
1996	914.76	1311.02	310.16	130.39

续表

年份	教育部门办园	集体办园	其他部门办园	民办园
1997	941.54	1148.02	294.52	134.88
1998	922.63	1018.31	291.31	170.78
1999	924.66	906.21	272.97	222.43
2000	909.54	794.88	255.50	284.26
2001	1472.64		207.26	341.93
2002	1446.36		189.15	400.52
2003	1342.31		181.37	480.23
2004	1341.01		164.29	584.11
2005	1147.54	234.39	129.00	668.09
2006	1146.22	222.31	119.63	775.69
2007	1148.45	216.05	115.58	868.75
2008	1165.11	214.55	113.26	982.03
2009	1198.81	214.06	110.77	1134.17
2010	1258.55	209.08	109.57	1399.47
2011	1374.50	292.24	63.50	1694.21
2012	1475.10	293.47	64.44	1852.74
2013	1548.47	293.41	62.55	1990.25

【数据来源】中国学前教育研究会. 百年中国幼教（1903—2003）[M]. 北京：教育科学出版社，2003；中国教育统计年鉴 [M]. 1978-2012. 北京：人民教育出版社，1979-2013；中国教育事业发展统计简况 2013 [Z]. 北京：教育部发展规划司，2013.

通过不同类型幼儿园在园儿童占全国在园儿童总数的比例可以看到，1994 年我国幼儿园儿童还以上集体办园为主，集体办园在园儿童占在园儿童总数的比重为 53%；其次是教育部门办园和其他部门办园，分别占 31% 和 12%；民办园在园儿童只占到 4%。到了 2013 年，民办园在园儿童占在园儿童总数的比重显著上升，达到 50%；教育部门办园在园儿童所占比重为 40%；而集体办园和其他部门办园在园儿童所占比重明显下降，分别只有 8% 和 2%（图 1-10）。

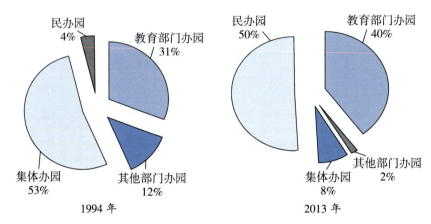

图 1-10　1994 年和 2013 年全国四种类型幼儿园在园儿童的比例

【数据来源】中国教育统计年鉴 1994 ［M］. 北京：人民教育出版社，1994；中国教育事业发展统计简况 2013 ［Z］. 北京：教育部发展规划司，2013.

4. 四类园园均在园儿童数呈现出不同的发展趋势，班级规模略有增减

本研究主要通过园均在园儿童数和班均儿童数两个指标来考察幼儿园的办园规模。表 1-5 显示，四种类型幼儿园的园均在园儿童数呈现出不同的发展趋势。教育部门办园、集体办园和其他部门办园有一定的起伏，而民办园在 1994—2013 年均呈现不断增加的趋势。可以看出，教育部门办园园均在园儿童数远远高于其他类型幼儿园，表明教育部门办园园所规模最大；民办园园均在园儿童数最少，表明其园所规模较小。

表 1-5　1979—2013 年全国四种类型幼儿园园均在园儿童数和班均儿童数

（单位：人）

年份	教育部门办园		集体办园		其他部门办园		民办园	
	园均在园儿童数	班均儿童数	园均在园儿童数	班均儿童数	园均在园儿童数	班均儿童数	园均在园儿童数	班均儿童数
1979	167.0	34.9	46.1	27.5	73.8	26.9	—	—
1980	175.0	34.3	61.0	29.0	73.1	26.0	—	—
1981	223.5	35.2	73.9	29.5	75.6	25.3	—	—
1982	239.9	35.6	82.1	30.9	86.6	26.3	—	—
1983	145.3	34.7	77.3	30.2	76.3	26.5	—	—

续表

年份	教育部门办园		集体办园		其他部门办园		民办园	
	园均在园儿童数	班均儿童数	园均在园儿童数	班均儿童数	园均在园儿童数	班均儿童数	园均在园儿童数	班均儿童数
1984	206.4	34.3	66.5	30.1	82.0	28.2	—	—
1985	226.3	35.5	72.8	30.0	90.6	28.0	—	—
1986	253.5	36.5	78.5	30.9	105.9	28.6	—	—
1987	323.0	35.9	86.6	30.4	98.2	27.8	—	—
1988	371.2	35.0	86.5	29.2	108.9	29.1	—	—
1989	337.3	34.4	85.9	29.4	115.1	29.5	—	—
1990	345.0	35.2	90.6	30.5	120.8	30.4	—	—
1991	320.3	38.5	108.3	32.6	126.9	30.3	—	—
1993	424.3	36.8	119.2	32.1	132.9	31.8	—	—
1994	394.6	37.2	123.2	32.6	140.2	30.9	56.7	27.9
1995	408.0	37.2	12.1	3.3	141.9	31.6	52.9	27.9
1996	362.8	36.6	113.3	31.5	141.6	31.9	53.3	28.2
1997	306.7	34.6	107.6	29.7	144.3	31.6	54.7	27.0
1998	290.7	33.6	102.2	28.4	152.1	32.0	55.4	26.4
1999	258.9	32.9	99.6	27.6	156.6	31.6	60.1	25.8
2000	258.3	31.6	98.5	27.1	164.0	31.7	64.1	25.9
2001	264.5	27.1	—	—	180.3	30.2	76.8	24.9
2002	268.6	27.8	—	—	198.1	30.0	82.8	25.4
2003	259.3	28.0	—	—	199.7	30.1	86.5	25.5
2004	281.9	28.2	—	—	201.4	29.8	94.0	25.7
2005	446.7	29.0	97.4	27.8	221.5	30.2	97.1	26.4
2006	426.5	29.7	98.0	28.6	217.0	30.4	102.8	27.1
2007	430.2	30.6	109.6	29.2	228.3	31.0	111.9	27.8
2008	424.5	31.6	116.4	29.9	239.9	31.3	118.1	28.2
2009	444.7	32.7	122.0	30.2	251.5	31.7	127.0	28.7

续表

年份	教育部门办园		集体办园		其他部门办园		民办园	
	园均在园儿童数	班均儿童数	园均在园儿童数	班均儿童数	园均在园儿童数	班均儿童数	园均在园儿童数	班均儿童数
2010	430.2	32.9	138.7	30.5	288.6	32.8	136.8	28.8
2011	442.8	27.6	158.0	29.8	351.8	31.9	146.8	26.5
2012	398.8	31.0	165.2	29.5	347.8	34.4	148.7	27.5
2013	343.8	31.0	161.1	29.6	337.4	30.4	149.1	27.5

【数据来源】中国学前教育研究会. 百年中国幼教（1903—2003）［M］. 北京：教育科学出版社，2003；中国教育统计年鉴［M］. 1978-2012. 北京：人民教育出版社，1979-2013；中国教育事业发展统计简况 2013［Z］. 北京：教育部发展规划司，2013.

同时，从班均规模来看，不同类型幼儿园的班均规模略有不同，但相差不大。相对而言，教育部门办园班均规模略大于其他三类幼儿园，民办园班均儿童数最少。各类型幼儿园的班均规模均在合理范围内。

（二）公办园和民办园数量变化趋势不同，近三年来都有所增长

近年来民办园的园所数量、班级数、在园儿童数和园均规模均急剧增大，然而，公办园[①]的园所数量、班级数、在园儿童数和园均规模均呈现先缩减后增大的趋势。但民办园和公办园的班均规模均变化不大。

1. 民办园数量持续增加，公办园数量急剧减少后缓慢回升

从图 1-11 可以看出，1994—2013 年，民办园数量逐年增加。具体来说，1994 年以来，民办园数量逐渐增多，2013 年达到 13.35 万所，比 1994 年时的 1.83 万所增加了 11.52 万所。而公办园在 1996—2010 年呈现持续减少的趋势，特别是 2001 年锐减至 6.72 万所，较上一年的 13.15 万所减少了 6.43 所，减幅达 48.90%。到 2010 年全国公办园数量只有 4.81 万所，比 1996 年最多时的 16.29 万所减少了 11.48 万所。可喜的是，2010 年以来公办园数量有所增加，2013 年增加到 6.51 万所，比 2010 年时增加了 1.7 万所。

---

① 公办园指公办性质的幼儿园，包括教育部门办园、集体办园以及其他部门办园三类。

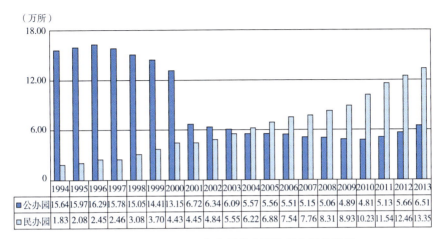

（万所）

	1994	1995	1996	1997	1998	1999	2000	2001	2002	2003	2004	2005	2006	2007	2008	2009	2010	2011	2012	2013
公办园	15.64	15.97	16.29	15.78	15.05	14.41	13.15	6.72	6.34	6.09	5.57	5.56	5.51	5.15	5.06	4.89	4.81	5.13	5.66	6.51
民办园	1.83	2.08	2.45	2.46	3.08	3.70	4.43	4.45	4.84	5.55	6.22	6.88	7.54	7.76	8.31	8.93	10.23	11.54	12.46	13.35

图 1-11　**1994—2013 年全国公办园和民办园的数量**

【数据来源】中国教育统计年鉴 ［M］. 1995-2012. 北京：人民教育出版社，1995-2013；中国教育事业发展统计简况 2013 ［Z］. 北京：教育部发展规划司，2013.

从公办园和民办园占全国幼儿园总量的比例来看，1994 年时，公办园占园所总量的比例为 89.53%，民办园仅占 10.47%；到 2013 年公办园比例降至 32.79%，而民办园比例已经达到 67.21%（图 1-12）。20 年来我国幼儿园格局发生了根本性的变化，已经由公办园为主体的办园格局逐步转变为民办园为主体的办园格局。

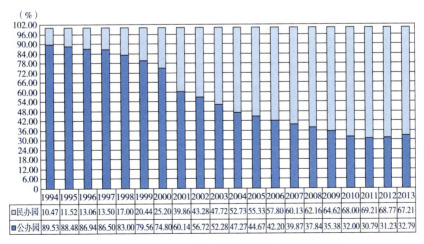

（%）

	1994	1995	1996	1997	1998	1999	2000	2001	2002	2003	2004	2005	2006	2007	2008	2009	2010	2011	2012	2013
民办园	10.47	11.52	13.06	13.50	17.00	20.44	25.20	39.86	43.28	47.72	52.73	55.33	57.80	60.13	62.16	64.62	68.00	69.21	68.77	67.21
公办园	89.53	88.48	86.94	86.50	83.00	79.56	74.80	60.14	56.72	52.28	47.27	44.67	42.20	39.87	37.84	35.38	32.00	30.79	31.23	32.79

图 1-12　**1994—2013 年全国公办园和民办园的比例**

【数据来源】中国教育统计年鉴 ［M］. 1995-2012. 北京：人民教育出版社，1995-2013；中国教育事业发展统计简况 2013 ［Z］. 北京：教育部发展规划司，2013.

2. 公办园班级数大幅减少后有所增加，民办园班级数迅速增加

从图 1-13 可以看出，1994—2010 年公办园班级数逐年减少，2010 年开始有所增加。而 1994 年以来民办园班级数迅速增多，2013 年为 72. 35 万个，比 1994 年时的 3. 72 万个增加了 68. 63 万个。2010 年以来，公办园和民办园班级数的差距有所减小，公办民办共同发展的局面正在逐步形成。

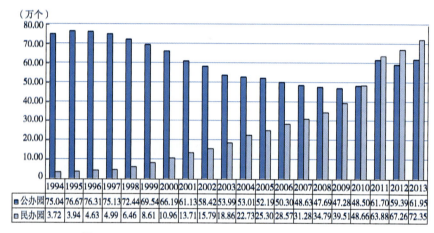

图 1-13 **1994—2013 年全国公办园和民办园的班级数**

【数据来源】中国教育统计年鉴［M］. 1995-2012. 北京：人民教育出版社，1995-2013；中国教育事业发展统计简况 2013［Z］. 北京：教育部发展规划司，2013.

从公办园班级和民办园班级占全国幼儿园班级总数的比例来看，1994 年公办园班级占绝对优势，而 2013 年则以民办园班级为主。1994 年时，公办园班级占全国幼儿园班级总数的 95. 27%，2013 年这一比例已经降至 46. 47%；而民办园班级占全国幼儿园班级总数的比例在 1994 年仅为 4. 63%，2013 年这一比例已经高达 53. 53%，超过了公办园（图 1-14）。

3. 公办园在园儿童数急剧减少后有所回升，民办园儿童数不断增加

图 1-15 显示，1994—2012 年，公办园在园儿童数经历了一个急剧减少再缓慢回升的过程。1994—2007 年，公办园在园儿童数逐年减少，2007 年已经减至 1480. 08 万人；2008 年公办园在园儿童数开始逐步回升，至 2013 年已经达到 1904. 44 万人，大致回到了 2000 年的水平。与此同时，

民办园在园儿童数呈现逐年增加的趋势，2012 年民办园在园儿童数首次超过了公办园，2013 年民办园在园儿童数达到 1990.25 万人。

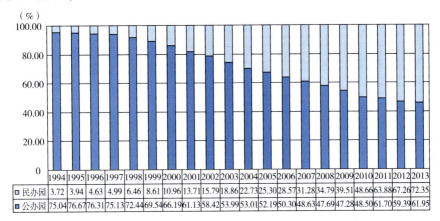

（%）	1994	1995	1996	1997	1998	1999	2000	2001	2002	2003	2004	2005	2006	2007	2008	2009	2010	2011	2012	2013
民办园	3.72	3.94	4.63	4.99	6.46	8.61	10.96	13.71	15.79	18.86	22.73	25.30	28.57	31.28	34.79	39.51	48.66	63.88	67.26	72.35
公办园	75.04	76.67	76.31	75.13	72.44	69.54	66.19	61.13	58.42	53.99	53.01	52.19	50.30	48.63	47.69	47.28	48.50	61.70	59.39	61.95

图 1-14　**1994—2013 年全国公办园和民办园的班级比例**

【数据来源】中国教育统计年鉴 ［M］. 1995-2012. 北京：人民教育出版社，1995-2013；中国教育事业发展统计简况 2013 ［Z］. 北京：教育部发展规划司，2013.

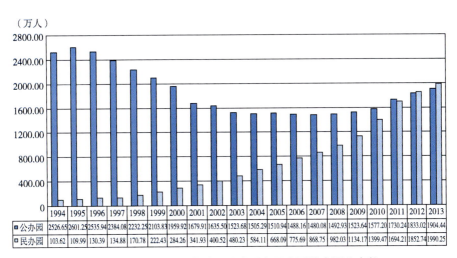

（万人）	1994	1995	1996	1997	1998	1999	2000	2001	2002	2003	2004	2005	2006	2007	2008	2009	2010	2011	2012	2013
公办园	2526.65	2601.25	2535.94	2384.08	2232.25	2103.83	1959.92	1679.91	1635.50	1523.68	1505.29	1510.94	1488.16	1480.08	1492.93	1523.64	1577.20	1730.24	1833.02	1904.44
民办园	103.62	109.99	130.39	134.88	170.78	222.43	284.26	341.93	400.52	480.23	584.11	668.09	775.69	868.75	982.03	1134.17	1399.47	1694.21	1852.74	1990.25

图 1-15　**1997—2012 年全国公办园和民办园的在园儿童数**

【数据来源】中国教育统计年鉴 ［M］. 1995-2012. 北京：人民教育出版社，1995-2013；中国教育事业发展统计简况 2013 ［Z］. 北京：教育部发展规划司，2013.

从公办园和民办园在园儿童占全国在园儿童总数的比例来看，公办园在园儿童比例逐年减少，民办园在园儿童比例逐年增加。2013 年公办园在园儿童所占比例为48.90%，比1994年时的96.07%减少了47.17个百分点；而2013年民办园的比例达到51.10%，比1994年时的3.93%增加了47.17个百分点（图1-16）。

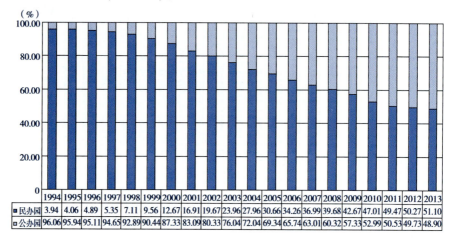

图1-16　1994—2013年全国公办园和民办园在园儿童的比例

【数据来源】中国教育统计年鉴［M］. 1995-2012. 北京：人民教育出版社，1995-2013；中国教育事业发展统计简况2013［Z］. 北京：教育部发展规划司，2013.

4. 公办园和民办园园均规模有不同的变化趋势，班均规模变化不大

图1-17显示，公办园和民办园的园均在园儿童数都在不断扩大。具体来说，公办园园均在园儿童数在1994—2013年总体趋势是不断增长的，近年来有所减少。民办园园均在园儿童数逐年有所增加。

2013年民办园园均在园儿童数达到149.1人，比1995年的52.9人增加了96.2人，增幅达181.85%。此外，公办园园均在园儿童数一直大于民办园，2011年公办园园均在园儿童数是民办园的2.3倍。

从全国公办园和民办园的班均规模来看，总体来说，1994—2013年公办园和民办园班均儿童数都出现了缓慢减少再缓慢增加的过程，但变化都不大，班均儿童数基本保持稳定（图1-18）。2001年时公办园和民办园的班均规模都达到了最小值。此外，公办园班均儿童数一直略大于民办园。

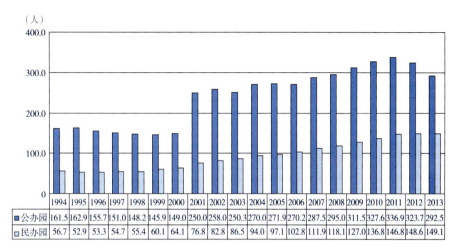

（人）

	1994	1995	1996	1997	1998	1999	2000	2001	2002	2003	2004	2005	2006	2007	2008	2009	2010	2011	2012	2013
■公办园	161.5	162.9	155.7	151.0	148.2	145.9	149.0	250.0	258.0	250.3	270.0	271.9	270.2	287.5	295.0	311.5	327.6	336.9	323.7	292.5
□民办园	56.7	52.9	53.3	54.7	55.4	60.1	64.1	76.8	82.8	86.5	94.0	97.1	102.8	111.9	118.1	127.0	136.8	146.8	148.6	149.1

图 1-17　1994—2013 年全国公办园和民办园园均在园儿童数

【数据来源】中国教育统计年鉴［M］. 1995-2012. 北京：人民教育出版社，1995-2013；中国教育事业发展统计简况 2013［Z］. 北京：教育部发展规划司，2013.

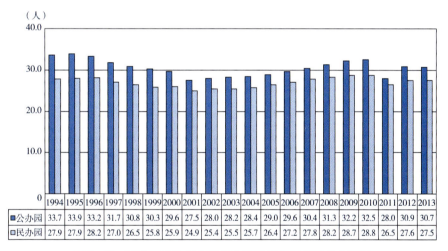

（人）

	1994	1995	1996	1997	1998	1999	2000	2001	2002	2003	2004	2005	2006	2007	2008	2009	2010	2011	2012	2013
■公办园	33.7	33.9	33.2	31.7	30.8	30.3	29.6	27.5	28.0	28.2	28.4	29.0	29.6	30.4	31.3	32.2	32.5	28.0	30.9	30.7
□民办园	27.9	27.9	28.2	27.0	26.5	25.8	25.9	24.9	25.4	25.5	25.7	26.4	27.2	27.8	28.2	28.7	28.8	26.5	27.6	27.5

图 1-18　1994—2013 年全国公办园和民办园的班均儿童数

【数据来源】中国教育统计年鉴［M］. 1995-2012. 北京：人民教育出版社，1995-2013；中国教育事业发展统计简况 2013［Z］. 北京：教育部发展规划司，2013.

　　总的来说，改革开放特别是近 20 年以来，我国幼儿园的格局已经发生了根本性的改变。公办园的园所数量、班级数、在园儿童数等方面经历了急剧下降的过程，而民办园园所数量、班级数、在园儿童数却基本呈现持续上升的趋势。如今，民办园的园所数量和在园儿童数均超过了公办园，引领民办园的普惠性发展是今后的重要任务。

三、学前教育投入状况

教育经费是支撑学前教育事业可持续发展的基础性、战略性投资。本部分将分析 1997—2013 年学前教育经费投入情况、学前教育经费来源构成、生均学前教育经费等方面的发展变化。

（一）学前教育经费投入持续小幅增长，近三年增幅较大

从学前教育经费投入总量和各项学前教育经费投入的相对比例来看，学前教育经费投入呈逐年小幅增长趋势，近年来增长较快。

1. 学前教育经费投入大幅增长，2010 年后增幅较大

从全国学前教育经费投入情况来看，1997—2011 年学前教育经费总投入、财政性教育经费投入和预算内教育经费投入逐年增加。2011 年全国学前教育经费总投入、财政性教育经费投入和预算内教育经费投入分别是 1997 年的 29.79 倍、18.83 倍和 18.38 倍，特别是在 2010 年，全国学前教育经费总投入较之 2009 年大幅增长，2010 年的 7280133 万元比 2009 年的 2447892 万元增长了 4832241 万元，增幅达 197.40%（图 1-19）。2011 年全国学前教育经费总投入较 2010 年增长了 39.91%，财政性教育经费投入增长了 70.12%，预算内教育经费投入增长了 60.76%，可见 2010 年后学前教育经费投入增幅较大。

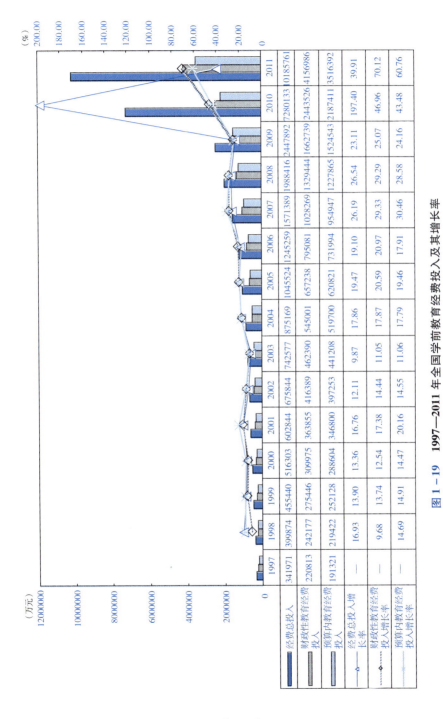

	1997	1998	1999	2000	2001	2002	2003	2004	2005	2006	2007	2008	2009	2010	2011
经费总投入	341971	399874	455440	516303	602844	675844	742577	875169	1045524	1245259	1571389	1988416	2447892	7280133	10185761
财政性教育经费投入	220813	242177	275446	309975	363855	416389	462390	545001	657238	795081	1028269	1329444	1662739	2443526	4156986
预算内教育经费投入	191321	219422	252128	288604	346800	397253	441208	519700	620821	731994	954947	1227865	1524543	2187411	3516392
经费总投入增长率	—	16.93	13.90	13.36	16.76	12.11	9.87	17.86	19.47	19.10	26.19	26.54	23.11	197.40	39.91
财政性教育经费投入增长率	—	9.68	13.74	12.54	17.38	14.44	11.05	17.87	20.59	20.97	29.33	29.29	25.07	46.96	70.12
预算内教育经费投入增长率	—	14.69	14.91	14.47	20.16	14.55	11.06	17.79	19.46	17.91	30.46	28.58	24.16	43.48	60.76

图 1 - 19　1997—2011 年全国学前教育经费投入及其增长率

【数据来源】中国教育经费统计年鉴［M］.1998 - 2012. 北京：中国统计出版社，1998 - 2013.

2. 学前教育经费投入占教育经费投入的比例一直变化不大，但2010年以来有明显提高

总的来说，1997—2009年学前教育经费投入占教育经费投入的比例略有波动起伏但变化不大，2010年以来有明显提高。其中，1997—2009年学前教育经费总投入占教育经费总投入的比例一直维持在1.20%—1.48%，到2010年有一个骤然性的提高，达到3.72%，可以说是一个质的飞跃，2011年又进一步提高，达到4.27%（图1-20）。学前教育财政性经费投入占财政性教育经费投入比例、学前教育预算内经费投入占预算内教育经费投入比例在2010年以前基本保持不变，但是2010年以后均有快速增长。

（二）近三年来各项学前教育经费投入明显增加

从学前教育经费的不同来源来看，国家财政性经费、社会捐赠、家长缴费等各种渠道来源的经费投入都在不断增加，近年来增加特别明显。

1. 各项学前教育经费投入均有增长，近两年大幅增长

根据相关统计数据对学前教育经费投入的来源进行分析可以发现，国家财政性教育经费、社会捐赠和集资办学经费、学费和杂费以及其他教育经费在1997—2011年逐年增长。特别是在2010年和2011年两个年度，各项学前教育经费均有较大幅度增长（图1-21）。

2. 不同渠道来源经费所占比例变化不同

1997—2009年，国家财政性教育经费占全国学前教育经费的比例呈现缓慢增长的趋势，且维持在60%以上，但在2010年这一比例骤降至33.56%，2011年又缓慢回升至40.81%。社会捐赠和集资办学经费的比重在1997—2009年呈现逐年下降的趋势，2010年骤增至4.55%，2011年则又回落到3.36%。家长缴纳的学费和杂费的比重呈现先降后升的趋势，2006年以后占到30%左右，但在2010年骤升至59.64%，2011年降至53.97%（图1-22）。

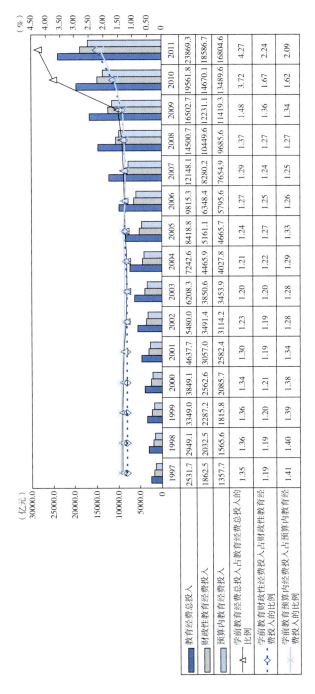

	1997	1998	1999	2000	2001	2002	2003	2004	2005	2006	2007	2008	2009	2010	2011
教育经费总投入	2531.7	2949.1	3349.0	3849.1	4637.7	5480.0	6208.3	7242.6	8418.8	9815.3	12148.1	14500.7	16502.7	19561.8	23869.3
财政性教育经费投入	1862.5	2032.5	2287.2	2562.6	3057.0	3491.4	3850.6	4465.9	5161.1	6348.4	8280.2	10449.6	12231.1	14670.1	18586.7
预算内教育经费投入	1357.7	1565.6	1815.8	2085.7	2582.4	3114.2	3453.9	4027.8	4665.7	5795.6	7654.9	9685.6	11419.3	13489.6	16804.6
学前教育经费总投入占教育经费总投入的比例	1.35	1.36	1.36	1.34	1.30	1.23	1.20	1.21	1.24	1.27	1.29	1.37	1.48	3.72	4.27
学前教育财政性经费投入占财政性教育经费投入的比例	1.19	1.19	1.20	1.21	1.19	1.19	1.20	1.22	1.27	1.25	1.24	1.27	1.36	1.67	2.24
学前教育预算内经费投入占预算内教育经费投入的比例	1.41	1.40	1.39	1.38	1.34	1.28	1.28	1.29	1.33	1.26	1.25	1.27	1.34	1.62	2.09

图 1-20 1997—2011 年全国学前教育经费投入占教育经费投入的比例

【数据来源】中国教育经费统计年鉴 [M] .1998－2012. 北京：中国统计出版社，1998－2013.

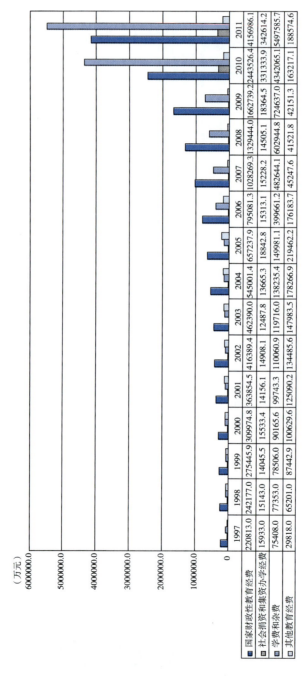

图 1 - 21 1997—2011 年全国学前教育经费来源

	1997	1998	1999	2000	2001	2002	2003	2004	2005	2006	2007	2008	2009	2010	2011
国家财政性教育经费	220813.0	242177.0	275445.9	309974.8	363854.5	416389.4	462390.0	545001.4	657237.9	795081.3	1028269.3	1329444.0	1662739.2	2443526.4	4156986.1
社会捐资和集资办学经费	15933.0	15143.0	14045.5	15533.4	14156.1	14908.1	12487.8	13665.3	18842.8	15313.1	15228.2	14505.1	18364.5	331333.9	342614.2
学费和杂费	75408.0	77353.0	78506.0	90165.6	99743.3	110060.9	119716.0	138235.4	149981.1	399661.2	482644.1	602944.8	724637.0	4342065.1	5497585.7
其他教育经费	29818.0	65201.0	87442.9	100629.6	125090.2	134485.6	147983.5	178266.9	219462.2	176183.7	45247.6	41521.8	42151.3	163217.1	188574.6

【数据来源】中国教育经费统计年鉴 [M] . 1998 - 2012. 北京：中国统计出版社，1998 - 2013.

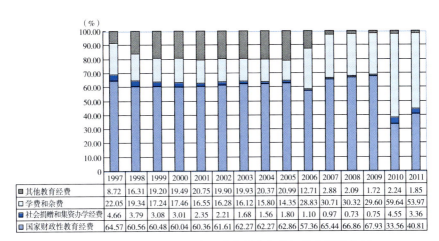

	1997	1998	1999	2000	2001	2002	2003	2004	2005	2006	2007	2008	2009	2010	2011
■ 其他教育经费	8.72	16.31	19.20	19.49	20.75	19.90	19.93	20.37	20.99	12.71	2.88	2.09	1.72	2.24	1.85
□ 学费和杂费	22.05	19.34	17.24	17.46	16.55	16.28	16.12	15.80	14.35	28.83	30.71	30.32	29.60	59.64	53.97
■ 社会捐赠和集资办学经费	4.66	3.79	3.08	3.01	2.35	2.21	1.66	1.56	1.80	1.10	0.97	0.73	0.75	4.55	3.36
■ 国家财政性教育经费	64.57	60.56	60.48	60.04	60.36	61.61	62.27	62.27	62.86	57.36	65.44	66.86	67.93	33.56	40.81

图 1-22　1997—2011 年全国学前教育各类经费来源的比例

【数据来源】中国教育经费统计年鉴 [M]. 1998-2012. 北京：中国统计出版社，1998-2013.

（三）生均学前教育经费近三年快速递增

1997—2009 年，我国生均学前教育经费、生均财政性学前教育经费、生均预算内学前教育经费均呈现逐年小幅递增的趋势。随着学前教育三年行动计划的研制与实施，在 2010 年和 2011 年两个年度各项生均经费都有明显增加（图 1-23）。

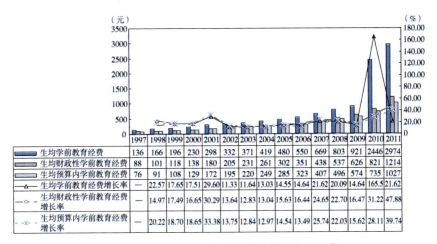

	1997	1998	1999	2000	2001	2002	2003	2004	2005	2006	2007	2008	2009	2010	2011
■ 生均学前教育经费	136	166	196	230	298	332	371	419	480	550	669	803	921	2446	2974
▨ 生均财政性学前教育经费	88	101	118	138	180	205	231	261	302	351	438	537	626	821	1214
▤ 生均预算内学前教育经费	76	91	108	129	172	195	220	249	285	323	407	496	574	735	1027
△ 生均学前教育经费增长率	—	22.57	17.65	17.51	29.60	11.33	11.64	13.03	14.55	14.64	21.62	20.09	14.64	165.5	21.62
○ 生均财政性学前教育经费增长率	—	14.97	17.49	16.65	30.29	13.64	12.83	13.04	15.63	16.44	24.65	22.70	16.47	31.22	47.88
✳ 生均预算内学前教育经费增长率	—	20.22	18.70	18.65	33.38	13.75	12.84	12.97	14.54	13.49	25.74	22.03	15.62	28.11	39.74

图 1-23　1997—2011 年全国学前教育生均经费

【数据来源】中国教育经费统计年鉴 [M]. 1998-2012. 北京：中国统计出版社，1998-2013.

总的来说，我国学前教育经费的绝对量及其在教育经费中所占的比例都在不断增长，生均学前教育经费也在显著增加，特别是 2010 年《教育规划纲要》颁布后、2011 年学前教育三年行动计划实施以来，这一变化趋势更为明显。

四、幼儿园师资队伍状况

高质量的幼儿园教师队伍是高质量学前教育的重要保障，也是满足家长对优质学前教育资源的需求、破解入园难问题的一个重要条件。本部分主要从教师人数变化、学历情况、职称状况及生师比等几个方面来考察全国幼儿园师资队伍的状况。

（一）幼儿园师资队伍总量持续增加，近三年来增加幅度最大

近年来，幼儿园教职工队伍的总人数在经历起伏后有所增加，近年来增加较快。从不同类型幼儿园教职工人数的发展情况来看，民办园教职工数量增长最快，教办园和集体办园教职工数量缓慢增加，其他部门办园教职工数量逐年减少。

1. 幼儿园教职工总量有所增长，近年来增长较快

图 1-24 显示，近 30 年来幼儿园教职工数量有所起伏，但总体呈现逐渐增加的趋势。特别是 2010 以来，随着幼儿园数量的大幅增加，到 2013 年全国幼儿园教职工总数为 282.68 万人，相比 1984 年的 73.67 万人增长了 209.01 万人。其中，1984—2013 年园长的数量基本上一直保持着增长的趋势，2013 年的园长数量已经是 1984 年的 6.17 倍。专任教师数量的发展趋势与幼儿园教职工总量的发展趋势基本一致，2013 年的专任教师数量是 1984 年的 3.38 倍。此外，幼儿园其他人员的数量增长也很明显，特别是在 2010 年以后增长非常迅速。

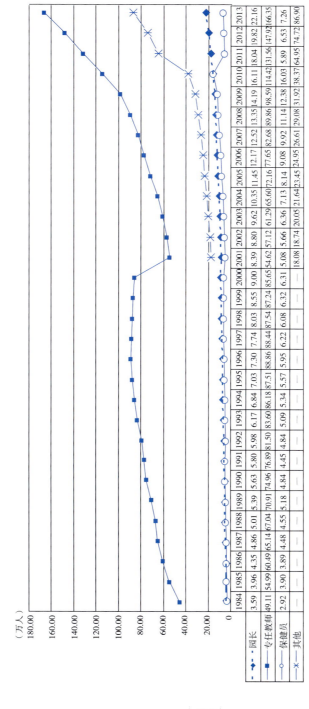

	1984	1985	1986	1987	1988	1989	1990	1991	1992	1993	1994	1995	1996	1997	1998	1999	2000	2001	2002	2003	2004	2005	2006	2007	2008	2009	2010	2011	2012	2013
园长	3.59	3.96	4.35	4.86	5.01	5.39	5.63	5.80	5.98	6.17	6.84	7.03	7.30	7.74	8.03	8.55	9.00	8.39	8.80	9.62	10.35	11.45	12.17	12.52	13.35	14.19	16.11	18.04	19.82	22.16
专任教师	49.11	54.99	60.49	65.14	67.04	70.91	74.96	76.89	81.50	83.60	86.18	87.51	88.86	88.44	87.54	87.24	85.65	54.62	57.12	61.29	65.60	72.16	77.65	82.68	89.86	98.59	114.42	131.56	147.92	166.35
保健员	2.92	3.90	3.89	4.48	4.55	5.18	4.84	4.45	4.84	5.09	5.34	5.57	5.95	6.22	6.08	6.32	6.31	5.08	5.66	6.36	7.13	8.14	9.08	9.92	11.14	12.38	16.03	5.89	6.53	7.26
其他	—	—	—	—	—	—	—	—	—	—	—	—	—	—	—	—	—	18.08	18.74	20.05	21.64	23.45	24.95	26.61	29.08	31.92	38.37	64.95	74.72	86.90

（万人）

180.00　160.00　140.00　120.00　100.00　80.00　60.00　40.00　20.00　0

图1-24　1984—2013年全国幼儿园教职工数

注：1984—2000年统计数据中不含"其他"一项。

【数据来源】中国教育统计年鉴[M].1984—2012.北京：人民教育出版社，1985—2013；中国教育事业发展统计简况2013[Z].北京：教育部发展规划司，2013.

2. 不同类型幼儿园的教职工数量增长情况不同

图 1-25 显示，1979—2013 年，教育部门办园、集体办园、民办园和其他部门办园教师队伍数量的变化情况各不相同。具体来说，1979—2003 年教育部门办园教职工数量呈现缓慢上升的趋势；2004—2009 年由于企事业单位改革，教育部门办园教职工数量呈现先降后升的趋势；2010 年以后教育部门办园教职工数量快速增加，到 2013 年达到 63.84 万人，比 1979 年时的 5.54 万人增加了 58.3 万人。1994—2004 年，民办园教职工数量缓慢增加；2004—2010 年，由于民办园的快速增长，民办园教职工数量也快速增加；2010 年以后急剧增加，2013 年民办园教职工数量是 1994 年的 32.84 倍。此外，集体部门办园和其他部门办园的教职工数量在 1979—1995 年是逐渐增加的，但是 1995 年以后逐渐减少；2010 年以后，由于《教育规划纲要》的实施，集体部门办园和其他部门办园教职工数量又有所增加。

3. 公办教职工数量先降后升，民办园教职工数量迅速增长

从图 1-26 可以看出，公办园和民办园教职工数量呈现出不同的发展趋势。1994—2001 年公办园教职工数量呈现逐渐下降的趋势，2001—2010 年总量基本保持稳定，2010 年以后快速增加，2013 年比 2001 年增长了 61.7%。在此期间，民办园教职工数量一直呈现逐年增长的趋势，2013 年达到 184.88 万人，比 1994 年的 5.63 万人增加了 179.25 万人，是 1994 年的 32.84 倍。

1994—2005 年，公办园教职工数量一直多于民办园，2006 年民办园教职工数量首次超过公办园，随后几年两者差距逐渐增大，到 2013 年民办园教职工数量达到 184.88 万人，占全国幼儿园教职工总数的 65.4%。

图1-25 1979—2013年全国四种类型幼儿园教职工数

（万人）	1979	1980	1981	1982	1984	1985	1986	1987	1988	1989	1990	1991	1993	1994	1995	1996	1997	1998	1999	2000	2001	2002	2003	2004	2005	2006	2007	2008	2009	2010	2011	2012	2013
教育部门办园	5.54	6.66	7.47	8.34	10.68	11.14	12.19	12.82	14.59	15.40	16.40	18.72	24.09	25.30	26.86	28.91	31.18	32.56	33.86	33.90	39.85	39.83	39.84	40.53	29.77	31.60	32.66	35.00	36.46	41.10	46.27	53.67	63.84
其他部门办园	18.75	19.90	22.94	27.76	30.59	32.08	35.18	37.61	39.42	40.18	40.95	40.12	40.00	36.38	35.25	34.12	32.56	30.32	28.33	25.94	20.63	19.33	19.08	17.60	14.89	13.81	13.24	13.26	12.86	12.63	16.25	17.06	17.64
集体办园	28.98	34.41	29.48	27.62	32.40	36.58	40.72	43.68	43.90	45.67	47.87	47.39	48.54	47.61	47.85	47.09	44.97	41.95	39.09	35.61	—	—	—	—	16.95	14.75	14.41	14.29	14.48	14.36	14.26	14.89	16.32
民办园	—	—	—	—	—	—	—	—	—	—	—	—	5.63	—	6.07	7.26	8.59	10.93	14.55	18.98	25.69	31.17	38.39	46.60	53.60	63.69	71.42	80.87	93.28	116.84	143.66	163.38	184.88

【数据来源】中国教育统计年鉴 [M]. 1979–2012. 北京：人民教育出版社，1980–2013；中国教育事业发展统计简况 2013 [Z]. 北京：教育部发展规划司，2013.

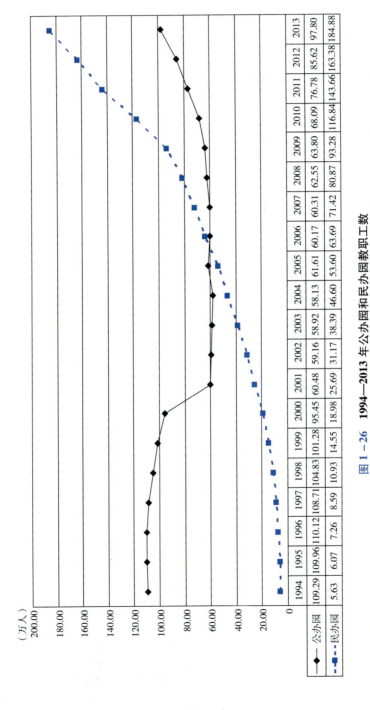

	1994	1995	1996	1997	1998	1999	2000	2001	2002	2003	2004	2005	2006	2007	2008	2009	2010	2011	2012	2013
公办园	109.29	109.96	110.12	108.71	104.83	101.28	95.45	60.48	59.16	58.92	58.13	61.61	60.17	60.31	62.55	63.80	68.09	76.78	85.62	97.80
民办园	5.63	6.07	7.26	8.59	10.93	14.55	18.98	25.69	31.17	38.39	46.60	53.60	63.69	71.42	80.87	93.28	116.84	143.66	163.38	184.88

图 1 – 26 **1994—2013 年公办园和民办园教职工数**

【数据来源】中国教育统计年鉴 [M]. 1995 – 2012. 北京：人民教育出版社, 1996 – 2013；中国教育事业发展统计简况 2013 [Z]. 北京：教育部发展规划司, 2013.

（二）幼儿园教师目前以大专学历为主，专科和本科学历教师数量近三年来增加最快

近年来，我国幼儿园师资学历水平总体上有所提升，已经从以高中学历为主提升到以大专学历为主，本科和研究生学历的教师比例近年来增加比较快。

1. 不同学历教师数量的增长趋势存在差异

图 1-27 显示，2001—2013 年研究生、本科、专科学历教师数量呈现逐年增加的趋势，高中学历和高中以下学历教师数量则出现了先降后升的趋势。2013 年研究生学历教师数量是 2001 年的 10.75 倍，本科学历教师数量是 2001 年的 21.63 倍，专科学历教师数量是 2001 年的 5.31 倍。高中学历教师数量在 2001—2004 年呈现下降趋势，2005 年以后又逐年增加，2013 年达到 52.63 万人。高中以下学历教师数量在 2001—2007 年逐年下降，而后有所增加，到 2013 年达到 5.09 万人。

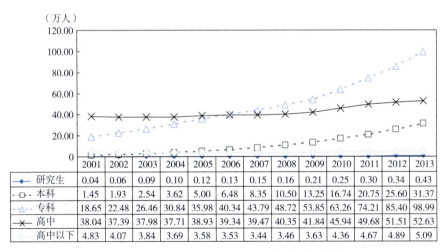

（万人）	2001	2002	2003	2004	2005	2006	2007	2008	2009	2010	2011	2012	2013
研究生	0.04	0.06	0.09	0.10	0.12	0.13	0.15	0.16	0.21	0.25	0.30	0.34	0.43
本科	1.45	1.93	2.54	3.62	5.00	6.48	8.35	10.50	13.25	16.74	20.75	25.60	31.37
专科	18.65	22.48	26.46	30.84	35.98	40.34	43.79	48.72	53.85	63.26	74.21	85.40	98.99
高中	38.04	37.39	37.98	37.71	38.93	39.34	39.47	40.35	41.84	45.94	49.68	51.51	52.63
高中以下	4.83	4.07	3.84	3.69	3.58	3.53	3.44	3.46	3.63	4.36	4.67	4.89	5.09

图 1-27　2001—2013 年全国幼儿园师资队伍的学历

【数据来源】中国教育统计年鉴［M］. 2001-2012. 北京：人民教育出版社，2002-2013；中国教育事业发展统计简况 2013［Z］. 北京：教育部发展规划司，2013.

2. 幼儿园师资队伍的主体学历从高中提升为大专

图 1-28 显示，2001—2013 年，幼儿园师资队伍的学历水平已经从以

高中学历为主发展到以大专学历为主。同时，研究生、本科、专科学历的
教师比例逐年增加，而高中及高中以下学历的教师比例逐年下降。2001
年，高中学历是幼儿园师资队伍的主体学历，高中学历的教师占幼儿园师
资队伍的 60.38%，专科学历的教师占幼儿园师资队伍的 29.60%。2006 年
专科学历教师的比例首次超过了高中学历教师的比例，到 2013 年，超过一
半的教师已经拥有了专科学历，同时高中学历的教师比例下降到 27.92%。
值得注意的是，虽然研究生学历和本科学历的教师比例在不断增加，但增
长的速度还比较慢，在师资队伍中所占的比例还很小，同时高中学历和高
中以下学历教师仍然占较大比例，这说明我国幼儿园教师的整体学历水平
还需要不断提升。

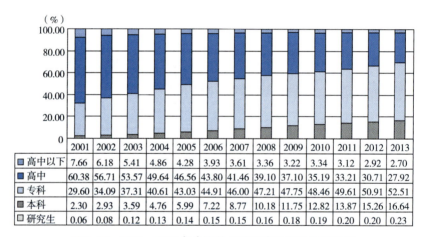

	2001	2002	2003	2004	2005	2006	2007	2008	2009	2010	2011	2012	2013
高中以下	7.66	6.18	5.41	4.86	4.28	3.93	3.61	3.36	3.22	3.34	3.12	2.92	2.70
高中	60.38	56.71	53.57	49.64	46.56	43.80	41.46	39.10	37.10	35.19	33.21	30.71	27.92
专科	29.60	34.09	37.31	40.61	43.03	44.91	46.00	47.21	47.75	48.46	49.61	50.91	52.51
本科	2.30	2.93	3.59	4.76	5.99	7.22	8.77	10.18	11.75	12.82	13.87	15.26	16.64
研究生	0.06	0.08	0.12	0.13	0.14	0.15	0.15	0.16	0.18	0.19	0.20	0.20	0.23

图 1-28　2001—2013 年全国幼儿园师资队伍的学历结构

【数据来源】中国教育统计年鉴 ［M］. 2001-2012. 北京：人民教育出版社，2002-2013；中
国教育事业发展统计简况 2013 ［Z］. 北京：教育部发展规划司，2013.

（三）未评职称教师比例逐年增加，职称结构有待改善

　　幼儿园教师的职称是其学术身份的象征，也是其专业水平的具体体
现。近年来我国幼儿园师资队伍中各类职称教师人数不断发生着变化。其
中，未评职称的教师人数逐年增加，幼儿园教师中小教一级、二级和三级
职称教师所占比例呈现逐年减少的趋势。

1. 未评职称教师人数近年来迅速增长

从图 1-29 可以看出，2001—2013 年，中学高级、小学高级、小学一级教师人数呈现逐年增加的趋势，小学二级教师人数先递减而后缓慢增加，小学三级教师人数基本保持稳定，而未评职称教师人数急剧增加。2010 年以后，未评职称教师比例呈现快速增加的趋势。2013 年未评职称教师人数达到 132.74 万人，是 2001 年的 4.39 倍。2013 年中学高级、小学高级、小学一级教师人数分别是 2001 年的 4.86 倍、2.48 倍、1.57 倍。2013 年小学二级教师人数达到 7.57 万人，较 2001 年的 7.32 万人略有增加。

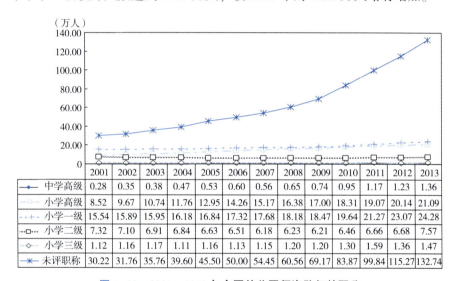

（万人）	2001	2002	2003	2004	2005	2006	2007	2008	2009	2010	2011	2012	2013
中学高级	0.28	0.35	0.38	0.47	0.53	0.60	0.56	0.65	0.74	0.95	1.17	1.23	1.36
小学高级	8.52	9.67	10.74	11.76	12.95	14.26	15.17	16.38	17.00	18.31	19.07	20.14	21.09
小学一级	15.54	15.89	15.95	16.18	16.84	17.32	17.68	18.18	18.47	19.64	21.27	23.07	24.28
小学二级	7.32	7.10	6.91	6.84	6.63	6.51	6.18	6.23	6.21	6.46	6.66	6.68	7.57
小学三级	1.12	1.16	1.17	1.11	1.16	1.13	1.15	1.20	1.20	1.30	1.59	1.36	1.47
未评职称	30.22	31.76	35.76	39.60	45.50	50.00	54.45	60.56	69.17	83.87	99.84	115.27	132.74

图 1-29　2001—2013 年全国幼儿园师资队伍的职称

【数据来源】中国教育统计年鉴 [M]. 2001-2012. 北京：人民教育出版社，2002-2013；中国教育事业发展统计简况 2013 [Z]. 北京：教育部发展规划司，2013.

2. 未评职称的教师比例仍然呈现逐年增加的趋势

从图 1-30 可以看出，2001—2013 年，未评职称的教师一直是幼儿园师资队伍的主体，且这一群体所占比例越来越大。2001 年时未评职称的教师比例为 47.97%，2003 年时这一比例（50.43%）已经超过了已评职称的教师比例，到 2013 年时未评职称教师的比例已经高达 70.42%。如果加上大批幼儿园 "代课教师" 一并统计，这个比例会更大。此外，中学高级职称和小学高级职称教师的比例一直很少，2013 年二者分别仅为 0.72% 和

11.19%，这说明在职的老教师难以获得职称晋升的机会。另一方面，小学一级、小学二级、小学三级职称教师所占比例逐年减少，这说明新教师也难以获得评职称的机会。

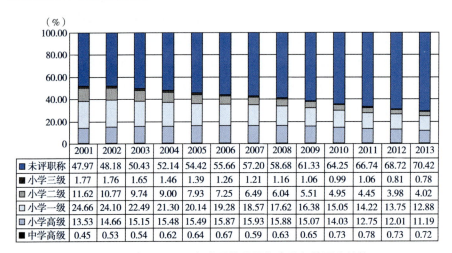

（%）	2001	2002	2003	2004	2005	2006	2007	2008	2009	2010	2011	2012	2013
未评职称	47.97	48.18	50.43	52.14	54.42	55.66	57.20	58.68	61.33	64.25	66.74	68.72	70.42
小学三级	1.77	1.76	1.65	1.46	1.39	1.26	1.21	1.16	1.06	0.99	1.06	0.81	0.78
小学二级	11.62	10.77	9.74	9.00	7.93	7.25	6.49	6.04	5.51	4.95	4.45	3.98	4.02
小学一级	24.66	24.10	22.49	21.30	20.14	19.28	18.57	17.62	16.38	15.05	14.22	13.75	12.88
小学高级	13.53	14.66	15.15	15.48	15.49	15.87	15.93	15.88	15.07	14.03	12.75	12.01	11.19
中学高级	0.45	0.53	0.54	0.62	0.64	0.67	0.59	0.63	0.65	0.73	0.78	0.73	0.72

图 1-30　2001—2013 年全国幼儿园师资队伍的职称结构

【数据来源】中国教育统计年鉴 [M]. 2001-2012. 北京：人民教育出版社，2002-2013；中国教育事业发展统计简况 2013 [Z]. 北京：教育部发展规划司，2013.

（四）幼儿园的生师比近 10 年来呈现下降趋势

从图 1-31 可以看出，1984—1995 年幼儿园生师比基本呈现不断升高的趋势，1995—2000 年生师比不断降低，但是 2001 年又急剧升高，达到 37.02，这和当年全国幼儿园教职工数量骤然下降有着直接的关系。2001 年以后生师比又逐渐降低，2013 年生师比为 23.41，这说明幼儿园生师比逐渐趋向合理。

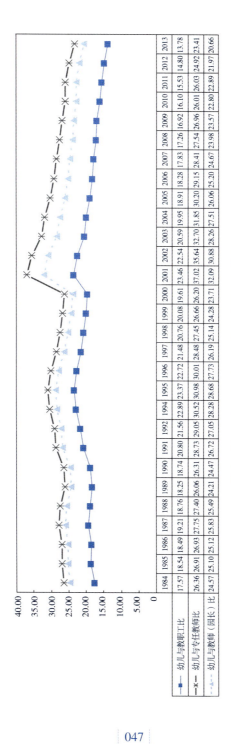

图 1-31　1984—2013 年全国幼儿园的生师比

	1984	1985	1986	1987	1988	1989	1990	1991	1992	1994	1995	1996	1997	1998	1999	2000	2001	2002	2003	2004	2005	2006	2007	2008	2009	2010	2011	2012	2013
幼儿与教职工比	17.57	18.54	18.49	19.21	18.76	18.25	18.74	20.80	21.56	22.89	23.37	22.72	21.48	20.76	20.08	19.61	23.46	22.54	20.59	19.95	18.91	18.28	17.83	17.26	16.92	16.10	15.53	14.80	13.78
幼儿与专任教师比	26.36	26.91	26.93	27.75	27.40	26.06	26.31	28.73	29.05	30.52	30.98	30.01	28.48	27.45	26.66	26.20	37.02	35.64	32.70	31.85	30.20	29.15	28.41	27.54	26.96	26.01	26.03	24.92	23.41
幼儿与教师（园长）比	24.57	25.10	25.12	25.83	25.49	24.21	24.47	26.72	27.05	28.68	28.28	27.73	26.19	25.14	24.28	23.71	32.09	30.88	28.26	27.51	26.06	25.20	24.67	23.98	23.57	22.80	22.89	21.97	20.66

【数据来源】中国教育统计年鉴 [M]. 2001－2012. 北京：人民教育出版社, 2002－2013; 中国教育事业发展统计简况 2013 [Z]. 北京：教育部发展规划司, 2013.

（五）专任教师中学前教育专业毕业的教师比例不断降低

从图 1-32 可知，2005—2012 年，幼儿园专任教师中学前教育专业毕业的教师比例呈现逐年下降的趋势。2011 年全国幼儿园专任教师中学前教育专业毕业的教师比例比 2010 年下降了 7.9 个百分点。2012 年这一比例为 62.7%，比 2011 年下降了 1 个百分点。

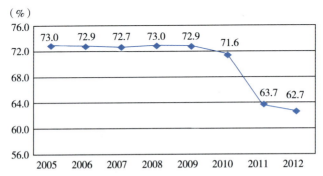

图 1-32 **2005—2012 年全国幼儿园专任教师中学前教育专业毕业的教师比例**
【数据来源】全国教育事业发展简明统计分析 [Z]. 2008-2012. 北京：教育部发展规划司，2008-2012.

总之，幼儿园师资队伍的总人数逐年增长，随着民办园的增加，民办园幼儿教师逐渐成为幼儿园教师的主体。幼儿园教师的学历水平逐年提高，2013 年大约 69% 的教师拥有专科以上学历。幼儿园教师的职称结构也略有上移，但未评职称的教师人数也在逐年增加。2001 年以来，生师比有所下降。可以说，近 10 年来幼儿园师资队伍数量在不断扩大，教师专业素质也在不断提高。

五、幼儿园办园条件

幼儿园的办园条件直接影响着幼儿的生活、学习和发展，改善办园条件是加快推进教育现代化的必然要求，是推进教育公平、办人民满意教育的重要举措。本研究主要通过幼儿园占地面积和建筑面积、各种用房面积、户外活动场所面积以及图书量等指标来分析幼儿园的办学条件。

（一）幼儿园占地面积和建筑面积逐年增加，近三年来增加较快

近年来，我国幼儿园的占地面积和建筑面积、生均占地面积和生均建筑面积都在持续增加。

1. 幼儿园占地面积和建筑面积不断增加

如图 1-33 所示，2001—2013 年幼儿园的占地面积和建筑面积均呈逐年增加的趋势。其中，2011 年占地面积增幅最大，此后增幅逐渐保持稳定。2013 年幼儿园占地面积达到 39296.72 万平方米，比 2001 年的 12584.70 万平方米增加了 26712.02 万平方米。2012 年的建筑面积达到 17179.50 万平方米，比 2001 年的 6040.33 万平方米增加了 11139.17 万平方米。

2001—2011 年幼儿园占地面积和建筑面积的增幅呈现波浪式上升的趋势，其中建筑面积的增幅往往略高于占地面积的增幅。2011—2013 年占地面积的绝对量虽然增长较快，但是增幅却小于 2011 年。

2. 幼儿园生均占地面积持续增加，生均建筑面积增幅缩小

如图 1-34 所示，幼儿园生均占地面积呈现出逐年增加的趋势。2013 年的生均占地面积达到 10.09 平方米，比 2001 年增加了 3.87 平方米，增幅为 62.22%。2012 年的生均建筑面积达到 4.66 平方米，比 2001 年增加了 1.67 平方米，增幅为 55.85%。

2001—2013 年生均占地面积和生均建筑面积的增幅呈现逐年增大的趋势。生均建筑面积的增幅小于生均占地面积的增幅。

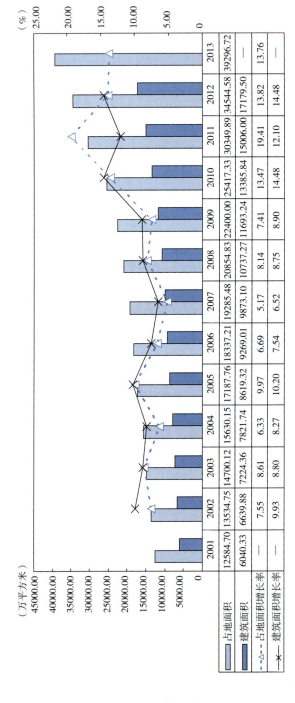

图 1-33 2001—2013 年全国幼儿园的占地面积和建筑面积

	2001	2002	2003	2004	2005	2006	2007	2008	2009	2010	2011	2012	2013
占地面积	12584.70	13534.75	14700.12	15630.15	17187.76	18337.21	19285.48	20854.83	22400.00	25417.33	30349.89	34544.58	39296.72
建筑面积	6040.33	6639.88	7224.36	7821.74	8619.32	9269.01	9873.10	10737.27	11693.24	13385.84	15006.00	17179.50	—
占地面积增长率	—	7.55	8.61	6.33	9.97	6.69	5.17	8.14	7.41	13.47	19.41	13.82	13.76
建筑面积增长率	—	9.93	8.80	8.27	10.20	7.54	6.52	8.75	8.90	14.48	12.10	14.48	—

【数据来源】中国教育统计年鉴 [M]. 2001—2012. 北京: 人民教育出版社, 2002—2013; 中国教育事业发展统计简况 2013 [Z]. 北京: 教育部发展规划司, 2013.

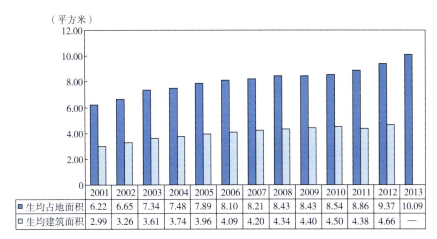

（平方米）

图 1-34　2001—2013 年全国幼儿园的生均占地面积和生均建筑面积

【数据来源】中国教育统计年鉴 ［M］．2001-2012．北京：人民教育出版社，2002-2013；中国教育事业发展统计简况 2013 ［Z］．北京：教育部发展规划司，2013．

（二）幼儿园各种用房面积逐年增长

幼儿园的教学及辅助用房、行政办公用房、生活用房等各种用房面积不断增加，生均活动室和睡眠室面积也在逐年扩大。

1. 幼儿园各种用房面积不断增加

幼儿园的各种用房主要包括教学及辅助用房、行政办公用房、生活用房及其他用房等几种。如图 1-35 所示，2001—2013 年全国幼儿园各种用房面积均呈逐年增加的趋势，2010 年以后的增幅呈现逐渐加大的趋势。2013 年的教学及辅助用房面积达到 13983.21 万平方米，比 2001 年增加了 10037.68 万平方米，是 2001 年的 23.54 倍。2013 年的行政办公用房面积达到 1459.85 万平方米，比 2001 年增加了 932.44 万平方米，是 2001 年的 2.77 倍。2013 年的生活用房面积是 2148.06 万平方米，比 2001 年增加了 1411.32 万平方米，是 2001 年的 2.92 倍。2013 年的其他用房面积达到 2593.15 万平方米，比 2001 年增加了 1762.49 万平方米，是 2001 年的 3.12 倍。

2. 幼儿园各种教学用房面积逐年增加

幼儿园的教学用房主要包括活动室、睡眠室、保健室、图书室等。图 1-36 显示，2001—2013 年幼儿园的各种教学用房面积均逐渐增加。2013

年活动室面积为 8251.68 万平方米，比 2001 年增加了 251.81%；睡眠室面积为 3569.90 万平方米，比 2001 年增加了 256.04%；保健室面积为 437.79 万平方米，比 2001 年增加了 296.55%；图书室面积为 538.48 万平方米，比 2001 年增加了 361.30%。

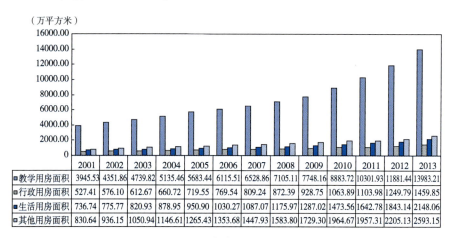

（万平方米）	2001	2002	2003	2004	2005	2006	2007	2008	2009	2010	2011	2012	2013
◼ 教学用房面积	3945.53	4351.86	4739.82	5135.46	5683.44	6115.51	6528.86	7105.11	7748.16	8883.72	10301.93	11881.44	13983.21
◻ 行政用房面积	527.41	576.10	612.67	660.72	719.55	769.54	809.24	872.39	928.75	1063.89	1103.98	1249.79	1459.85
◼ 生活用房面积	736.74	775.77	820.93	878.95	950.90	1030.27	1087.07	1175.97	1287.02	1473.56	1642.78	1843.14	2148.06
◻ 其他用房面积	830.64	936.15	1050.94	1146.61	1265.43	1353.68	1447.93	1583.80	1729.30	1964.67	1957.31	2205.13	2593.15

图 1-35　2001—2013 年全国幼儿园各种用房面积

【数据来源】中国教育统计年鉴［M］. 2001-2012. 北京：人民教育出版社，2002-2013；中国教育事业发展统计简况 2013［Z］. 北京：教育部发展规划司，2013.

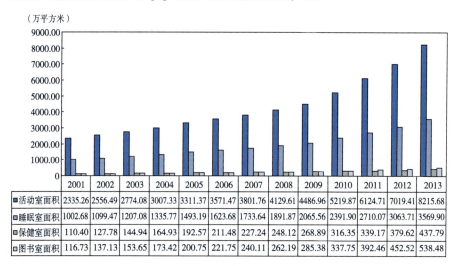

（万平方米）	2001	2002	2003	2004	2005	2006	2007	2008	2009	2010	2011	2012	2013
◼ 活动室面积	2335.26	2556.49	2774.08	3007.33	3311.37	3571.47	3801.76	4129.61	4486.96	5219.87	6124.71	7019.41	8215.68
◻ 睡眠室面积	1002.68	1099.47	1207.08	1335.77	1493.19	1623.68	1733.64	1891.87	2065.56	2391.90	2710.07	3063.71	3569.90
◻ 保健室面积	110.40	127.78	144.94	164.93	192.57	211.48	227.24	248.12	268.89	316.35	339.17	379.62	437.79
◻ 图书室面积	116.73	137.13	153.65	173.42	200.75	221.75	240.11	262.19	285.38	337.75	392.46	452.52	538.48

图 1-36　2001—2013 年全国幼儿园各种教学用房面积

【数据来源】中国教育统计年鉴［M］. 2001-2012. 北京：人民教育出版社，2002-2013；中国教育事业发展统计简况 2013［Z］. 北京：教育部发展规划司，2013.

3. 幼儿园生均用房面积逐渐增加，师均办公用房面积有所减少

图 1-37 显示，2001—2013 年幼儿园的师均办公用房面积有所减少，但生均活动室和生均睡眠室面积呈逐渐增加的趋势。具体来说，2001—2002 年师均办公用房面积是增加的，2004—2013 年的师均办公用房面积逐渐减少，2013 年的师均办公用房面积为 3.12 平方米，比 2002 年减少了 0.74 平方米。2013 年的生均活动室面积为 2.11 平方米，比 2001 年增加了 0.95 平方米。2013 年的生均睡眠室面积达到 0.92 平方米，比 2001 年增加了 0.42 平方米。可见，师均办公用房面积虽然呈现逐渐减少的趋势，但生均活动室面积和生均睡眠室面积却呈现逐渐增加的趋势。

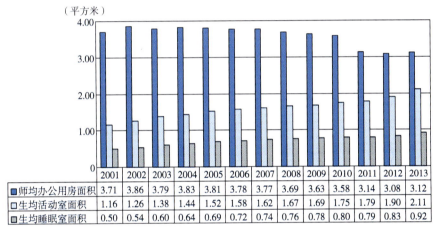

（平方米）

	2001	2002	2003	2004	2005	2006	2007	2008	2009	2010	2011	2012	2013
师均办公用房面积	3.71	3.86	3.79	3.83	3.81	3.78	3.77	3.69	3.63	3.58	3.14	3.08	3.12
生均活动室面积	1.16	1.26	1.38	1.44	1.52	1.58	1.62	1.67	1.69	1.75	1.79	1.90	2.11
生均睡眠室面积	0.50	0.54	0.60	0.64	0.69	0.72	0.74	0.76	0.78	0.80	0.79	0.83	0.92

图 1-37　2001—2013 年全国幼儿园师均办公用房面积和生均活动室、睡眠室面积

【数据来源】中国教育统计年鉴 [M]. 2001-2012. 北京：人民教育出版社，2002-2013；中国教育事业发展统计简况 2013 [Z]. 北京：教育部发展规划司，2013.

（三）幼儿园户外活动场所面积近三年来迅速增加

图 1-38 显示，2001—2013 年，幼儿园的户外活动场所面积呈现波浪式增长的趋势。2013 年的户外活动场所面积达到 19631.19 万平方米，比 2001 年的 5154.19 万平方米增加了 280.88%。幼儿园生均户外活动场所面积在 2001—2013 年也呈现波浪式增长的趋势。特别需要注意的是，2010—2013 年生均户外活动场所面积增加最快，到 2013 年达到 5.04 平方米，比 2001 年的 2.55 平方米增加了 2.49 平方米，增长了将近一倍。

（平方米）

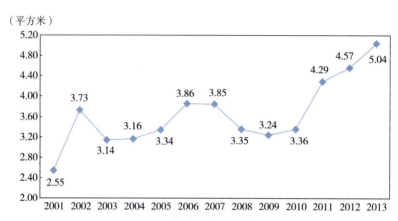

图 1-38　**2001—2013 年全国幼儿园户外活动场所面积**

【数据来源】中国教育统计年鉴［M］. 2001-2012. 北京：人民教育出版社，2002-2013；中国教育事业发展统计简况 2013［Z］. 北京：教育部发展规划司，2013.

（四）幼儿园图书总量和生均图书量不断增加，近三年来增加迅速

图 1-39 和图 1-40 显示，2001—2013 年幼儿园图书总量和生均图书量均呈现逐渐增加的趋势。2001—2009 年幼儿园图书总量缓慢增加，2010—2013 年图书总量快速增加，到 2013 年达到 21897.07 万本，比 2001 年的 4181.61 万本增加了 17715.46 万本，是 2001 年的 5 倍多。

（万本）

图 1-39　**2001—2013 全国幼儿园图书总量**

【数据来源】中国教育统计年鉴［M］. 2001-2012. 北京：人民教育出版社，2002-2013；中国教育事业发展统计简况 2013［Z］. 北京：教育部发展规划司，2013.

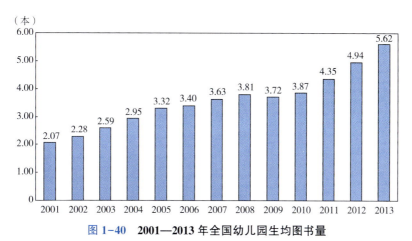

图 1-40 **2001—2013 年全国幼儿园生均图书量**

【数据来源】中国教育统计年鉴［M］. 2001-2012. 北京：人民教育出版社，2002-2013；中国教育事业发展统计简况 2013［Z］. 北京：教育部发展规划司，2013.

2001—2009 年幼儿园生均图书量缓慢增加，2010 年以后生均图书量快速增加，2013 年达到 5.62 本，比 2001 年的 2.07 本增加了 3.55 本，增幅达 171.50%。

总体而言，我国幼儿园的办园条件正在逐步改善，幼儿园占地面积和建筑面积、各种用房面积以及户外活动场所面积均有明显增加，幼儿园的教学资源也在不断丰富，但仍需继续提高办园条件，特别是增加幼儿学习、生活、活动、游戏等所需资源的数量。

第二章

中国学前教育综合发展水平分析

近年来，随着学前教育三年行动计划的推进，我国学前教育的整体水平迅速提高，各地区、各省市的学前教育事业也获得了巨大的发展。但是，由于我国学前教育发展的地方自主权较大，因此地方差异也比较大。为了全面、客观地描述和比较我国各个地区学前教育的发展水平，为推进学前教育的均衡发展提供科学依据，本章将通过学前教育综合发展指数评估体系，分析我国学前教育综合发展水平的变化趋势，并比较各省份和东、中、西部地区学前教育综合发展水平。

在本研究中，学前教育综合发展水平以学前教育综合发展指数来衡量。学前教育发展指数＝1/4（教育机会指数+教育条件指数+教育质量指数+教育公平指数）。其中：教育机会包括一个二级指标，即学前儿童受教育率（简称入园率）；教育条件包括两个二级指标，即财政性学前教育经费占财政性教育经费的比例（简称教育投入）和公办园数占总园数的比例（简称公办园比例）；教育质量包括两个二级指标，即专任教师与在园幼儿数的比例（简称师幼比）和专科及以上学历教师比例（简称教师学历）；教育公平包括一个二级指标，即农村小学新生中接受过学前教育的比例除以城市小学新生中接受过学前教育的比例（简称城乡公平）。①

一、中国学前教育综合发展水平的变化趋势

根据学前教育综合发展水平指数评估体系，本研究使用《中国教育统计年鉴》《中国教育经费统计年鉴》《中国统计年鉴》《全国教育事业发展简明统计分析》中的最新数据，对我国 2003—2012 年全国学前教育综合发展水平的总指数及六个二级指标的指数进行了计算。结果显示，学前教育综合发展水平呈现逐渐提高的趋势，但不同指标的增长趋势有差异。

（一）学前教育综合发展水平呈逐年提高趋势，且近年来增幅较大

2003—2012 年，我国学前教育综合发展水平基本呈现逐年递增的趋势。从增长率来看，2008—2010 年，学前教育综合发展指数呈现出快速持续的增长，这是《教育规划纲要》从研制到实施带来的积极影响。从 2010 年以后特别是 2011—2012 年，学前教育呈现出前所未有的快速发展势头，达到近 10 年来的最高水平，表明了学前教育三年行动计划的实施所取得的巨大成效。学前儿童入园率、公办园比例、教育投入、师幼比、教师学历等均有明显的改善（图 2-1）。

（二）学前教育不同指标的增长趋势有差异

进一步分析六项指标近 10 年来的发展趋势可以发现，入园率、师幼比、教师学历、城乡公平以及教育投入五项指标均呈现逐年增长的趋势，其中教师学历指数的总体提升幅度较大，教育投入指数在 2010 年以后提升速度最快。但是公办园比例指数却呈现逐年下降的趋势（图 2-2）。

---

① 具体计算方法详见：刘占兰，等. 中国学前教育发展报告 2012 ［M］. 北京：教育科学出版社，2013. 在入园率指标上，由于缺少各省份学前教育三年毛入园率的最新统计数据，本研究使用小学招生中接受过学前教育的儿童比例作为替代指标（简称学前儿童受教育率）。

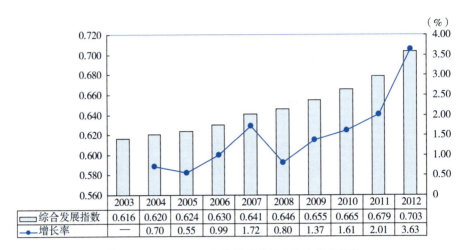

图 2-1　2003—2012 年我国学前教育综合发展指数

	2003	2004	2005	2006	2007	2008	2009	2010	2011	2012
综合发展指数	0.616	0.620	0.624	0.630	0.641	0.646	0.655	0.665	0.679	0.703
增长率	—	0.70	0.55	0.99	1.72	0.80	1.37	1.61	2.01	3.63

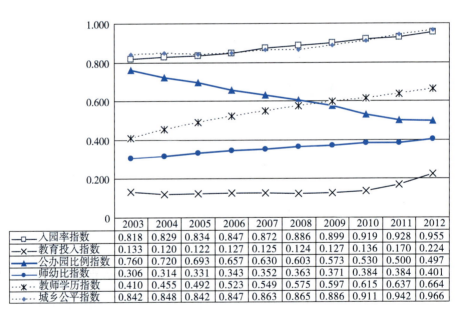

图 2-2　2003—2012 年我国学前教育综合发展水平各分项指数

	2003	2004	2005	2006	2007	2008	2009	2010	2011	2012
入园率指数	0.818	0.829	0.834	0.847	0.872	0.886	0.899	0.919	0.928	0.955
教育投入指数	0.133	0.120	0.122	0.127	0.125	0.124	0.127	0.136	0.170	0.224
公办园比例指数	0.760	0.720	0.693	0.657	0.630	0.603	0.573	0.530	0.500	0.497
师幼比指数	0.306	0.314	0.331	0.343	0.352	0.363	0.371	0.384	0.384	0.401
教师学历指数	0.410	0.455	0.492	0.523	0.549	0.575	0.597	0.615	0.637	0.664
城乡公平指数	0.842	0.848	0.842	0.847	0.863	0.865	0.886	0.911	0.942	0.966

　　六项指标的变化趋势表明：我国学前儿童入园率逐年提升；财政性学前教育投入一直变化不大但近三年增加较快；师幼比有所改善但变化不大；幼

儿园教师学历水平一直持续提升；学前教育的城乡差异在不断缩小①。但特别需要注意的是，公办园持续减少的局面仍然没有得到根本的扭转。

二、中国学前教育综合发展水平的地区比较

研究发现我国学前教育综合发展水平近年来呈现逐渐增高的趋势，总体来看东高西低。东部地区和西部地区学前教育综合发展水平省际差异较大，中部地区省际差异相对较小。

（一）各地区学前教育综合发展水平近年来呈现逐渐增高的趋势

我国东、中、西部地区②学前教育综合发展指数的变化趋势和全国学前教育综合发展指数一致，均是逐年增高，2010 年以后显现出进一步加快的趋势（图 2-3）。

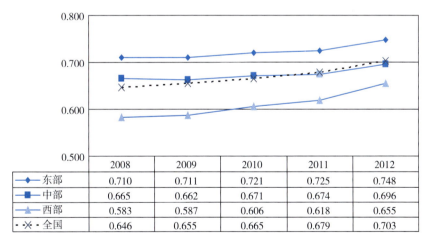

	2008	2009	2010	2011	2012
东部	0.710	0.711	0.721	0.725	0.748
中部	0.665	0.662	0.671	0.674	0.696
西部	0.583	0.587	0.606	0.618	0.655
全国	0.646	0.655	0.665	0.679	0.703

图 2-3 各地区学前教育综合发展指数

① 城乡公平指数越接近 1，表明城乡差异越小。
② 本研究对我国东、中、西部地区的划分依据 2011 年国家统计局的划分标准。东部地区包括北京、天津、河北、辽宁、上海、江苏、浙江、福建、山东、广东和海南；中部地区包括山西、吉林、黑龙江、安徽、江西、河南、湖北和湖南；西部地区包括内蒙古、广西、重庆、四川、贵州、云南、西藏、陕西、甘肃、青海、宁夏和新疆。

（二）学前教育综合发展水平东高西低，公共资源中部凹陷

为了加大对中西部地区学前教育的支持力度，我国近年来实施了中西部农村学前教育推进工程和中央财政支持学前教育发展的政策及一揽子重大项目，同时以项目促改革，引导地方进一步落实发展学前教育的责任，完善学前教育办园、投入、用人和管理等方面的体制机制，加快构建覆盖城乡、布局合理的学前教育公共服务体系。例如，2010 年教育部、国家发改委启动了中西部农村学前教育推进工程试点项目，重点支持中西部农村地区新建一批布局合理、安全适用、办园规范、面向区域内适龄儿童的普惠性幼儿园，提供基本的有质量的农村学前教育。2010—2013 年中央投入 88 亿元，地方投入 29 亿元，4 年共计投入 117 亿元，惠及 1496 个区县和 4806 所幼儿园，增加在园幼儿 99 万人（表 2-1）。这些项目的实施，推动了学前教育事业快速发展。2013 年全国幼儿园总数达到 198553 所，比 2010 年增加了 48133 所；在园幼儿达到 3894.69 万人，比 2010 年增加了 917.99 万人；全国财政性教育经费中学前教育占比超过 3.4%；学前教育教师队伍持续壮大，2013 年全国共有幼儿园教职工 282.68 万人，比 2010 年增加 97.75 万人。

表 2-1　2010—2013 年国家中西部农村幼儿园建设及投入情况

年份	建设园数（所）	国家投入（亿元）	增加在园幼儿数（万人）
2010	416	5	5
2011	891	15	18
2012	1842	35	40
2013	1657	33	27
合计	4806	88	99

[资料来源]　郑富芝. 学前教育跨越式发展 [M]. 北京：人民教育出版社，2012.

通过国家和地方的努力，我国中西部地区学前教育取得了较大成绩，但是由于基础差、底子薄，中西部地区学前教育发展水平与东部地区相比仍有较大差距。

指数分析显示，2012 年东部地区的学前教育综合发展水平明显高于全国平均水平，中部地区基本接近全国平均水平，而西部地区则在全国平均线以下。从六项具体指标来看，东部地区教育投入、师幼比指数高于中、西部地区；中部地区入园率、师幼比和城乡公平指数高于西部地区；西部地区教育投入、公办园比例、教师学历指数高于中部地区（图2-4）。

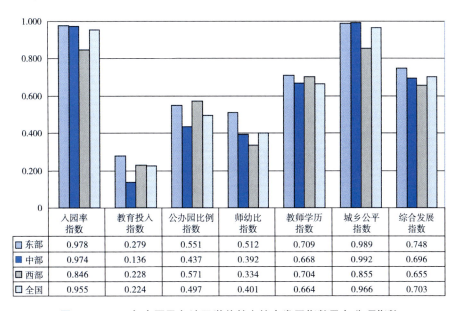

	入园率指数	教育投入指数	公办园比例指数	师幼比指数	教师学历指数	城乡公平指数	综合发展指数
东部	0.978	0.279	0.551	0.512	0.709	0.989	0.748
中部	0.974	0.136	0.437	0.392	0.668	0.992	0.696
西部	0.846	0.228	0.571	0.334	0.704	0.855	0.655
全国	0.955	0.224	0.497	0.401	0.664	0.966	0.703

图 2-4　2012 年全国及各地区学前教育综合发展指数及各分项指数

特别需要关注的是，中部地区已经明显地出现了公共资源的凹陷，教育投入和公办园比例两项指标都特别低，表明中部地区的财政性学前教育经费特别缺乏，公办园数量少、占比小，这将严重影响中部地区学前教育的公益性和普惠性发展方向，影响覆盖城乡的学前教育公共服务体系的形成。再以财政性生均教育经费为例进行分析，这种凹陷更为明显。例如：2012 年东部地区 11 个省份学前教育总的财政经费为 240.8 亿元，生均教育财政经费为 1558 元；中部地区 8 个省份学前教育总的财政经费为 63.81亿元，生均教育财政经费为 562 元；西部地区 12 个省份学前教育总的财政经费为 111.08 亿元，生均教育财政经费为 1103 元。中部地区的生均财政性经费仅为西部地区的一半，东部地区的三分之一。

（三）东部地区总体水平较高，省际差异较大

从东部11个省的总体状况来看，东部地区平均水平高于全国平均水平，但各省份之间存在明显的差异：上海、北京、天津、江苏、浙江高于全国平均水平和东部平均水平，而海南的发展水平在东部地区最低。从近五年来的发展趋势来看，各省份均有不同程度的增长，其中上海、北京、天津三省市一直维持高位发展水平，提高幅度不大；海南、江苏、浙江的提高幅度相对较大，而河北、山东、辽宁和广东的变化幅度不大（图2-5）。

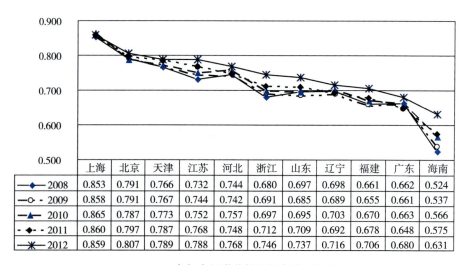

	上海	北京	天津	江苏	河北	浙江	山东	辽宁	福建	广东	海南
2008	0.853	0.791	0.766	0.732	0.744	0.680	0.697	0.698	0.661	0.662	0.524
2009	0.858	0.791	0.767	0.744	0.742	0.691	0.685	0.689	0.655	0.661	0.537
2010	0.865	0.787	0.773	0.752	0.757	0.697	0.695	0.703	0.670	0.663	0.566
2011	0.860	0.797	0.787	0.768	0.748	0.712	0.709	0.692	0.678	0.648	0.575
2012	0.859	0.807	0.789	0.788	0.768	0.746	0.737	0.716	0.706	0.680	0.631

图 2-5 东部省份学前教育综合发展指数

具体分析可以发现，东部省份六项指标均高于全国平均水平，但是公办园比例指数略低于西部地区，学前教育城乡公平指数略低于中部地区，可见东部地区在提升公办园比例和缩小学前教育城乡差异方面仍有进一步的发展空间（表2-2）。

表 2-2　东部省份学前教育综合发展指数及各分项指数

省份	入园率指数	教育投入指数	公办园比例指数	师幼比指数	教师学历指数	城乡公平指数	综合发展指数
上海	0.989	0.615	0.716	0.651	0.944	0.986	0.859
北京	0.996	0.164	0.682	0.794	0.823	1.000	0.807
天津	0.970	0.328	0.749	0.494	0.801	1.000	0.789
江苏	0.997	0.296	0.755	0.429	0.833	1.000	0.788
河北	0.996	0.361	0.720	0.342	0.731	1.000	0.768
浙江	0.996	0.372	0.356	0.569	0.675	1.000	0.746
山东	0.996	0.204	0.622	0.462	0.613	1.000	0.737
辽宁	0.997	0.122	0.403	0.529	0.678	1.000	0.716
福建	0.956	0.330	0.464	0.423	0.530	0.995	0.706
广东	0.949	0.125	0.370	0.511	0.543	0.995	0.680
海南	0.914	0.149	0.222	0.426	0.627	0.899	0.631
东部平均	0.978	0.279	0.551	0.512	0.709	0.989	0.748
中部平均	0.974	0.136	0.437	0.392	0.668	0.992	0.696
西部平均	0.846	0.228	0.571	0.334	0.704	0.855	0.655
全国平均	0.955	0.224	0.497	0.401	0.664	0.966	0.703

从各省份的差异来看，11 个省份在教育投入、公办园比例、师幼比、教师学历等四项发展指标上呈现出较大的差异，而在入园率和城乡公平两项指标上差异相对较小。教育投入指数最高的上海比最低的辽宁高出 4.04 倍，山东、北京、海南、广东和辽宁的教育投入指数低于全国平均水平；公办园比例指数最高的江苏是最低的海南的 3.4 倍，福建、辽宁、广东、浙江、海南的公办园比例指数低于全国平均水平；师幼比指数最高的北京是最低的河北的 2.32 倍，河北师幼比指数低于全国平均水平；教师学历指数最高的上海是最低的福建的 1.78 倍，海南、山东、广东、福建教师学历指数低于全国平均水平；入园率指数最高的江苏比最低的海南高 0.083，

广东、海南入园率指数低于全国平均水平；城乡公平指数最高的北京等比最低的海南高 0.101，海南城乡公平指数低于全国平均水平。

我国东部地区城市化程度和科技水平高，以占全国 9.5% 的土地面积和占全国 36% 的人口，创造了约占全国 60% 的国内生产总值。2010 年，东部地区城镇居民可支配收入为 23273 元，分别是中部和西部地区的 1.46 倍和 1.47 倍；农村居民可支配收入为 8143 元，分别是中部和西部地区的 1.48 倍和 1.84 倍。从学前教育发展情况来看，随着东部地区各省份经济的快速发展，人民生活水平不断提高，人民对优质学前教育的需求也越来越高。提高保教质量，促进幼儿身心健康发展是学前教育改革的核心任务，学前教育"国十条"明确要求要加强科学保教，遵循幼儿身心发展规律，建立幼儿园保教质量评估监管体系。为此，东部地区各省市针对人民群众对学前教育日益增长的多样化需求，努力扩大学前教育资源，深化学前教育内涵建设，不断完善保教质量保障体系建设，在提高保教质量方面做了许多探索。例如，上海市把实施课程改革作为提升保教质量的有效抓手，持续推动学前教育内涵发展；加强保教研究和质量监控，促进儿童健康和谐发展；建设专业队伍，支持保教队伍专业发展①。江苏省建设了功能完善的幼儿园信息管理系统，目前系统已经完成对 7000 多所幼儿园、5 万多个班级、17.3 万名教职工和 200 多万名幼儿的信息采集，这一涵盖全省所有合格幼儿园基本信息的动态管理系统，为学前教育决策和发展评估提供了重要的数据支撑。②

（四）中部地区省际差异相对较小，但公共资源相对缺乏

中部地区 8 个省份的学前教育综合发展水平接近但略低于全国平均水平，省际差异不大。相对而言，吉林、山西、黑龙江的发展指数在全国平均线以上，发展水平相对较好，湖南、湖北和江西发展指数在中部地区平均线以下，发展水平相对较低。从各省份近五年来的发展趋势来看，吉

---

① 郑富芝. 学前教育跨越式发展［M］. 北京：人民教育出版社，2013.
② 参见：江苏省学前教育五年行动计划网络巡展（http：//xqxz. jse. edu. cn/）.

林、山西、湖南、湖北变化幅度不大，安徽和黑龙江的提高幅度相对较大（图2-6）。

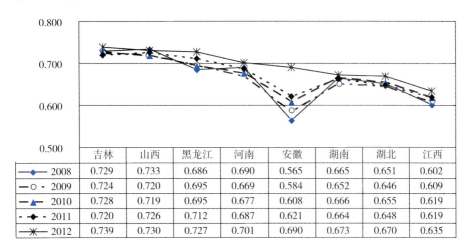

	吉林	山西	黑龙江	河南	安徽	湖南	湖北	江西
2008	0.729	0.733	0.686	0.690	0.565	0.665	0.651	0.602
2009	0.724	0.720	0.695	0.669	0.584	0.652	0.646	0.609
2010	0.728	0.719	0.695	0.677	0.608	0.666	0.655	0.619
2011	0.720	0.726	0.712	0.687	0.621	0.664	0.648	0.619
2012	0.739	0.730	0.727	0.701	0.690	0.673	0.670	0.635

图2-6　中部省份学前教育综合发展指数

从各省份的差异来看，公办园比例、师幼比和教师学历三项指标相差较大，而其他各项指标相差不大。公办园比例指数最高的山西是最低的江西的2.35倍，安徽、湖北、河南、湖南和江西公办园比例指数低于全国平均水平；师幼比指数最高的吉林是最低的安徽的2倍，江西、湖南、湖北、河南、安徽的师幼比指数低于全国平均水平；教师学历指数最高的吉林是最低的江西的1.62倍，河南、湖南、湖北、江西的教师学历指数低于全国平均水平；入园率指数最高和最低的省份相差0.051，安徽、湖北、江西入园率指数低于全国平均水平；教育投入指数最高的黑龙江比最低的湖南高0.07，中部各省份教育投入指数全部低于全国平均水平；城乡公平指数最高的吉林和最低的江西相差0.015，中部地区8个省份城乡公平指数均高于全国平均水平（表2-3）。

表2-3　中部省份学前教育综合发展指数及各分项指数

省份	入园率指数	教育投入指数	公办园比例指数	师幼比指数	教师学历指数	城乡公平指数	综合发展指数
吉林	0.993	0.126	0.491	0.543	0.769	1.000	0.739
山西	0.970	0.166	0.597	0.418	0.721	1.000	0.730
黑龙江	0.984	0.170	0.491	0.439	0.753	0.997	0.727
河南	0.999	0.177	0.441	0.352	0.644	1.000	0.701
安徽	0.953	0.128	0.474	0.272	0.749	0.994	0.690
湖南	0.991	0.100	0.299	0.371	0.639	0.996	0.673
湖北	0.950	0.119	0.448	0.363	0.594	0.967	0.670
江西	0.948	0.104	0.254	0.377	0.476	0.985	0.635
东部平均	0.978	0.279	0.551	0.512	0.709	0.989	0.748
中部平均	0.974	0.136	0.437	0.392	0.668	0.992	0.696
西部平均	0.846	0.228	0.571	0.334	0.704	0.855	0.655
全国平均	0.955	0.224	0.497	0.401	0.664	0.966	0.703

　　承东启西、接南连北的中部地区，经济发展水平低于全国平均水平，与东部发达地区相比差距更大，但自实施"中部崛起计划"以来，中部地区经济发展速度明显加快，经济实力日益增强，学前教育本应得到更好的发展。但从学前教育综合发展水平的六项指标来看，中部地区入园率指数和城乡公平指数高于全国平均水平，师幼比指数和教师学历指数与全国平均水平基本持平，但是教育投入指数和公办园比例指数仍然明显低于全国平均水平。山西、黑龙江的教育投入指数和公办园比例指数虽然在中部地区最高，但仍低于东部地区和西部地区的平均水平，湖南、江西在教育投入指数和公办园比例指数上更是全国排名最低。因此，中部地区应该重点增加公共资源。

　　一些省份也进行了积极探索。例如，黑龙江省2010年年底学前三年毛入园率为50.6%，低于全国平均水平，人民群众反映十分强烈。为此，省委省政府决定以公办幼儿园建设为学前教育三年行动计划的突破口，三年建设 1200 所公办幼儿园，重点解决县镇、城乡接合部和农村学前教育发展问题。黑龙江省政府连续三年把公办幼儿园建设纳入全省十项重点民生工程，每年召开专项推进会议，与各市（地）政府签订项目建设责任状，纳入政府社会发展主要指标考核；建立严格的月报制度、排序通报制度、联合检查制度和专项督导评估制度，适时跟踪建设进度和质量，督促落后地区按时完成建设任务。省人大、省政协开展学前专项质询和视察，专项督察落实情况。经过三年奋斗，截至 2013 年年底，全省完成改扩建公办幼儿园建设 1598 所，其中新建 474 所，改扩建 1124 所。2013 年，黑龙江省公办幼儿园达 1898 所，较 2010 年增加 1100 所，公办园比例由 2010 年的 20.2% 上升到 27.3%，在园幼儿比例由 30.7% 增加到 47.5%。再如山西省晋城市坚持公益性和普惠性原则，落实政府办学职责，扩大学前教育资源，提高学前教育覆盖率，积极进行规范化、标准化幼儿园建设，加强学前教育管理，提升学前教育水平，保证适龄幼儿得到基本的、有质量的学前教育。[①] 全市 2011 年完成新（改、扩）建幼儿园 15 所，2012 年完成 34 所，2013 年计划完成 51 所，三年时间共完成新（改、扩）建幼儿园 100 所以上。[②]

（五）西部地区综合发展水平低于全国平均水平，但公共资源较多

西部 11 个省份的学前教育综合发展指数明显低于全国平均水平，省际差异也比较大。新疆、内蒙古、陕西高于全国平均水平，其他省份则在全国平均线以下，四川、贵州、云南、甘肃、青海、西藏等省份在西部平均线以下。从各省份近五年的发展趋势来看，内蒙古、重庆、广西变化幅度不大，西藏、新疆、宁夏、贵州、甘肃、云南的提高幅度相对较大，其中西藏的提高幅度最大（图 2-7）。

---

① 参见：黑龙江省教育厅.努力扩大普惠性学前教育资源加快推进学前教育改革发展［EB/OL］.（2014-02-26）.http：//www. moe. edu. cn/publicfiles/business/htmlfiles/moe/s7881/201402/164608. html.

② 参见：山西晋城：2011—2012 年学前教育成果巡礼［EB/OL］.（2013-04-18）.http：//www. moe. gov. cn/publicfiles/business/htmlfiles/moe/s7321/list. html（学前教育三年行动计划网络巡展）.

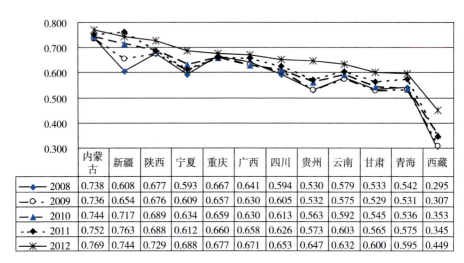

	内蒙古	新疆	陕西	宁夏	重庆	广西	四川	贵州	云南	甘肃	青海	西藏
2008	0.738	0.608	0.677	0.593	0.667	0.641	0.594	0.530	0.579	0.533	0.542	0.295
2009	0.736	0.654	0.676	0.609	0.657	0.630	0.605	0.532	0.575	0.529	0.531	0.307
2010	0.744	0.717	0.689	0.634	0.659	0.630	0.613	0.563	0.592	0.545	0.536	0.353
2011	0.752	0.763	0.688	0.612	0.660	0.658	0.626	0.573	0.603	0.565	0.575	0.345
2012	0.769	0.744	0.729	0.688	0.677	0.671	0.653	0.647	0.632	0.600	0.595	0.449

图 2-7 西部省份学前教育综合发展指数

从六项具体指标来看，西部地区公办园比例指数和教师学历指数略高于全国平均水平，教育投入指数与全国平均水平差异不大，但是入园率、师幼比和城乡公平三项指数明显低于全国平均水平。因此，西部地区应该重点提高入园率，改善师幼比，着力缩小城乡差异。

从西部各省份的省际差异来看，城乡公平的省际差异最为突出，城乡公平指数最高和最低的省份全国排名相差 26 位。西部地区的入园率指数都相对较低，各省份之间也有明显差异，入园率指数最高和最低的省份相差 0.64，广西、四川、宁夏、新疆、云南、贵州、青海、甘肃、西藏等入园率指数明显低于全国平均水平；公办园比例指数最高和最低的省份相差 0.474，四川、重庆和陕西公办园比例指数低于全国平均水平；教师学历指数最高和最低的省份相差 0.194，贵州、重庆、四川、广西、青海的教师学历指数低于全国平均水平；教育投入指数最高的新疆比最低的重庆高 7 倍，四川、甘肃、云南、贵州、广西、重庆的教育投入指数低于全国平均水平；师幼比指数最高的内蒙古是最低的贵州的 2.16 倍，宁夏、甘肃、新疆、云南、重庆、四川、青海、广西、西藏、贵州的师幼比指数明显低于全国平均水平（表 2-4）。

表2-4　西部省份学前教育综合发展指数及各分项指数

省份	入园率指数	教育投入指数	公办园比例指数	师幼比指数	教师学历指数	城乡公平指数	综合发展指数
内蒙古	0.992	0.312	0.547	0.524	0.787	1.000	0.769
新疆	0.859	0.400	0.820	0.353	0.791	0.938	0.744
陕西	0.992	0.332	0.385	0.421	0.722	0.994	0.729
宁夏	0.901	0.256	0.509	0.383	0.793	0.882	0.688
重庆	0.972	0.050	0.470	0.300	0.655	1.000	0.677
广西	0.952	0.105	0.499	0.270	0.619	0.987	0.671
四川	0.913	0.195	0.481	0.298	0.633	0.895	0.653
贵州	0.838	0.136	0.614	0.243	0.662	0.924	0.647
云南	0.856	0.174	0.511	0.317	0.669	0.838	0.632
甘肃	0.747	0.175	0.592	0.356	0.765	0.708	0.600
青海	0.776	0.240	0.562	0.284	0.599	0.759	0.595
西藏	0.352	0.356	0.859	0.259	0.748	0.334	0.449
东部平均	0.978	0.279	0.551	0.512	0.709	0.989	0.748
中部平均	0.974	0.136	0.437	0.392	0.668	0.992	0.696
西部平均	0.846	0.228	0.571	0.334	0.704	0.855	0.655
全国平均	0.955	0.224	0.497	0.401	0.664	0.966	0.703

西部地区是我国少数民族聚居区，这里有地域辽阔、资源丰富的自然优势，但由于受历史、地理以及人文等多方面因素的影响，文化教育相对落后。在实施"西部大开发"战略后，西部地区经济获得了长足发展，为西部崛起打下坚实的基础。我国近年来实施了中西部农村学前教育推进工程和中央财政支持学前教育发展的政策及一揽子重大项目，特别是学前三年行动计划的推进，极大地促进了西部地区学前教育的跨越式发展。由于多方面的原因，西部地区学前教育总体上还相对落后，学前教育资源不足、城乡差异过大、师资短缺且流失严重等问题较为突出。因此，加快学前教育的普及，缩小城乡差异，均衡学前教育的资源配置，创新体制机制

扩大教师来源，稳定教师队伍，是今后西部地区学前教育发展的重点任务。例如，陕西省在全国率先实施了学前一年免费教育政策，建立了学前教育资助制度，通过免除学前一年幼儿保教费、补助家庭经济困难学前一年幼儿生活费、建立学前教育公用经费保障体系等措施，使学前幼儿入园率明显提升。①

以上分析表明：我国东部地区学前教育综合发展水平比较高，但各省份之间有明显的差异；中部地区学前教育综合发展水平与全国平均水平十分接近，而且各省份之间差异不大；西部地区学前教育综合发展水平明显低于全国平均水平，各省份之间差异很大。因此，要进一步采取相应措施，在加快学前教育发展的同时促进地区间的平衡发展。

三、各省份学前教育综合发展水平比较

我国各省份的学前教育综合发展水平差异明显。各省份学前教育综合发展水平与其教育发展水平较为协调，可分为三种不同的均衡类型。

（一）各省份学前教育综合发展水平差异明显

依据 2012 年数据，本研究对我国 30 个省份学前教育综合发展水平进行了比较分析②。分析结果显示，我国 30 个省份按照学前教育综合发展指数从高到低排名如下：上海、北京、天津、江苏、内蒙古、河北、浙江、新疆、吉林、山东、山西、陕西、黑龙江、辽宁、福建、河南、安徽、宁夏、广东、重庆、湖南、广西、湖北、四川、贵州、江西、云南、海南、甘肃、青海（图 2-8）。

---

① 郑富芝. 学前教育跨越式发展 [M]. 北京：人民教育出版社，2013.
② 由于西藏缺少学前儿童受教育率和城乡公平指标数据，本研究不对其进行综合发展水平排名。

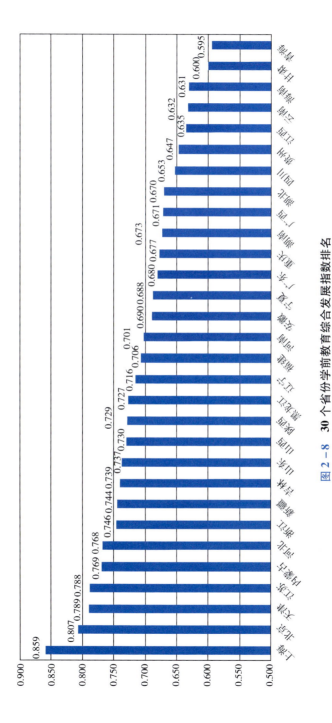

图 2 - 8　30 个省份学前教育综合发展指数排名

各地学前教育综合发展指数平均为 0.562。其中排名前 6 位的省份是上海、北京、天津、江苏、内蒙古、河北，这 6 个省份的共同特点是入园率、城乡公平、教师学历、公办园比例、师幼比等指数均较高；排名后 6 位的省份是贵州、江西、云南、海南、甘肃、青海，这些省份的入园率、城乡公平、教师学历、公办园比例、师幼比等指数均较低（表 2-5）。

表 2-5 各省份学前教育综合发展指数及各分项指数

省份	入园率指数	教育投入指数	公办园比例指数	师幼比指数	教师学历指数	城乡公平指数	综合发展指数
上海	0.989	0.615	0.716	0.651	0.944	0.986	0.859
北京	0.996	0.164	0.682	0.794	0.823	1.000	0.807
天津	0.970	0.328	0.749	0.494	0.801	1.000	0.789
江苏	0.997	0.296	0.755	0.429	0.833	1.000	0.788
内蒙古	0.992	0.312	0.547	0.524	0.787	1.000	0.769
河北	0.996	0.361	0.720	0.342	0.731	1.000	0.768
浙江	0.996	0.372	0.356	0.569	0.675	1.000	0.746
新疆	0.859	0.400	0.820	0.353	0.791	0.938	0.744
吉林	0.993	0.126	0.491	0.543	0.769	1.000	0.739
山东	0.996	0.204	0.622	0.462	0.613	1.000	0.737
山西	0.970	0.166	0.597	0.418	0.721	1.000	0.730
陕西	0.992	0.332	0.385	0.421	0.722	0.994	0.729
黑龙江	0.984	0.170	0.491	0.439	0.753	0.997	0.727
辽宁	0.997	0.122	0.403	0.529	0.678	1.000	0.716
福建	0.956	0.330	0.464	0.423	0.530	0.995	0.706
河南	0.999	0.177	0.441	0.352	0.644	1.000	0.701
安徽	0.953	0.128	0.474	0.272	0.749	0.994	0.690
宁夏	0.901	0.256	0.509	0.383	0.793	0.882	0.688

续表

省份	入园率指数	教育投入指数	公办园比例指数	师幼比指数	教师学历指数	城乡公平指数	综合发展指数
广东	0.949	0.125	0.370	0.511	0.543	0.995	0.680
重庆	0.972	0.050	0.470	0.300	0.655	1.000	0.677
湖南	0.991	0.100	0.299	0.371	0.639	0.996	0.673
广西	0.952	0.105	0.499	0.270	0.619	0.987	0.671
湖北	0.950	0.119	0.448	0.363	0.594	0.967	0.670
四川	0.913	0.195	0.481	0.298	0.633	0.895	0.653
贵州	0.838	0.136	0.614	0.243	0.662	0.924	0.647
江西	0.948	0.104	0.254	0.377	0.476	0.985	0.635
云南	0.856	0.174	0.511	0.317	0.669	0.838	0.632
海南	0.914	0.149	0.222	0.426	0.627	0.899	0.631
甘肃	0.747	0.175	0.592	0.356	0.765	0.708	0.600
青海	0.776	0.240	0.562	0.284	0.599	0.759	0.595

　　按综合发展指数大小可以将2012年各地区学前教育发展水平分为三种类型（表2-6）：学前教育发达地区（0.750以上），共有6个省份，即上海、北京、天津、江苏、内蒙古、河北；学前教育比较发达地区（0.65—0.749），共有18个省份，即浙江、新疆、吉林、山东、山西、陕西、黑龙江、辽宁、福建、河南、安徽、宁夏、广东、重庆、湖南、广西、湖北、四川；学前教育欠发达地区（0.65以下），共有6个省份，即贵州、江西、云南、海南、甘肃、青海。从近五年三种类型的省份数量来看，第一种类型，即学前教育发达地区的省份数量呈现逐渐增多的趋势，而第三种类型，即学前教育欠发达地区的省份数量呈现减少的趋势，说明近年来各省份学前教育获得了一定的发展。

表2-6   2008—2012年学前教育不同发展水平省份数量统计

	2008	2009	2010	2011	2012
发达地区	上海、北京、天津（3个）	上海、北京、天津（3个）	上海、北京、天津、河北、江苏（5个）	上海、北京、天津、江苏、新疆、内蒙古（6个）	上海、北京、天津、江苏、内蒙古、河北（6个）
比较发达地区	河北、内蒙古、山西、江苏、吉林、辽宁、山东、河南、黑龙江、浙江、陕西、重庆、湖南、广东、福建、湖北（16个）	江苏、河北、内蒙古、吉林、山西、黑龙江、浙江、辽宁、山东、陕西、河南、广东、重庆、福建、新疆、湖南（16个）	内蒙古、吉林、山西、新疆、辽宁、浙江、山东、黑龙江、陕西、河南、福建、湖南、广东、重庆、湖北（15个）	河北、山西、吉林、浙江、黑龙江、山东、辽宁、陕西、河南、福建、湖南、重庆、广西、广东（14个）	浙江、新疆、吉林、山东、山西、陕西、黑龙江、辽宁、福建、河南、安徽、宁夏、广东、重庆、湖南、广西、湖北、四川（18个）
欠发达地区	广西、新疆、江西、四川、宁夏、云南、安徽、青海、甘肃、贵州、海南（11个）	湖北、广西、江西、宁夏、四川、安徽、云南、海南、贵州、青海、甘肃（11个）	宁夏、广西、江西、四川、安徽、云南、海南、贵州、甘肃、青海（10个）	湖北、四川、安徽、江西、宁夏、云南、青海、海南、贵州、甘肃（10个）	贵州、江西、云南、海南、甘肃、青海（6个）

　　从各省份近五年来学前教育综合发展指数的增长情况可以看出，全国所有省份学前教育综合发展水平均有不同程度的提高，但是变化趋势差异明显（图2-9）。北京、上海、天津等省份学前教育处于全国领先水平，虽然有所发展，但是增长率有限；江苏、内蒙古、河北和江苏等省份也处于全国领先水平，且增长相对较快。新疆、安徽、宁夏、陕西等省份学前教育处于全国中等水平，但增长趋势较快；吉林、山东、山西、辽宁、福建、河南等省份也处于全国中等水平，但增长趋势一般。贵州、湖南、甘肃、西藏等省份处于全国落后水平，但是增长速度较快；江西、云南、青海等省份也处于全国落后水平，但是增长速度一般。

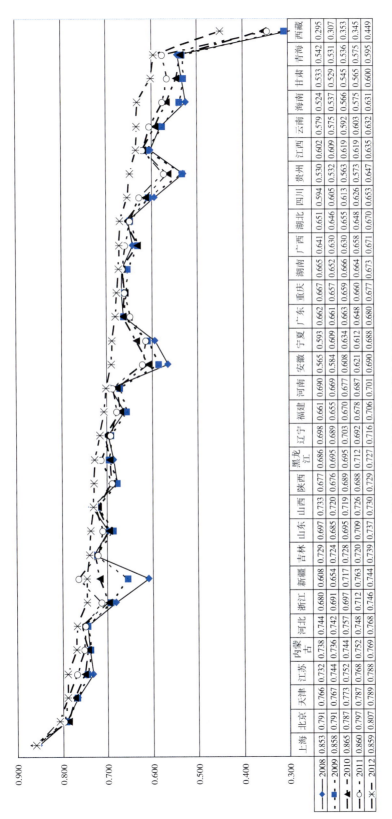

	上海	北京	天津	江苏	内蒙古	河北	浙江	新疆	吉林	山东	山西	陕西	黑龙江	辽宁	福建	河南	安徽	宁夏	广东	重庆	湖南	广西	湖北	四川	贵州	江西	云南	海南	甘肃	青海	西藏
2008	0.853	0.791	0.766	0.732	0.738	0.744	0.680	0.608	0.729	0.697	0.733	0.677	0.686	0.698	0.661	0.690	0.565	0.593	0.662	0.667	0.665	0.641	0.651	0.594	0.530	0.602	0.579	0.524	0.533	0.542	0.295
2009	0.858	0.791	0.767	0.744	0.736	0.742	0.691	0.654	0.724	0.685	0.720	0.676	0.695	0.689	0.655	0.669	0.584	0.609	0.661	0.657	0.652	0.630	0.646	0.605	0.532	0.609	0.575	0.537	0.529	0.531	0.307
2010	0.865	0.787	0.773	0.752	0.744	0.757	0.697	0.717	0.728	0.695	0.719	0.689	0.695	0.703	0.670	0.677	0.608	0.634	0.663	0.659	0.666	0.630	0.655	0.613	0.563	0.619	0.592	0.566	0.545	0.536	0.353
2011	0.860	0.797	0.787	0.768	0.752	0.748	0.712	0.763	0.720	0.709	0.726	0.688	0.712	0.692	0.678	0.687	0.621	0.612	0.648	0.660	0.664	0.658	0.648	0.626	0.573	0.619	0.603	0.575	0.565	0.575	0.345
2012	0.859	0.807	0.789	0.788	0.769	0.768	0.746	0.744	0.739	0.737	0.730	0.729	0.727	0.716	0.706	0.701	0.690	0.688	0.680	0.677	0.673	0.671	0.670	0.653	0.647	0.635	0.632	0.631	0.600	0.595	0.449

图2-9 各省份学前教育综合发展指数

（二）各省份学前教育综合发展水平与其教育发展水平的协调性差异较大

从近五年各省份学前教育综合发展水平的排名来看，除了北京、天津、上海、西藏等省份相对稳定外，大部分省份都有一定的变化，而且新疆的排名提升了 16 位，安徽的排名提升了 9 位，变化特别大。其他省份的变化幅度均在 6 位以内。

对 2012 年各省份学前教育综合发展指数及其教育发展指数①进行比较可以发现，两项排名均在前 10 名的省份有北京、内蒙古、吉林、天津、上海和河北，两项排名均居后 10 名的省份有西藏、贵州、甘肃、海南、云南、湖北和青海（图 2-10）。

从教育发展指数排名与学前教育综合发展指数排名的差异来看，教育发展指数排名靠前而学前教育发展指数排名靠后的省份有辽宁、重庆、湖南、广西、四川、江西、青海、山西、吉林、黑龙江、广东、内蒙古、福建、北京、海南、云南、陕西。其中，辽宁、重庆、湖南、广西、四川、江西、青海、山西、吉林等省份学前教育发展指数排名落后于教育发展指数排名 5 位以上，这些省份学前教育发展水平还有较大的提升空间；黑龙江、广东、内蒙古、福建、北京、海南、云南、陕西等省份学前教育发展指数排名落后于教育发展指数排名 4 位以内，其学前教育发展水平也有一定的提升空间。

根据学前教育综合发展指数排名与教育发展指数排名的一致性，可以将全国 31 个省份划分为三种协调类型：比较协调（排名相差 0—2 位）、一般协调（排名相差 3—6 位）和不协调（排名相差 7 位及以上）。发展比较协调的省份有 10 个，分别是甘肃、西藏、北京、江苏、陕西、广东、云南、上海、天津、河北（北京、江苏、陕西、广东、云南学前教育发展水平略落后于教育整体发展水平）。发展协调性一般的省份有 12 个，分别是浙江、山东、吉林、宁夏、江西、海南、广西、贵州、福建、湖南、山西、黑龙江（浙江、山东、江西、海南、福建、湖南的学前教育发展水平

---

① 教育发展指数参见：高丙成，方晓东. 中国教育综合发展水平研究 [J]. 教育研究，2013 (12).

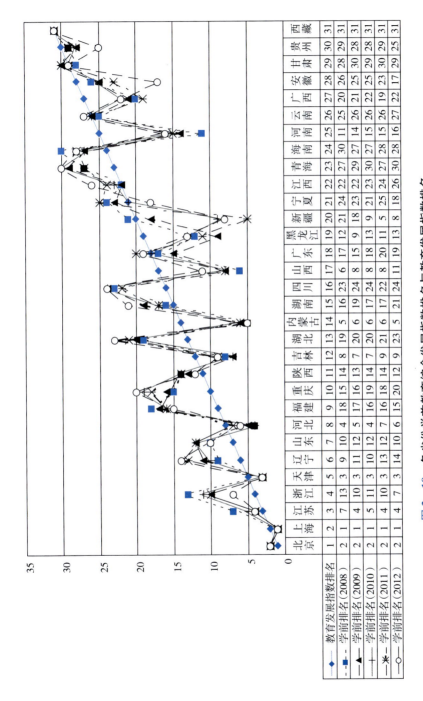

图2-10 各省份学前教育综合发展指数排名与教育发展指数排名

明显落后于教育整体发展水平）。发展不协调的省份有 9 个，分别是青海、辽宁、四川、内蒙古、河南、重庆、湖北、安徽、新疆（特别是青海、辽宁、四川、重庆、湖北等 5 个省份学前教育发展水平严重落后于教育整体发展水平）。

（三）各省份学前教育综合发展水平可分为三种不同的均衡类型

将各省份学前教育综合发展水平六项指标的排名分别与其综合发展指数排名进行比较得到的平均级差值，可以反映该省份学前教育发展的均衡性（表 2-7）。据此，可以将学前教育发展水平分为三种不同的均衡类型。良好均衡型的省份有 8 个，其级差值在 1 以下，分别为山东、湖北、辽宁、湖南、黑龙江、广西、江苏、江西，这些省份的六项指标排名相差不大。一般均衡型的省份有 16 个，其级差值介于 1—5，分别为吉林、重庆、宁夏、山西、广东、河南、四川、内蒙古、浙江、福建、安徽、陕西、河北、贵州、天津、北京，这些省份的各项指标排名有明显的差别。不均衡型的省份有 7 个，其级差值在 5 以上，分别为新疆、海南、云南、上海、青海、甘肃、西藏，这些省份各项指标差异都比较大。

表 2-7　**2012 年各省份学前教育综合发展指数及各分项指数排名**

省份	入园率指数排名	教育投入指数排名	公办园比例指数排名	师幼比指数排名	教师学历指数排名	城乡公平指数排名	综合发展指数排名	排名级差
山东	4	13	8	9	26	1	10	0.17
湖北	20	27	23	19	28	22	23	0.17
辽宁	2	26	25	5	16	12	14	0.33
湖南	11	30	29	18	22	14	21	0.33
黑龙江	13	18	18	10	10	13	13	0.67
广西	19	28	16	29	25	19	22	0.67
江苏	3	10	3	11	2	1	4	1.00
江西	22	29	30	17	31	21	26	1.00
吉林	8	24	17	4	8	1	9	1.33
重庆	14	31	21	25	20	1	20	1.33

续表

省份	入园率指数排名	教育投入指数排名	公办园比例指数排名	师幼比指数排名	教师学历指数排名	城乡公平指数排名	综合发展指数排名	排名级差
宁夏	25	11	15	16	5	27	18	1.50
山西	16	19	10	15	15	1	11	1.67
广东	21	25	27	7	29	15	19	1.67
河南	1	15	24	22	21	1	16	2.00
四川	24	14	19	26	23	26	24	2.00
内蒙古	9	9	13	6	7	1	5	2.50
浙江	5	3	28	3	17	1	7	2.50
福建	17	7	22	13	30	16	15	2.50
安徽	18	23	20	28	11	17	17	2.50
陕西	10	6	26	14	14	18	12	2.67
河北	7	4	5	23	13	1	6	2.83
贵州	28	22	9	31	19	24	25	2.83
天津	15	8	4	8	4	1	3	3.67
北京	6	20	7	1	3	1	2	4.33
新疆	26	2	2	21	6	23	8	5.33
海南	23	21	31	12	24	25	28	5.33
云南	27	17	14	24	18	28	27	5.67
上海	12	1	6	2	1	20	1	6.00
青海	29	12	12	27	27	29	30	7.33
甘肃	30	16	11	20	9	30	29	9.67
西藏	31	5	1	30	12	31	31	12.67

从2008—2012年各省份学前教育各项指标排名级差的变化情况可以看出，31个省份的排名级差在五年间均有一定的变化，变化范围为1.33—6.50（图2-11）。其中，湖北、江苏、云南、湖南、四川、陕西、河北、甘肃、北京、天津、江西等11个省份的变化范围在2.0以下；福建、上海、吉林、浙江、青海、广西、重庆、山西、内蒙古、安徽、广东、海南、西藏等13个省份的变化范围为2.0—3.5，而新疆、辽宁、河南、山东、贵州、黑龙江、宁夏等7个省份的变化范围为3.5—6.5。

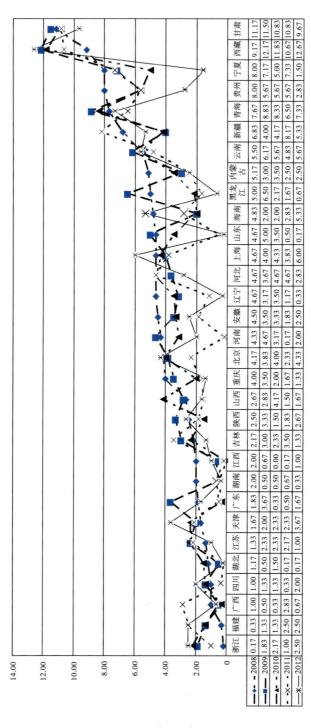

	浙江	福建	广西	四川	湖北	江苏	天津	广东	湖南	江西	吉林	陕西	山西	重庆	北京	河南	安徽	辽宁	河北	上海	山东	海南	黑龙江	内蒙古	云南	新疆	青海	贵州	宁夏	西藏	甘肃
2008	0.17	0.33	1.00	1.00	1.17	1.33	1.67	1.83	2.00	2.00	2.17	2.50	2.67	4.00	4.17	4.33	4.50	4.67	4.67	4.67	4.67	4.83	5.00	5.17	5.50	6.83	7.67	8.00	8.00	9.17	11.17
2009	1.83	1.33	0.50	0.50	0.50	2.33	2.00	3.67	0.50	0.00	3.00	3.33	2.83	3.50	3.83	4.67	3.50	3.67	3.67	4.00	3.50	2.00	6.50	3.00	6.17	4.00	8.83	5.67	5.67	12.17	11.50
2010	2.17	1.33	0.33	1.33	1.50	2.33	2.33	0.33	0.50	0.00	2.33	1.50	4.17	2.00	4.00	3.17	3.33	3.50	4.67	4.33	3.50	2.00	2.17	3.50	5.67	4.17	8.33	5.67	5.00	11.83	10.83
2011	1.00	2.50	2.83	0.33	0.17	2.17	2.33	0.50	0.67	0.17	3.50	1.83	1.50	1.67	2.33	0.17	1.83	1.17	4.67	3.83	0.50	2.83	1.67	2.50	4.83	8.17	6.50	5.67	7.33	10.67	10.83
2012	2.50	2.50	0.67	2.00	0.17	1.00	3.67	1.67	0.33	1.00	1.33	2.67	1.67	1.33	4.33	2.00	2.50	0.33	2.83	6.00	0.17	5.33	0.67	2.50	5.67	5.33	7.33	2.83	1.50	12.67	9.67

图 2-11 2008—2012 年各省份学前教育各项指标排名级差

从近五年学前教育不同均衡类型的省份数量来看，良好均衡型的省份数量呈现增多的趋势，而不均衡型的省份数量呈现减少的趋势，说明近年来各省份学前教育均衡程度也有了一定提高（表2-8）。

表2-8　2008—2012年学前教育不同均衡水平省份数量统计

	2008年	2009年	2010年	2011年	2012年
良好均衡型	浙江、福建、广西、四川（4个）	广西、湖南、湖北、江西（4个）	江西、广东、广西、湖南（4个）	湖北、江西、河南、四川、山东、广东、湖南、浙江（8个）	山东、湖北、辽宁、湖南、黑龙江、广西、江苏、江西（8个）
一般均衡型	湖北、江苏、天津、广东、湖南、江西、吉林、陕西、山西、重庆、北京、河南、安徽、辽宁、河北、上海、山东、海南、黑龙江（19个）	四川、福建、浙江、海南、天津、江苏、山西、吉林、内蒙古、辽宁、陕西、重庆、安徽、广东、河北、北京、新疆、上海、河南（19个）	四川、福建、湖北、陕西、重庆、海南、浙江、黑龙江、江苏、天津、吉林、河南、安徽、山东、辽宁、内蒙古、北京、山西、新疆、上海、河北（21个）	辽宁、山西、黑龙江、重庆、安徽、陕西、江苏、天津、北京、福建、内蒙古、广西、海南、吉林、上海、河北、云南（17个）	吉林、重庆、宁夏、山西、广东、河南、四川、内蒙古、浙江、福建、安徽、陕西、河北、贵州、天津、北京（16个）
不均衡型	内蒙古、云南、新疆、青海、贵州、宁夏、西藏、甘肃（8个）	山东、贵州、云南、黑龙江、宁夏、青海、甘肃、西藏（8个）	宁夏、云南、贵州、青海、甘肃、西藏（6个）	贵州、青海、宁夏、新疆、西藏、甘肃（6个）	新疆、海南、云南、上海、青海、甘肃、西藏（7个）

四、经济发展对学前教育发展的影响

经济是社会发展的物质基础，也是影响学前教育发展的前提与条件。经济发展水平的高低直接决定了政府对学前教育财政投入的能力，继而影响学前教育综合发展水平，特别是学前教育的机会、条件和质量，并且对学前教育公平也有一定影响。

（一）经济发展水平与学前教育综合发展水平具有较高的相关性

从各省份学前教育综合发展水平与其人均 GDP 的关系来看，学前教育综合发展水平最高的上海、北京、天津等省份，其人均 GDP 也最高；学前教育综合发展水平最低的湖北、四川、贵州等省份，其人均 GDP 也很低。回归分析发现，人均 GDP 对学前教育综合发展指数的回归系数为 0.737（$t=5.88$，$p<0.01$），说明人均 GDP 对学前教育综合发展水平具有显著影响，表明经济的发展能够促进学前教育综合发展水平的提高（图 2-12）。

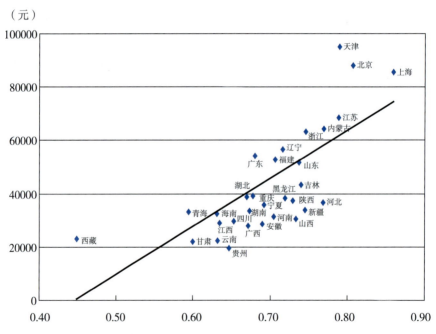

（元）

图 2-12　各省份学前教育综合发展水平与人均 GDP 的关系

（二）学前教育机会受多方面因素影响，与经济发展水平有一定的相关性

从各省份学前教育机会与其人均 GDP 的关系来看，教育机会最高的天津、上海等省份，其人均 GDP 也最高；教育机会最低的贵州、云南等省份，其人均 GDP 也较低。回归分析发现，人均 GDP 对学前教育教育机会指数的回归系数为 0.423（$t = 2.52$，$p < 0.01$），说明人均 GDP 对学前教育机会有一定的影响。但事实上，学前教育机会还取决于地方政府对学前教育的重视程度、当地的地理环境和人口分布等多种因素。从图 2-13 可以看出，许多省份人均 GDP 并不高，但其政府却为幼儿提供了较多的入园机会。

（元）

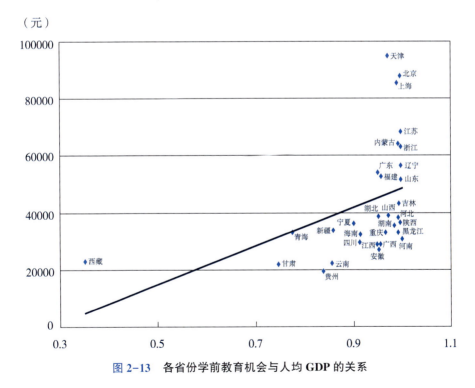

图 2-13　各省份学前教育机会与人均 GDP 的关系

（三）学前教育条件与经济发展水平等多种因素相关

从各省份学前教育条件与其人均 GDP 的关系来看，教育条件最好的上海、北京等省份，其人均 GDP 也很高；教育条件最差的湖北、贵州等省份，其人均 GDP 也较低。但大部分省份并没有显示出这种一致性。回归分析发现，人均 GDP 对学前教育条件指数的回归系数为 0.388（$t=2.27$，$p<0.01$），说明人均 GDP 对学前教育条件有影响但作用并不特别大，因为学前教育条件，特别是财政性教育投入和公办园比例，更多地取决于当地政府对学前教育重要性的认识和重视程度（图 2-14）。

（元）

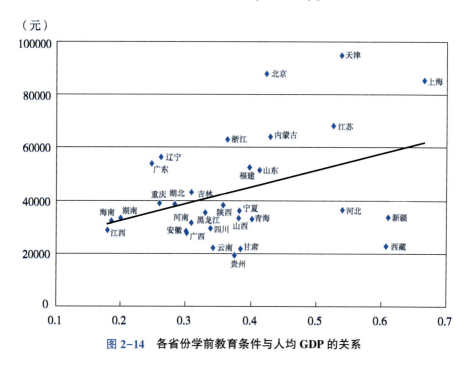

图 2-14　各省份学前教育条件与人均 GDP 的关系

（四）学前教育质量与经济发展水平密切相关

从各省份学前教育质量与其人均 GDP 的关系来看，教育质量最高的上海、北京、天津等省份，其人均 GDP 也较高；教育质量最低的重庆、安徽、甘肃等省份，其人均 GDP 也很低。回归分析发现，人均 GDP 对学前教育质量指数的回归系数为 0.781（$t=6.72$，$p<0.01$），说明人均 GDP 对学前教育质量具有显著影响，学前教育质量与经济发展水平密切相关。通常，学前教育质量的高低与幼儿园的环境质量以及教师的专业培训和专业

素质直接相关，良好的经济状况有利于幼儿园环境质量的改善，能更好地支持教师不断参与培训并促进教师专业发展（图 2-15）。

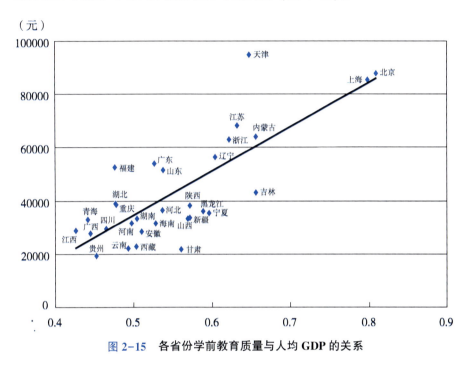

（元）

图 2-15　各省份学前教育质量与人均 GDP 的关系

（五）经济发展水平是影响学前教育公平的因素之一，统筹规划尤为重要

从各省份学前教育公平程度与其人均 GDP 的关系来看，教育公平程度最高的山东、河北、福建等省份，其人均 GDP 并不是最高的；教育公平程度最低的天津、湖北、山西等省份，其人均 GDP 也并不是最低的。例如：经济并不是很发达的贵州、安徽、江西等省，其学前教育公平程度在全国居于前列；而天津作为经济发达地区，其学前教育公平程度全国最低。回归分析发现，人均 GDP 对教育公平指数的回归系数为 0.395（$t = 2.32$，$p = 0.028$），那些关注城乡学前教育均衡发展、更重视发展农村学前教育的省份，其学前教育公平指数更高，说明人均 GDP 对学前教育公平有影响，但只是重要影响因素之一。促进学前教育公平需要政府统筹规划和布局，需要建立覆盖城乡的学前教育基本公共服务体系（图 2-16）。

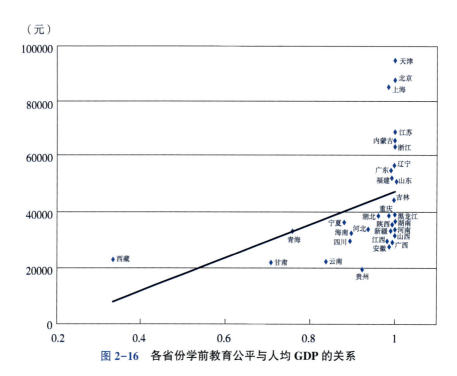

图 2-16　各省份学前教育公平与人均 GDP 的关系

　　总体来看，经济发展能够促进学前教育的发展，随着各地经济发展状况的不断改善，我国学前教育综合发展水平也会越来越高。当然，研究也发现，学前教育综合发展水平与经济发展水平并不是完全同步的关系，这意味着学前教育的发展不仅受到经济发展水平的制约，也受到各地领导重视程度、教育政策的合理性及执行力度、财政投入力度、政府管理水平、人口结构特征、社会文化环境、城乡差异状况、文化发展水平等多方面因素的影响。

第三章

中国与世界各主要国家学前教育发展水平比较

随着我国社会经济的快速发展，特别是学前教育三年行动计划实施以来，我国学前教育稳步发展，学前教育的普及水平、财政投入水平、办园条件和师资水平都有了大幅度提升，学前教育基本公共服务体系的政策框架已经建立起来，并具有了初步的实践形态。新形势下，以国际视野审视我国学前教育的发展水平，将我国学前教育的发展情况与 OECD 成员国进行比较，与其他发展中人口大国及部分周边国家进行对比①，特别是借助世界各国学前教育综合发展水平排名分析我国的学前教育，能够更客观、清楚地看到我国学前教育的发展水平在国际中的地位，发现我国学前教育与国际发展趋势的一致性与契合性。

一、中国与 OECD 成员国学前教育发展水平比较

经济合作与发展组织（Organisation for Economic Co-operation and Development，OECD）现有 34 个成员国，大多是世界上的富有国家，它们重视

---

① 数据和证据的分析框架请参见《中国学前教育发展报告 2012》相关部分。

学前教育的发展，也在很大程度上反映了国际学前教育发展的趋势和走向。① 本部分将从学前教育入园率、公立幼儿园比例、学前教育公共财政投入、学前师资资质与待遇等几个方面，对 34 个 OECD 成员国学前教育发展状况进行比较研究，并以其为参照系，对中国学前教育的相对发展水平进行比较分析。

（一）多数国家学前教育始于 3 岁，两年免费比较普遍

OECD 各成员国均认同学前教育对个体发展和社会发展的价值，将其作为促进个体发展、社会进步、人力资源早期开发与综合国力提升的重要保障，因此普遍非常重视学前教育的普及和发展。

多数 OECD 成员国已经实现了始于 3 岁的学前教育，个别国家将接受学前教育服务的幼儿年龄提前至 2.5 岁甚至 0 岁，且部分国家实现了某些年龄范围的免费公共学前教育。数据显示，OECD 成员国 3 岁儿童的入园率已经从 2005 年的 64% 增长到 2012 年的 70%，其中 14 个国家 2012 年的入园率在 80% 以上，10 个国家超过了 90%。与之相比，中国虽然经过了学前教育三年行动计划的推进，入园率从 2005 年的 41% 增长到 2012 年的 65%②，但是依旧低于 OECD 成员国平均 70% 的入园率水平，中国学前教育普及率与后者相比仍有较大差距。

图 3-1 对中国与部分 OECD 成员国的学前教育毛入园率和 3 岁幼儿入园率进行了对比。2011 年数据显示，9 个国家的毛入园率超过了 100%，另有 10 个国家介于 90%—99%，毛入园率在 80% 以上的国家共有 23 个，低于 70% 的只有爱尔兰、中国和土耳其 3 个国家。除土耳其的毛入园率低于我国外，其他国家均高于我国。近年来，我国学前教育发展迅速，入园率稳步提升，但与 OECD 成员国相比还存在明显的差距，需要进一步提升

---

① 此处的学前教育指幼儿园教育。下文将利用《Education at a Glance 2011：OECD Indicators》以及 OECD 和联合国教科文组织（UNESCO）在线数据库的有关资料，总结 OECD 成员国学前教育的发展情况，同时选择一些具有典型性的指标与我国进行比较分析。

② 根据 2008—2012 年的《全国教育事业发展简明统计分析》，中国学前三年毛入园率 2005 年为 41.4%，2012 年为 64.5%，为便于与其他国家的数据进行比较，本章对相应数据进行了四舍五入，采用整数值，不保留小数。

学前教育普及水平。

在大多数位于欧洲的 OECD 成员国，所有儿童均可在上小学前享受至少 2 年的免费公共学前教育服务。除爱尔兰和荷兰外，各国均实现了 3 岁以上儿童的法定免费学前教育，部分国家甚至还将接受学前教育的年龄提前至 3 岁以下。而在欧洲国家以外的 OECD 成员国，儿童享受免费教育的年龄一般为 5 岁。[①] 根据相关文件的规定，我国大部分幼儿园招收幼儿的年龄起点普遍为 3 周岁。可以看出，在学前教育起始年龄方面，我国与 OECD 成员国大致处于同一水平。但是，从学前教育的免费程度和范围来看，很多 OECD 成员国都实现了不同程度、不同范围的免费学前教育，而我国只有极少数省份开始了学前一年的免费教育。

（二）多数国家学前教育公共资源占比超过七成

公立学前教育机构的比例和学前教育公共财政投入占学前教育总投入的比例，是衡量学前教育公共资源的核心指标。在多数 OECD 国家，公立学前教育机构的比例达到六成乃至全部；大部分幼儿也都就读于公立学前教育机构，学前教育公共财政投入的比例也达到六成以上。

1. 20 个 OECD 国家超过七成的幼儿就读于公立学前教育机构，中国只有五成

2008 年，OECD 各成员国中公立学前教育机构所占比例超过了私立学前教育机构。有 7 个 OECD 成员国公立学前教育机构的比例在 80% 以上，其中比例超过 90% 的国家有 4 个，比例为 80%—89.9% 的国家有 3 个。比例为 60%—79.9% 的国家有 4 个。也就是说，有 11 个 OECD 成员国公立学前教育机构的比例在六成以上。

---

① 参见：刘占兰，等. 中国学前教育发展报告 2012 ［M］. 北京：教育科学出版社，2013：153–155；OECD. Starting Strong II：early childhood education and care ［M］. Paris：OECD，2006：Chapter 4.

图 3 - 1 2005—2012 年中国与部分 OECD 成员国 3 岁儿童入园率和毛入园率

	西班牙	比利时	法国	德国	捷克	墨西哥	意大利	瑞士	以色列	冰岛	瑞典	丹麦	爱沙尼亚	挪威	奥地利	新西兰	斯洛伐克	日本	OECD平均	卢森堡	匈牙利	斯洛文尼亚	英国	葡萄牙	澳大利亚	芬兰	波兰	美国	中国	土耳其
2005年3岁儿童入园率	95	100	100	82	65	23	97	8	67	94	84	91	81	83	47	84	61	69	64	62	73	67	78	61	17	38	28	39	41	2
2012年3岁儿童入园率	95	98	98	91	59	39	92	3	86	96	93	97	89	95	65	87	63	78	70	73	74	85	93	78	18	51	51	38	65	5
2008年毛入园率	122	118	111	111	108	107	100	100	99	97	97	96	96	95	93	92	92	90	89	87	86	84	81	80	80	64	61	59	45	18
2011年毛入园率	127	119	110	112	103	99	98	100	—	97	95	—	—	99	101	93	90	87	85	89	87	91	85	—	95	70	74	73	62	29

【数据来源】OECD. Education at a glance: OECD indicators 2014 [M]. Paris: OECD, 2014; UNESCO Institute for Statistics. Data centre [DB/OL]. [2014 - 07 - 18]. http://stats. uis. unesco. org/unesco/TableViewer/document. aspx? ReportId = 143&IF_ Language = eng; 全国教育事业发展简明统计分析 [Z]. 2008 - 2012. 北京: 教育部发展规划司, 2008 - 2012; 中国学前教育发展战略研究课题组. 中国学前教育发展战略研究 [M]. 北京: 教育科学出版社, 2010.

2012 年的数据分析显示，多数 OECD 国家公立学前教育机构覆盖了超过 65% 的幼儿。2012 年 OECD 各成员国公立园在园幼儿占在园幼儿总人数的比例平均为 68%，其中 20 个国家超过了 70%。但是，这一比例在不同成员国之间差异很大，最高为 98%，最低仅为 1%（图 3-2）。相比之下，中国 2012 年公立园在园幼儿占在园幼儿总人数的比例约为 50%，低于 OECD 国家平均水平 18 个百分点，属于公立园在园幼儿占比偏少的国家。这说明我国公共学前教育资源相对较少，有待进一步增加。具体而言，我国需要建立更多的公立学前教育机构，增加公立园的数量，提高公立园的比重，从而使更多的幼儿能够接受公立学前教育。

2. OECD 国家学前教育公共财政投入占学前教育总投入的比例超过八成，中国只有四成

学前教育投入特别是财政性投入是一个国家学前教育发展的有力保障，OECD 各成员国财政性学前教育投入的比例一直很高且逐年增加。

图 3-3 显示，2008 年 OECD 各成员国学前教育公共财政投入占学前教育总投入的比例（以下简称学前教育公共财政投入占比）平均为 81.5%，其中欧盟 19 国达到了 87.8%。学前教育公共财政投入占比超过 90% 的国家有 10 个，介于 80%—89.9% 的国家有 9 个，介于 60%—79.9% 的国家有 6 个，低于 60% 的国家只有 3 个。中国 2008 年学前教育公共财政投入占比为 66.9%，与 OECD 国家的平均水平差距显著。

2010 年 OECD 各成员国学前教育公共财政投入占比平均为 82.1%，其中欧盟 21 国达到了 88.7%。学前教育公共财政投入占比超过 90% 的国家有 10 个，介于 80%—89.9% 的国家有 7 个，介于 60%—79.9% 的国家有 7 个，低于 60% 的国家有 4 个。中国的这一比例为 33.6%，与 2008 年相比有所降低，与 OECD 国家仍有较大差距。

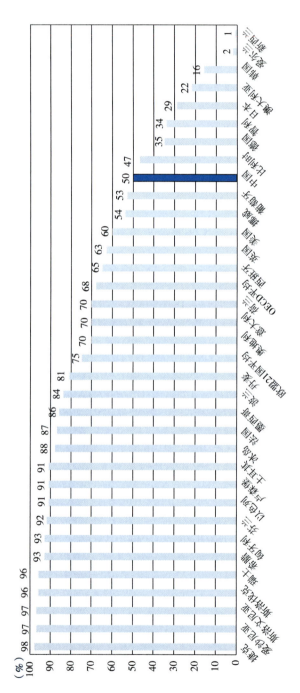

图 3 - 2　2012 年中国与部分 OECD 成员国公立园在园幼儿占在园幼儿总人数的比例

【数据来源】OECD. Education at a glance：OECD indicators 2014［M］. Paris：OECD，2014.

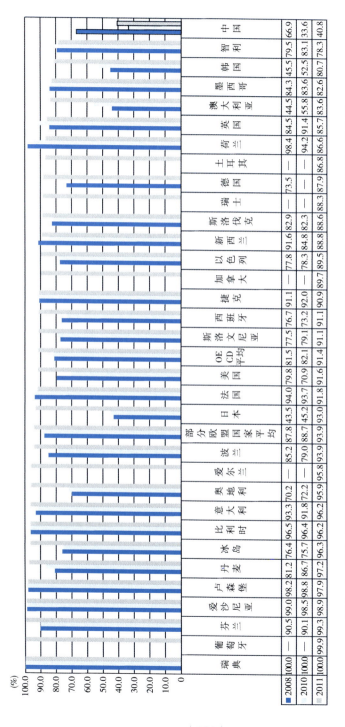

	瑞典	葡萄牙	芬兰	爱沙尼亚	卢森堡	丹麦	冰岛	比利时	意大利	奥地利	爱尔兰	波兰	部分欧盟国家平均	日本	法国	美国	OECD平均	斯洛文尼亚	西班牙	捷克	加拿大	以色列	新西兰	斯洛伐克	瑞士	德国	土耳其	荷兰	英国	澳大利亚	墨西哥	韩国	智利	中国
2008	100.0	—	90.5	99.0	98.2	81.2	76.4	96.5	93.3	70.2	—	85.2	87.8	43.5	94.0	79.8	81.5	77.5	76.7	91.1	—	77.8	91.6	82.9	—	73.5	—	98.4	84.5	44.5	84.3	45.5	79.5	66.9
2010	100.0	—	90.1	98.5	98.8	86.7	75.7	96.4	91.8	72.2	—	79.0	88.7	45.2	93.7	70.9	82.1	79.1	73.2	92.0	—	78.3	84.8	82.3	—	—	—	94.2	91.4	55.8	83.6	52.5	83.1	33.6
2011	100.0	99.9	99.3	98.9	97.9	97.2	96.3	96.2	96.2	95.9	95.8	93.9	93.9	93.0	91.8	91.6	91.4	91.1	91.1	90.9	89.7	89.5	88.8	88.6	88.3	87.9	86.8	86.6	85.7	83.6	82.6	80.7	78.3	40.8

图 3 – 3　2008—2011 年中国与部分 OECD 成员国学前教育公共财政投入占学前教育总投入的比例

【数据来源】OECD. Education at a glance: OECD indicators [M]. 2012 –2014. Paris: OECD, 2012 –2014; 中国教育经费统计年鉴 [M]. 1998 –2012. 北京: 中国统计出版社, 1998 –2013.

2011 年 OECD 各成员国学前教育公共财政投入占比平均为 91.4%，其中欧盟 21 国达到了 93.9%。具体来说主要有以下几种情况：

（1）学前教育公共财政投入占比超过 90%，有 18 个国家，包括瑞典（100.0%）、葡萄牙（99.9%）、芬兰（99.3%）、爱沙尼亚（98.9%）、卢森堡（97.9%）、丹麦（97.2%）、冰岛（96.3%）、比利时（96.2%）、意大利（96.2%）、奥地利（95.9%）、爱尔兰（95.8%）、波兰（93.9%）、日本（93.0%）、法国（91.8%）、美国（91.6%）、斯洛文尼亚（91.1%）、西班牙（91.1%）、捷克（90.9%）。

（2）学前教育公共财政投入占比为 80%—89.9%，有 12 个国家，包括加拿大（89.7%）、以色列（89.5%）、新西兰（88.8%）、斯洛伐克（88.6%）、瑞士（88.3%）、德国（87.9%）、土耳其（86.8%）、荷兰（86.6%）、英国（85.7%）、澳大利亚（83.6%）、墨西哥（82.6%）、韩国（80.7%）。

（3）学前教育公共财政投入占比为 60%—79.9%，只有 1 个国家，即智利（78.3%）。

2011 年中国学前教育公共财政投入占比从 2008 年的 66.9% 降为 2010 年的 33.6%，2011 年又回升至 40.8%，远远低于 OECD 各成员国 91.4% 的平均水平。因此，中国需要不断加大对学前教育的公共财政投入。政府可采取多种方式来保证和增加对学前教育的公共财政投入，可以直接举办公立学前教育机构，也可以通过其他渠道，如对私立学前教育机构的奖励、补助，以及对幼儿家庭的津贴、税费抵扣等方式，间接实现对学前教育的投资。与此同时，政府还可以通过税收等经济杠杆，加强对非公立学前教育机构的引导、管理与扶持力度。

3. 各国生均经费均不断增长，中国水平极低

生均经费是衡量学前教育投入的重要指标。如图 3-4 所示，从学前教育生均经费的绝对量来看，2011 年 OECD 各成员国学前教育生均经费平均为 7428 美元。其中丹麦最高，达到了 14148 美元。墨西哥最低，但也达到了 2568 美元。中国 2011 年学前教育生均经费仅为 485 美元，与 OECD 国家的平均水平差异巨大，即使是投入最少的墨西哥也远远高于中国。

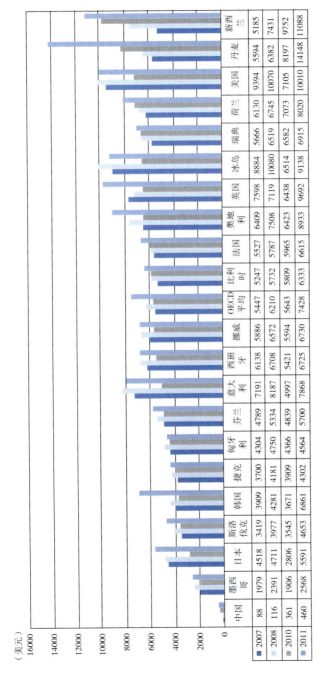

	中国	墨西哥	日本	斯洛伐克	韩国	捷克	匈牙利	芬兰	意大利	西班牙	挪威	OECD平均	比利时	法国	奥地利	英国	冰岛	瑞典	荷兰	美国	丹麦	新西兰
2007	88	1979	4518	3419	3909	3700	4304	4789	7191	6138	5886	5447	5247	5527	6409	7598	8884	5666	6130	9394	5594	5185
2008	116	2391	4711	3977	4281	4181	4750	5334	8187	6708	6572	6210	5732	5787	7508	7119	10080	6519	6745	10070	6382	7431
2010	361	1906	2806	3545	3671	3909	4366	4839	4997	5421	5594	5643	5809	5965	6423	6438	6514	6582	7073	7105	8197	9752
2011	460	2568	5591	4653	6861	4302	4564	5700	7868	6725	6730	7428	6333	6615	8933	9692	9138	6915	8020	10010	14148	11088

图 3 - 4 2007—2011 年中国与部分 OECD 成员国学前教育的生均经费

注：中国的数据根据当年美元对人民币汇率换算得出。

【数据来源】OECD. Education at a glance: OECD indicators [M]. 2010, 2011, 2013, 2014. Paris: OECD, 2010, 2011, 2013, 2014; 中国教育经费统计年鉴 [M]. 1998 – 2012. 北京: 中国统计出版社, 1998 – 2013.

从学前教育生均经费的增量来看，随着各国政府对学前教育重视程度的日益提升，OECD 各成员国学前教育生均经费呈显著增加趋势，2007—2011 年平均增量为 1981 美元。其中，增量在 2000 美元以上的国家有 5 个，分别是丹麦（8554 美元）、新西兰（5903 美元）、韩国（2952 美元）、奥地利（2524 美元）、英国（2094 美元）。除了匈牙利（260 美元）和冰岛（254 美元）以外，其他 OECD 国家学前教育生均经费的增量都在 500 美元以上。中国 2007—2011 年学前教育生均经费的增量仅为 372 美元，与 OECD 国家平均 1981 美元的增量相去甚远，仅高于匈牙利和冰岛两个国家。

（三）学前教育生师比不断改善

从 2009—2012 年 OECD 各成员国学前教育生师比的发展趋势来看，多数 OECD 国家生师比呈逐年减小趋势（图 3-5）。其中日本减幅最大，从 2009 年的 28∶1 下降到 15∶1，其次是英国和美国，分别由 2009 年的 19∶1 和 15∶1 下降到 12∶1 和 10∶1。同时，一些 OECD 国家的生师比一直处于相对稳定状态，如冰岛和斯洛文尼亚近年来一直保持在 6∶1 和 9∶1 的较低水平。

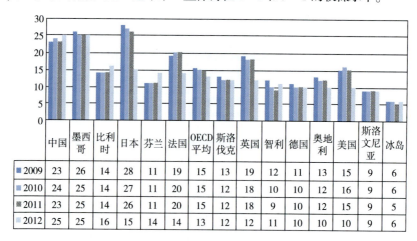

	中国	墨西哥	比利时	日本	芬兰	法国	OECD平均	斯洛伐克	英国	智利	德国	奥地利	美国	斯洛文尼亚	冰岛
2009	23	26	14	28	11	19	15	13	19	12	11	13	15	9	6
2010	24	25	14	27	11	20	15	12	18	10	10	12	16	9	6
2011	23	25	14	26	11	20	15	12	18	9	10	12	15	9	5
2012	25	25	16	15	14	14	13	12	12	11	10	10	10	9	6

图 3-5　2009—2011 年中国与部分 OECD 成员国学前教育的生师比

【数据来源】UNESCO Institute for Statistics. Data centre［DB/OL］.［2014-07-18］. http：// stats. uis. unesco. org/unesco/TableViewer/document. aspx？ ReportId＝143&IF_ Language＝eng；OECD. Education at a glance：OECD indicators 2014［M］. Paris：OECD, 2014；中国教育统计年鉴［M］. 2001-2012. 北京：人民教育出版社, 2002-2013；中国教育事业发展统计简况 2013［Z］. 北京：教育部发展规划司, 2013.

2012 年，除墨西哥（25∶1）以外，其他 OECD 国家学前教育的生师比都在 16∶1 以下。同年，我国学前教育的生师比为 25∶1，虽然与 2009 年相比有所减小，但是绝对值依旧很高，与多数 OECD 国家仍存在较大差距，需要进一步减小。

二、中国与部分相关国家学前教育发展水平比较

中国与主要发展中人口大国及一些周边国家在发展的多个方面具有共同特征，因此将中国学前教育发展水平与这些国家进行比较，具有重要的意义和价值。为了避免交叉重复，本部分将中国的学前教育与巴西、印度、尼日利亚、孟加拉、埃及、印度尼西亚、墨西哥和巴基斯坦等发展中人口大国，以及俄罗斯、日本、韩国、马来西亚、菲律宾、泰国、越南等周边国家进行比较，在对这 16 个国家进行比较时也会考虑到世界学前教育平均发展水平，以了解中国学前教育在世界上的相对发展水平。

（一）各国毛入园率不断增长，中国近年来增长较快

近年来，各国都致力于提高学前教育普及程度，不断扩大学前教育规模，具体体现为各国学前儿童毛入园率均有不同程度的增长，在园儿童数均呈现出明显的增长态势。从毛入园率和适龄儿童受教育率两项指标来看，中国学前教育普及程度在 16 个国家中逐渐处于中上水平。

1. 10 年间各国毛入园率的增长情况

如图 3-6 所示，从 2000—2010 年的毛入园率发展趋势来看，16 个国家学前儿童毛入园率不断增长，但差距显著。在九个发展中人口大国中，10 年间毛入园率增幅最大的是印度和墨西哥，分别增长了 35% 和 28%。增幅介于 10%—20% 的有巴西、埃及、印度尼西亚和巴基斯坦。而尼日利亚和孟加拉国则是零增长或负增长。中国在九个发展中人口大国中处于中等水平，10 年间增幅为 16%。从毛入园率来看，2010 年九个发展中人口大国中毛入园率达到 90% 以上的国家只有 1 个，即墨西哥，其毛入园率达到

了 101%，处于很高的水平。埃及、印度、印度尼西亚、尼日利亚、孟加拉国的毛入园率都在 60% 以下。尼日利亚和孟加拉国甚至不到 15%，分别为 14% 和 13%。与其他发展中人口大国相比，2010 年中国毛入园率为 57%，处于中上水平。

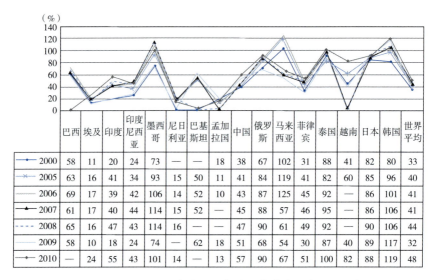

	巴西	埃及	印度	印度尼西亚	墨西哥	尼日利亚	巴基斯坦	孟加拉国	中国	俄罗斯	马来西亚	菲律宾	泰国	越南	日本	韩国	世界平均
2000	58	11	20	24	73	—	—	18	38	67	102	31	88	41	82	80	33
2005	63	16	41	34	93	15	50	11	41	84	119	41	82	60	85	96	40
2006	69	17	39	42	106	14	52	10	43	87	125	45	92	—	86	101	41
2007	61	17	40	44	114	15	52		45	88	57	46	95	—	86	106	41
2008	65	16	47	43	114	16			47	90	61	49	92		90	106	44
2009	58	10	18	24	74	—	62	18	51	68	54	30	87	40	89	117	32
2010	—	24	55	43	101	14		13	57	90	67	51	100	82	88	119	48

图 3-6　1999—2010 年中国和部分国家学前儿童毛入园率

【数据来源】UNESCO. Education for all global monitoring report［M］. 2008－2012. Paris：UNESCO，2008–2012.

一些周边国家如俄罗斯、马来西亚、菲律宾、泰国、越南、日本和韩国的毛入园率在 10 年间也有较大幅度的增长。俄罗斯、菲律宾、越南和韩国的增幅较大，分别为 23%、20%、39% 和 39%。马来西亚的毛入园率下滑严重，下降了 35%。与这 7 个邻国相比，中国毛入园率的增幅为 19%，处于中等水平。2010 年这 7 个国家的毛入园率都在 50% 以上，处于较高水平，中国的毛入园率为 57%，处于中下水平，还有待提升。

2010 年世界各国毛入园率平均为 48%，与 2000 年相比增幅为 15%。2010 年中国毛入园率为 57%，与 2000 年相比增幅为 19%，高于世界平均水平。

2. 近年来各国毛入园率的增长情况

从 2008—2010 年三年间的发展情况来看，与其他发展中人口大国相比，中国的毛入园率增长最为显著，三年间的增幅为 10%，其次是埃及和印度，增幅均为 8%，巴西、印度尼西亚、尼日利亚和孟加拉国的毛入园率比较稳定，而墨西哥的毛入园率下降了 13%。可见，与其他发展中人口大国相比，近年来中国的毛入园率增长较快。

与一些周边国家相比，三年间中国毛入园率的增幅（10%）处于中等水平。越南增幅最大，增长了 42%。马来西亚、泰国增幅较小，分别增长了 6% 和 8%。而俄罗斯、菲律宾、日本和韩国的毛入园率比较稳定。三年间世界学前儿童毛入园率平均增幅为 4%。可见，中国的增幅也高于世界平均水平。

（二）各国公立幼儿园占较大比例，中国仍处于中等水平

作为社会公共服务机构，公立幼儿园的发展水平可以代表一个国家创建公共学前教育服务体系的力度，以及该国儿童享受普惠性学前教育的情况。对 16 个国家的比较发现，各国的学前教育机构以公立园为主，公立园在学前教育机构中占绝大部分，儿童在公立园接受教育的比例较高且有上升趋势，近三年来，中国的公共学前教育受到高度重视，发展迅速。

1. 公立园数量迅速增加，占较大比例

各国学前教育机构的类型划分各有不同，总体上可划分为公立园和私立园两种类型。数据显示：16 个国家中墨西哥的公立园占学前教育机构总数的比例最高，在 90% 左右；其次是俄罗斯和巴西，比例分别为 76.4% 和 75.1%；中国 2012 年公立园与私立园在学前教育机构中的比例分别为 31.2% 和 68.8%，公立园占比低于私立园 37.6 个百分点（图 3-7）。[①] 近三年来，中国注重发展公共学前教育，公立园数量逐步增加，但公立园比例仍低于墨西哥、俄罗斯、巴西和印度。

---

① 参见：教育部. 各级各类学校校数、教职工、专任教师情况［EB/OL］.［2014-07-11］. http://www.moe.gov.cn/publicfiles/business/htmlfiles/moe/s7567/201309/156899.html.

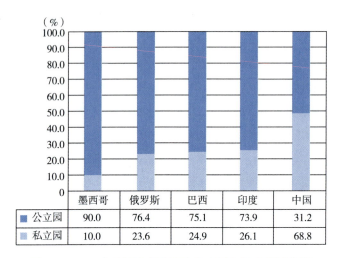

图 3-7　2012 年中国和部分国家公立园与私立园的比例

注：墨西哥为 2010 年数据，巴西、俄罗斯为 2005 年数据。

【数据来源】教育部．各级各类民办教育基本情况［EB/OL］．［2014-07-11］. http：//
www. moe. gov. cn/publicfiles/business/htmlfiles/moe/s7567/201309/156892. html；Ministry of Human
Resource Development，Government of India. Tables of statistics of school education［EB/OL］. ［2014-
01-16］. http：//www. mhrd. gov. in/statistics_ data？ tid_ 2＝156；袁振国．中国教育政策评论 2011
［M］．北京：教育科学出版社，2011：110.

2. 公立园在园幼儿占在园幼儿总人数的比例总体较高，我国偏低

　　公立园在园幼儿占在园幼儿总人数的比例是一个国家学前教育公共承
载能力的重要指标。如图 3-8 所示，从可以找到数据的 13 个国家的情况
来看，2010 年公立园在园幼儿比例总体较高，但是各国之间的差异比较显
著。公立园在园幼儿比例在 70% 以上的国家有墨西哥（86%）、尼日利亚
（73%）、巴西（73%）和埃及（70%）。孟加拉国的这一比例为 51%。比
例最低的是印度尼西亚，仅为 3%。中国公立园在园幼儿比例为 53%，处
于中等偏下水平。

　　与其他发展中人口大国相比，中国公立园在园幼儿比例仅高于孟加拉
国和印度尼西亚。与一些周边国家相比，中国的这一比例低于马来西亚、
菲律宾、泰国和越南，但高于日本和韩国。其中，泰国和菲律宾的这一比
例在 60% 以上，分别为 72% 和 63%。日本和韩国相对较低，分别为 30%
和 17%。

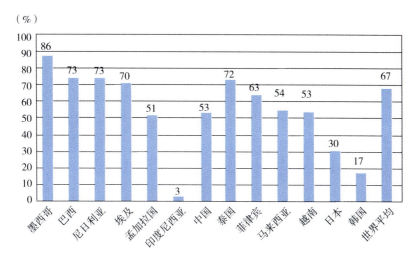

（％）

图 3-8　2010 年中国和部分国家公立园在园幼儿占在园幼儿总人数的比例

注：埃及、印度尼西亚、墨西哥、孟加拉国、中国为 2011 年数据。

【数据来源】UNESCO. Education for all global monitoring report ［M］. 2008－2012. Paris：
UNESCO，2008-2012.

世界各国公立园在园幼儿比例平均为 67%。中国的这一比例仅为 53%，低于世界平均水平 14 个百分点。因此，我国需要建立更多的公共学前教育机构，覆盖更高比例的学前儿童。

（三）学前教育经费以公共财政投入为主，中国各项指标有所增长但水平较低

经费保障是学前教育可持续发展的重要条件。近年来，各国都积极拓展经费来源渠道，特别注重增加财政性学前教育经费占学前教育总经费的比例和占 GDP 的比例，中国在这几项指标上都有一定幅度的增长，但仍落后于多个国家。

1. 经费来源渠道呈现多样化趋势，但越来越多地来自公共财政投入

各国学前教育经费来源渠道都呈现多样化趋势，在学前教育发展水平较高的国家，政府对学前教育的财政投入比例往往相对较高，如墨西哥作为一个联邦制国家，多种政府主体共同承担发展学前教育的责任。2006 年数据表明，墨西哥的学前教育经费 80% 以上来自政府的公共财政投入，只

有不到 19% 来自家长的投入。① 巴西将近 60% 的学前教育支出来自公共部门，市政当局是学前教育公共财政经费的投资主体，其投资比例由 1995 年的 80% 增长到 2002 年的 92.5%。② 俄罗斯的情况与巴西相似，但从 2005 年开始，幼儿园不再由联邦预算拨款，资助主体已经转移到地区和当地政府。③ 在印度，除了政府投入之外，ICDS 项目得到了国际关怀协会④、世界银行、联合国儿童基金会、世界食品项目等多个国际组织的资金支持⑤。尼日利亚学前教育经费既来自联邦、市区和地方政府的公共财政投入，也包括私营部门、家长和非政府组织的投入，从 2004 年起，尼日利亚公共财政投入不断增长。需要注意的是，尼日利亚的公立园实行免费制度，但私立园主要依赖于家长投入。⑥ 中国学前教育经费主要来源于公共财政投入，并且呈现逐年递增的趋势，这与巴西、尼日利亚的情况相似。同时，中国也鼓励社会力量办学投入、家长支付、社会捐赠等多种私人资金补充到学前教育经费中来。

2. 学前教育公共财政投入占教育总投入的比例各国差距显著，中国有较大幅度增长

联合国教科文组织的资料显示，在俄罗斯、墨西哥、巴西、印度尼西亚、印度、中国这几个国家中，俄罗斯学前教育公共财政投入占教育总投

---

① 中国学前教育发展战略研究课题组. 中国学前教育发展战略研究 ［M］. 北京：教育科学出版社，2010：42.

② UNESCO. Policy review report：early childhood care and education in Brazil ［R］. Paris：UNESCO，2006：37.

③ Taratukhina M S，Polyakova M N，et al. Early childhood care and education in the Russian Federation：Paper prepared for the Education for All Global Monitoring Report 2007 ［Z/OL］. 2006：9. http：//unesdoc. unesco. org/images/0014/001491/149142e. pdf.

④ CARE 创建于 1945 年，是一个致力于对抗全球贫困的人道主义组织机构。该机构创建之初的英文全称为 "Cooperative for American Remittances to Europe"，即 "美国汇款到欧洲合作社"；今天，该组织机构的服务已扩展至全世界 60 个国家，这一名字也改为 "为协助和抚慰全世界而合作"，即国际关怀协会（Cooperative for Assistance and Relief Everywhere，Inc）。

⑤ Kapil U. Integrated Child Development Services（ICDS）scheme：a program for holistic development of children in India ［J］. Indian Journal of Pediatrics，2002，69（7）：597-601.

⑥ Education International. Early childhood education：a global scenario：a report on a study conducted by the Education International ECE Task Force ［R/OL］. 2010：67. http：//download. ei-ie. org/Docs/WebDepot/ECE_ A_ global_ scenario_ EN. pdf.

入的比例最高，2011 年达到了 15.03%。投入比例较高的是墨西哥和巴西，墨西哥自 2001 年以来一直保持在 10%左右，巴西在 2008—2011 年一直保持在 7%—8%。印度尼西亚的投入比例最低，一直维持在 0.7%左右，2011 年较之前有所增长，达到 0.9%。投入比例较低的是印度和中国，印度 2008 年以来的投入比例为 1.1%—1.5%，中国在 1997—2009 年的投入比例一直为 1.2%—1.5%，与印度大致相同。但在 2010 年中国有一个骤然性的提高，达到了 3.72%，这可以说是一个质的飞跃。[①] 2011 年中国学前教育公共财政投入占教育总投入的比例进一步增加，超过了 4%（图 3-9）。可以看出，我国对学前教育重视程度越来越高，学前教育公共财政投入得到了较大幅度的提升，但是与俄罗斯、墨西哥、巴西等国家相比仍有较大的差距。

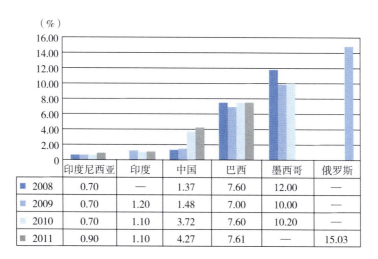

（%）

	印度尼西亚	印度	中国	巴西	墨西哥	俄罗斯
■ 2008	0.70	—	1.37	7.60	12.00	—
2009	0.70	1.20	1.48	7.00	10.00	—
2010	0.70	1.10	3.72	7.60	10.20	—
■ 2011	0.90	1.10	4.27	7.61	—	15.03

图 3-9　2008—2011 年中国和部分国家学前教育公共财政投入占教育总投入的比例

【数据来源】UNESCO Institute for Statistics. Data centre［DB/OL］.［2014-07-18］. http：// stats. uis. unesco. org/unesco/TableViewer/document. aspx? ReportId = 143&IF ＿ Language = eng；The World Bank. World Data Bank［DB/OL］.［2014-01-16］. http：//databank. worldbank. org/data/ views/reports/tableview. aspx；中国统计年鉴 2013［M/OL］. 北京：中国统计出版社，2013［2014- 07-16］. http：//www. stats. gov. cn/tjsj/ndsj/2013/indexch. htm.

---

① 参见：刘占兰，等. 中国学前教育发展报告 2012［M］. 北京：教育科学出版社，2013：28.

3. 财政性学前教育经费占 GDP 比例墨西哥最高，中国有所增长

联合国教科文组织的资料显示，俄罗斯、印度尼西亚、巴西、墨西哥、中国在财政性学前教育经费占 GDP 的比例上差异显著。其中，俄罗斯比例最高，为 0.62%。其次是墨西哥，其学前教育经费、财政性学前教育经费占 GDP 的比例都较高，2010 年分别为 0.6% 和 0.5%。纵向来看，2000—2010 年，墨西哥财政性学前教育经费占 GDP 的比例一直在 0.5%—0.6%，巴西自 2004 年来一直在 0.4% 左右。中国在 2000—2009 年一直处在 0.03%—0.05% 的较低水平。2011 年，中国财政性学前教育经费占到了 GDP 的 0.09%，较以往有所增长，但与墨西哥、巴西等国家仍有较大差距（图 3-10）。

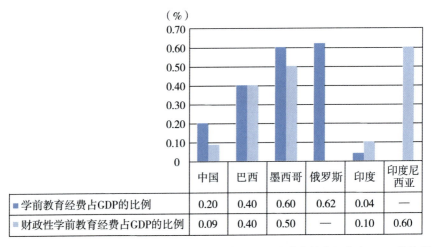

（%）	中国	巴西	墨西哥	俄罗斯	印度	印度尼西亚
■ 学前教育经费占GDP的比例	0.20	0.40	0.60	0.62	0.04	—
■ 财政性学前教育经费占GDP的比例	0.09	0.40	0.50	—	0.10	0.60

图 3-10 2010 年中国和部分国家学前教育经费、财政性学前教育经费占 GDP 的比例

注：中国为 2011 年数据，根据当年财政性学前教育经费总量与 GDP 总量核算得出。印度尼西亚为 2008 年数据，俄罗斯为 2008 年数据，其余国家为 2010 年数据。

【数据来源】 UNESCO Institute for Statistics. UIS. Stat［DB/OL］.［2014 - 09 - 26］. http：//data. uis. unesco. org/.

（四）各国生师比差异较大，中国处于中等偏上水平

生师比是影响幼儿园教育质量的关键因素。近年来，各国都致力于生师比的改善，以促进幼儿园教育质量的不断提升。在中国、俄罗斯、印

度、巴基斯坦、孟加拉国、埃及、印度尼西亚、尼日利亚、巴西、墨西哥、泰国、越南等 16 个国家中，生师比差异显著，中国处于中等偏上水平。

2009 年数据显示，各国学前教育机构的生师比差别较大。其中，生师比在 25∶1 及以上的有埃及（25∶1）、印度（40∶1）、墨西哥（26∶1）、尼日利亚（29∶1）、巴基斯坦（40∶1）。巴西和印度尼西亚的生师比相对较低，分别为 18∶1 和 12∶1。俄罗斯的生师比最低，仅为 8∶1。中国的生师比为 23∶1，相对较高。除俄罗斯外，中国的 6 个邻国马来西亚、菲律宾、泰国、越南、日本和韩国的生师比都很高，分别为 23∶1、35∶1、24∶1、18∶1、28∶1 和 17∶1，与这些国家相比，中国处于中等水平。但是，从 2010 年和 2012 年的数据来看，马来西亚和越南的生师比都出现了较大的下降，而中国变化不大。2010 年数据显示，世界各国学前教育生师比平均水平为 21∶1，中国的生师比为 24∶1，与世界平均水平仍有一定差距（图 3-11）。

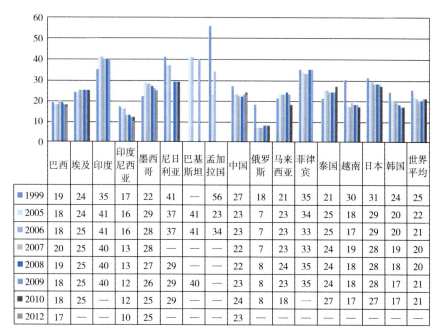

	巴西	埃及	印度	印度尼西亚	墨西哥	尼日利亚	巴基斯坦	孟加拉国	中国	俄罗斯	马来西亚	菲律宾	泰国	越南	日本	韩国	世界平均
1999	19	24	35	17	22	41	—	56	27	18	21	35	21	30	31	24	25
2005	18	24	41	16	29	37	41	23	23	7	23	34	25	18	29	20	22
2006	18	25	41	16	28	37	41	34	23	7	23	33	25	17	29	20	21
2007	20	25	40	13	28	—	—	—	22	7	23	33	24	—	28	19	20
2008	19	25	40	13	27	29	—	—	22	8	24	35	24	18	28	18	20
2009	18	25	40	12	26	29	40	—	23	8	23	35	24	18	21	17	21
2010	18	25	—	12	25	29			24	8	18		27	17	27	17	21
2012	17	—		10	25				23								

图 3-11　2008—2012 年中国和部分国家学前教育的生师比

【数据来源】UNESCO. Education for all global monitoring report［M］. 2008-2012. Paris：UNESCO，2008-2012.

三、世界各国学前教育综合发展水平与排名比较

（一）学前教育综合发展水平评估模式

1. 国际组织学前教育指标体系

近年来，诸多国际组织、发达国家，甚至是某些发展中国家都尝试构建了各具特色的、具有政策指导意义的研究学前教育状况的指标体系和系统程序，并在实践中不断修正和完善，对学前教育政策研究和改革实践产生了积极和深远的影响。经济合作与发展组织（OECD）、联合国教科文组织（UNESCO）、联合国儿童基金会（UNICEF）、世界银行（World Bank）和欧盟（EU）都进行了相关研究，设定了一些可以进行国际比较的重要指标。

（1）经济合作与发展组织的学前教育指标

近年来，OECD 在政策导向上很重视发展早期教育与保育事业（ECCE），针对一些国家的学前教育政策及相关服务仍然支离破碎的现状，OECD 在充分进行调查研究的基础上研制了一些指标，以指导各国更好地整合和完善家庭、劳动力市场、社会融合以及终身学习方面的相关政策。此外，OECD 还意识到，尽管个别国家的早期教育与保育政策已很完善，但进行跨国研究的条件还很薄弱，其中一个重要原因就是目前各国在数据收集方面还没有统一的标准。OECD 的研究旨在把各国的已知因素结合起来，建立一个国际性的分析框架，同时澄清并突出一些重要的信息和数据。OECD 教育指标体系以人力资本理论为理论基础，将市场经济的供需模型运用于教育，又以教育评估中的 CIPP 模式（context，背景；input，输入；process，过程；product，输出）为框架，构建了从微观到宏观、从简单到复杂的"投入—产出"教育指标体系。根据 OECD 与学前教育指标体系有关的重要出版物和报告，如《教育概览：OECD 指标》（Education at a Glance：OECD Indicators）和《强势开端 II：幼儿教育与保育》（Starting Strong II：Early Childhood Education and Care），本研究对 OECD 的学前教育指标进行了归纳，见表 3–1。

表 3-1　OECD 学前教育指标

一级指标	二级指标	三级指标
学前教育背景	人口背景	人口出生率、人均 GDP、6 岁以下儿童数、贫困儿童比率
	幼儿母亲与家庭状况	怀孕与产假、生育率、女性就业率、儿童母亲参与工作的比率
学前教育投入	财政和资金投入	学前教育支出占国民财富的比例、公共投入与私人投入、公共教育经费支出总额、学费与公共补贴、法定的免费服务、各类型教育支出、儿童人均单位成本（各国按不同年龄段统计）、对于 3 岁以下儿童及不在园时间段（OSP）的儿童服务的资金投入、父母的平均花费、教育资源的使用效力
	人力投入	教师工资、教师用于教学的时间
学前教育机构与组织	学前教育机构与入学	主要学前教育机构种类、儿童进入正规机构比率/机构形式、儿童接受教育的时间、生师比和班级规模、评估对教育系统内部的影响
	学前教育师资	教育系统的抉择者，教师的性别、年龄、职称与资格，有资格教师的比例
学前教育产出		幼儿学习水平、学前教育毕业人数和进入初等教育的学生人数、学前教育完成率、接受学前教育对于就业的影响、学前教育的经济效益、刺激投资学前教育的因素

　　总的来看，OECD 的指标建立在严密的理论基础之上，有一定的理论分析价值，而且具有很强的描述功能，指标统计口径具有可比性，通用性强，它也被认为是目前国际上对教育从投入到产出进行描述和评价最为系统、最为深入的一种教育发展指标体系。

　　（2）联合国教科文组织的学前教育指标

　　在教育统计方面，UNESCO 是最专业的国际机构之一，其指标体系具有权威性，国家覆盖面广。近年来，UNESCO 致力于将健康、营养、安全与学习融入幼儿保育与教育项目，为儿童的全方位发展服务。UNESCO 认为，学前教育不仅仅是为帮助儿童进入小学的准备阶段，学前教育政策的制定和实施应放在整个社会发展、男女平等和减贫的大背景下进行。为了创造一个整合的学前教育系统，UNESCO 的国际政策涉及儿童的福祉和全方位的发展。UNESCO 的使命是支持学前教育政策的发展，为儿童的终身学习奠定坚实的基础。

UNESCO 与学前教育指标体系有关或对学前教育指标体系的建立有参考价值的重要出版物和报告主要有《全民教育全球监测报告》（Education for All Global Monitoring Report）、《世界教育报告》（World Education Report）和《世界教育指标分析》（Analysis of The World Education Indicators）。其中，UNESCO 主要通过《全民教育全球监测报告》的核心指标影响发展中国家的教育改革，监测其成员国教育工作的成效。该报告以比较为其根本方法，根据各国提供的信息，阐述学前保育和教育的重要功能与价值，分析全球学前教育发展的现状、各国学前教育项目的发展走势，提出全球性学前教育发展的目标与建议。本研究对《全民教育全球监测报告2007：坚实的基础：幼儿保育和教育》（Strong Foundations：Early Childhood Care and Education）中的学前教育指标进行了重新分类，见表 3-2。

表 3-2 对《全民教育全球监测报告 2007：坚实的基础：幼儿保育与教育》学前教育指标的重新分类

一级指标	二级指标和三级指标
学前教育立法和政策	学前教育立法
	近期的国家政策和改革
	针对弱势或处境不利儿童的措施
	旨在扩大或改进学前教育的专门方案或项目
学前教育的性质和定位	对学前教育的命名、对其他 ECCE 项目的命名
学前教育入学情况和幼儿人数	入学情况（毛入学率、净入学率、接受过学前教育的儿童占小学入学儿童的比率）、不同年龄段的入学率
	国家规定的学前教育年龄组
	其他 ECCE 项目年龄组和预计的幼儿人数

续表

一级指标	二级指标和三级指标
学前教育管理体制	学前教育监管或协调部门
	其他提供学前教育的实体（如市政当局、地方政府）以及提供者的主要类型（如公立、私立、公私混合、社区，等等）
学前教育财政投入和产出	生均学前教育公共经费占人均 GDP 的比例、主要资金来源
	国家层面的儿童发展水平或入学准备情况监测系统
学前教育师资	幼儿园教师总数、女教师的百分比、受过培训的教师比例（所有教师）、受过培训的教师比例（男教师、女教师）
	相关人员状况与培训
	幼儿园教师培训类型
学前教育课程内容	关于学前教育课程和 ECCE 项目内容的信息：目标、学习领域和教学方法、每周平均学习小时数和每年平均学习周数
学前教育家长合作	家长项目，专门针对弱势、贫困或处境不利儿童的项目

值得注意的是，上述指标设计体现了对学前教育立法、弱势与处境不利儿童、学前教育与家庭、学前教育产出等问题的关注。虽然涉及的指标不多，但是这些问题的提出非常有价值，使得该指标体系覆盖了学前教育的几乎所有领域。

（3）联合国儿童基金会的学前教育指标

UNICEF 自创立之日起就把"与他人一起合作来克服儿童发展道路中来自贫穷、暴力、疾病和歧视的阻碍"作为自己的目标，并坚信通过世界各国的共同努力可以促进人类的进步。UNICEF 坚持《儿童权利公约》，倡导世界各国为儿的生存发展创造最优的环境，满足他们的基本需要，增加他们充分发展的机会；关注女童教育，鼓励家庭为男女儿童提供平等的受教育机会；致力于儿童健康、预防艾滋病（毒）感染、儿童保护以及性别歧视等，努力使所有儿童都受到尊重并享有安全的生活环境。

UNICEF 每年都会发布《世界儿童状况报告》（The State of the World's Children Report），该统计报告旨在监测全球儿童和妇女的发展状况，并为改善其生存发展状况提出建议。《世界儿童状况报告》每年都有不同的主题，统计的重点内容也会发生相应的变化，但在每年的报告中，都会对一些基本的指标做出统计，包括人口背景、儿童营养与健康、儿童受教育程度等信息。本研究对其指标进行了整理，见表3-3。

表3-3 《世界儿童状况报告》指标体系

一级指标	二级指标和三级指标
基本背景指标	人均国民总收入、人均GDP年均增长率
	人口总数、年出生人数、年人口增长率、出生率、总生育率
	死亡率、预期寿命、5岁以下儿童死亡人数、5岁以下儿童死亡率、婴儿死亡率（1岁以下）、新生儿死亡率
保育	产妇健康护理：产前护理和分娩护理覆盖率、产妇死亡率
	儿童健康：1岁儿童接种免疫的比例、新生儿注射破伤风疫苗的比例、5岁以下疑似患有肺炎儿童可接收到恰当治疗的比例及得到抗生素的比例、5岁以下患有痢疾的儿童得到口服药和持续喂养的比例、5岁以下儿童患有疟疾的比例
	儿童营养：出生时体重过轻婴儿的比例、（6个月以内）完全用母乳喂养的比例、（6—9个月）母乳喂养食物补充的比例、（20—23个月）母乳喂养比例、5岁以下儿童体重过轻比例、维生素A补充覆盖率（6—59个月）、家庭消耗碘盐的比例
	艾滋病/艾滋病毒：0—14岁儿童和15岁以上女性艾滋病毒感染者数量、儿童因艾滋病而成为孤儿的数量（0—17岁）、孤儿数量和孤儿入学比例
	儿童保护：出生登记比例、儿童残疾比例、儿童受惩罚比例
教育	教育背景：家庭收入、妇女识字率
	教育参与：男女儿童毛（净）入学率
	教育投入：中央政府教育经费比例
发展变化	人均国内生产总值年均增长率
	总生育率年均降低率
	5岁以下儿童死亡率年均减少率

UNICEF的宗旨是保护世界上儿童的生存和发展权利，关注儿童和妇女的福利，提高其营养和健康状况，提供保护等服务。从表3-3也可看

出，其指标的设计主要关注营养、疾病、儿童保护、妇女状况等方面，但总的来说缺乏关于教育过程和教育产出的"软指标"。

（4）世界银行的学前教育指标

世界银行是为发展中国家提供资金和技术援助的重要国际组织。它认为学前教育是人生发展的起步阶段，对人们今后的健康发展和工作有着重要影响。投资学前教育不仅有利于儿童的健康发展，同时也是为国家未来的劳动力投资。根据经济学家对教育收益的分析，投资学前教育比投资其他阶段的教育回报率更高。因此，学前教育是值得各个国家进行投资的一项事业。世界银行自 1978 年以来每年都会发布《世界发展指标》（World Development Indicators）报告，教育指标是世界银行世界发展指标体系中极其重要的一个评估指标。教育指标由教育投入、受教育机会、教育效率、教育成果、性别与教育五项组成。从 2004—2006 年世界发展指标体系的变化情况来看，教育的投入、效能和产出方面的指标有所变化，总体趋势是指标逐渐增多，越来越细化，同时分类更加科学合理。表 3-4 是 2006 年世界发展指标体系。

表 3-4　2006 年世界发展指标体系

一级指标	二级指标和三级指标
人口动态	总人口、年均人口增长率、人口年龄结构
出生与死亡率	出生率、出生时预期寿命、婴儿死亡率、5 岁以下儿童死亡率、（男、女）儿童死亡率
妇女发展	女性人口占总人口的比例
	男性和女性出生时的预期寿命
	怀孕妇女得到产前照料的比例
	青少年母亲比例（占 15—19 岁女性总数的比例）
	识字率性别平等指数（15—24 岁）、劳动力性别平等指数、非农业部门妇女比例（占总人数比例）、无报酬的家庭工作者（男、女）、议会中女性比例（占总席数比例）

续表

一级指标	二级指标和三级指标
营养	营养不良人口比率（占总人口比率）
	5 岁以下儿童营养不良人口比率（重量不达标、身高不达标）
	5 岁以下超重儿童比例、低出生体重儿童比例
	纯母乳喂养比例（6 个月以内）、维生素 A 补充比例（6—59 个月）、消费碘盐家庭比例
教育投入	生均公共教育经费（占人均 GDP 的百分比）、公共教育经费（占 GDP 的百分比、占政府财政支出的百分比）
	受过培训的教师占所有教师的百分比、生师比
教育参与、教育完成和产出	学前教育毛入学率、学前教育完成率（分性别、分年龄）

由于世界银行是金融机构，因此其所制定的教育指标针对性、直观性强，更注重投入与产出的效率，且反映投入与产出效率的指标也较多。但这些教育指标结构松散，不够统一，其中涉及学前教育的指标，特别是和教育参与有关的以百分比表示的"硬指标"，缺乏深入挖掘的价值。这可能和这些指标主要涉及发展中国家教育状况有关。

（5）欧盟的学前教育指标

欧盟的 27 个成员国中，大部分都是 OECD 成员国，每隔几年成员国都会向 OECD 提交一份有关本国教育发展状况的报告，随后，OECD 会给各个成员国一份反馈报告。其中，《强势开端 II》是专门针对学前教育的报告，对各国学前教育事业的发展情况进行了详细的介绍。就目前我们搜集到的资料来看，欧盟总体上没有专门针对学前教育的完善的指标体系，在每年的统计年报中，有关学前教育的指标十分有限。但是，随着人们对学前教育重要性的认识不断深入以及学者的积极呼吁，欧盟开始给予学前教育越来越多的关注。例如，2009 年欧盟专门针对早期教育与保育发布了一份报告，旨在解决社会与文化的不平等问题，并决定将学前教育作为各成员国 2009—2010 年展开合作的优先主题，其中尤其强调促进平等和加强幼儿教育服务提供者与教师支持的质量这两个方面。

根据欧盟成员国向 OECD 提交的报告文本、国家笔记和附件《欧盟统计年鉴 2008》，以及 2000—2001 年、2002—2003 年、2005 年《欧盟教育数据》和《欧盟各国儿童看护统计数据 2004》《收集有关儿童看护数据的方法论》《欧洲早期教育与保育：解决社会和文化的不平等》等重要文件和数据，本研究对欧盟的学前教育和保育指标进行了分析与归纳，如表 3−5 所示。

表 3−5　欧盟学前教育指标

一级指标	二级指标	三级指标
教育背景	人口背景	儿童数量
		家庭状况（单亲、移民、贫困率、失业等）
教育投入	财政投入	政府投入
		家庭投入
		经费设置
教育过程	学前教育的参与率	3 岁儿童 0 级教育机构的入学率、4 岁儿童 0—1 级教育机构的入学率
		对 5 岁儿童的学业期望
	学前教育机构环境与组织	学前教育机构（国际教育分类标准 0）入学年龄和主要模式
		（收费和免费的）学前教育提供者
		3—7 岁儿童在学前教育机构（国际教育分类标准 0）的平均时间（年）和潜在规定时间的比较
		学前教育机构覆盖区域（由教育部负责和由非教育部负责）
	学前教育人员	最低职前培训长度、强制接受专业培训的最少时间
		学前教育中对儿童进行分组的主要方法
		学前教育机构中建议每个成人最多看管的 4 岁儿童的数量
教育产出	教育产出	—

欧盟学前教育指标的内容框架及其统计思路，参照了 OECD 和 UNESCO 学前教育统计的多项指标。

2. 部分国家学前教育指标体系

（1）美国学前教育指标体系

《美国学前教育年鉴》（The State Preschool Yearbook）是美国罗格斯大学教育学院下属单位——美国幼儿教育研究学会（National Institute for Early Education Research，NIEER）的一系列研究成果。年鉴提供了关于美国学前教育入学、质量标准和财政资源等方面的翔实指标和数据，以下以2012 年年鉴为例，说明美国学前教育指标体系（表3-6）。

表 3-6　美国学前教育指标体系

一级指标	二级指标及具体内容
全国幼儿入学状况	所有州项目中幼儿入园总人数
	州财政支持的学前项目数量
	有收入要求的州的数量
	机构运营的最少小时数和运营时间表（半日、全日、自定）
	3 岁和 4 岁幼儿特殊教育入园人数
	3 岁和 4 岁幼儿联邦"提前开端"项目入园人数
	所有年龄段联邦"提前开端"项目入园总人数
	州财政支持的"提前开端"项目中 3 岁和 4 岁幼儿入园人数
学前教育质量	早期学习标准、监测
	教师和助理的学历
	教师专业培训和在职培训要求
	最大班级规模（3 岁、4 岁）、师幼比（3 岁、4 岁）
	筛检/转诊和支持性服务、餐点服务
国家资源—财政	所有州的学前教育总经费
	州项目需要当地提供者与项目捐款相配合的州数量、州"提前开端"项目经费
	州入园幼儿生均经费、所有报告项目中入园幼儿的生均经费

【数据来源】National Institute for Early Education Research. The state of preschool 2012：state preschool yearbook［R/OL］.［2014-07-18］. http：//nieer. org/publications/state-preschool-2012.

（2）英国学前教育指标体系

以下以英国 2011 年《儿童保育和早期教育供应者调查》（Childcare and Early Years Providers Survey）为例，说明英国学前教育指标体系。该调查主要搜集保育供应者特点、入园儿童状况、保教员工特点、员工资格证书和培训、员工聘用和流动以及保教机构经营运作（收入和开支）等方面的基本情况（表 3-7）。

表 3-7　英国学前教育指标体系

调查的主要方面	具体统计指标
保育供应者特点	• 机构数量、分布情况、所有权、性质（营利或非营利）、与学校之间的联系 • 机构运营与开放时间、经营规划、更新与扩展计划 • 儿童中心提供服务的类型和比例
入园儿童状况	• 在园儿童数量、儿童的入园年龄、儿童的年龄段及其比例 • 3 岁和 4 岁儿童享受免费早期教育的情况、残疾儿童入园情况
保教员工特点	• 各类保教人员数量、保教员工与儿童人数比例、各类保教人员的性别和年龄分布 • 各类保教人员平均每周工作时间与平均时薪、不同资质人员的平均时薪比较
员工资格证书	• 具备不同等级资格证书的员工比例、具有合格教师资格的员工比例、高级管理者和保育指导员中具有国家职业资格证书（NVQ）的比例
培训	• 员工接受培训的比例及培训类型、有员工培训计划和培训预算的机构比例 • 最近一年内居家保姆所接受的培训 • 员工培训满意度调查
员工聘用和流动	• 机构聘用的员工人数、所占比例 • 面临招聘困难的各类保教机构比例、招聘困难的员工类型、预计解决困难所需时间 • 不同类型的保教机构员工工龄、员工年度流动率、员工流动去向、员工聘用增长率

续表

调查的主要方面	具体统计指标
收入和开支	• 缴纳押金或注册费用的各类保教机构所占比例以及缴费费用的平均数额 • 不同所有权、不同类型、不同地区（包括贫困地区）的保教机构的收费情况 • 拥有不同等级资格证书的高级管理者所在保教机构平均每小时收费情况对比 • 各年龄段儿童的每小时平均收费、保教机构收费变化情况及收入额、对保育券的认识 • 家长付费或家长工作单位（雇主）负担保育费用情况 • 从地方或中央政府获得经费支持的各类保教机构比例及获得经费补助的平均金额 • 各类保教机构获得资金支持的其他途径及其比重 • 通过学位来保证收支平衡的机构比例、盈利与平均支出情况

【数据来源】 DCSF. Childcare and early years providers survey［EB/OL］. (2015-04-28). https://www. gov. uk/government/uploads/system/uploads/attachment_ data/file/219589/osr18-2012V2. pdf.

（3）日本学前教育指标体系

"教育指标的国际比较"是由日本文部科学省终身学习政策局调查规划科主持的一项大型国际比较调查。其同名调查报每年出版一次，目的是对日本和其他国家的教育进行全面的比较，以深入了解他国的教育发展状况，认清日本教育发展的优点和不足，为日本教育发展政策的制定提供参考。以下以2013年版《教育指标的国际比较》为例，说明日本的学前教育指标体系（表3-8）。

表3-8　日本学前教育指标体系

一级指标	二级指标
教育普及率	入园率（幼儿园和保育所，3岁、4岁、5岁、3—5岁）
教师	幼儿园每名教师服务的儿童数
	每个班的儿童数（国立、公立、私立教育机构，各类教育机构总计）
	国立、公立教育机构专任女教师比例

续表

一级指标	二级指标
教育经费	国内生产总值与学校教育经费的比例
	一般政府总支出与公共财政负担的学校教育费的比例
	教育费的公私负担比例
	不同国家和地区公共教育财政支出的比例
	学校教育费的用途构成
	生均教育费
附录	各国接受学前、义务、高中和高等教育人数与该年龄段人口的比率
	各国学制图、各国私立学校系统

【数据来源】文部科学省. 教育指标的国际比较［R/OL］.［2014 - 01 - 21］. http：// www. mext. go. jp/b_ menu/toukei/data/kokusai/1332512. htm.

（二）45 国学前教育综合发展评估

20 世纪末以来，学前教育的重要性已经被很多学科如神经科学、社会科学和计量经济学的研究所证实。神经科学的研究证实了早期大脑发育的重要性；社会科学的研究指出，高质量的学前教育为儿童的入学和生活提供准备；计量经济学的研究也表明，对学前教育的投资能促进更多的女性参与劳动力市场，节约社会资源，促进经济增长。在这样的背景下，2011年，新加坡连氏基金委托"经济学家智囊团"（Economist Intelligence Unit），制定了学前教育质量综合评估指标，并对 45 个国家和地区的学前教育发展水平进行了调查研究和排名比较。这项研究的成果于 2012 年 6 月以研究报告的形式发表，名为《优良起跑》（Starting Well：Benchmarking Early Education across the World），其评估指标与结论填补了学前教育质量国际排名研究的空白，为我国学前教育的发展提供了国际视野，颇具参考价值。

1. 学前教育国际排名指标

《优良起跑》以 45 个国家和地区为研究样本，包括 OECD 国家和新兴市场经济体，以招收 3—6 岁幼儿的幼儿园教育为比较研究的对象，从社会背景（social context）、可获得性（availability）、支付能力（affordability）和质量（quality）4 个领域，对 45 个国家和地区的学前教育质量进行综合评估，4 个领域的权重分别为 5%、25%、25% 和 45%（表 3-9）。

表 3-9　学前教育国际排名研究的指标

主要类别	权重	指标	指标权重
社会背景	5%	营养不良患病率（malnutrition prevalence）	20%
		5 岁以下儿童死亡率（under 5 mortality rate）	20%
		免疫接种率、疫苗（immunisation rate，DPT）	20%
		性别不平等指数（gender inequality index）	20%
		成人识字率（adult literacy rate）	20%
可获得性	25%	学前一年教育普及率［preschool enrolment ratio, pre-primary age（1 year）at 5 or 6 years］	20%
		学前三年教育普及率（preschool enrolment ratio, relevant age-group）	20%
		早期儿童发展和促进策略（early childhood development and promotion strategy）	35%
		学前教育的法定权利（legal right to preschool education）	25%
支付能力	25%	私人幼儿园费用（cost of a private preschool programme）	15%
		政府学前教育支出（government pre-primary education spending）	25%
		对处境不利家庭的资助（subsidies for underprivileged families）	30%
		对接收处境不利儿童的幼儿园的资助（subsidies for preschool aimed at including underprivileged child）	30%

续表

主要类别	权重	指标	指标权重
质量	45%	幼儿园班级生师比（student-teacher ratio in preschool classrooms）	5%
		幼儿教师平均工资（average preschool teacher wages）	15%
		课程指南（curriculum guidelines）	15%
		幼儿园教师培训（preschool teacher training）	20%
		健康与安全指南（health and safety guidelines）	10%
		数据收集机制（data collection mechanisms）	10%
		幼小衔接（linkages between preschool and primary school）	10%
		家长参与和亲职教育（parental involvement and education programmes）	15%

这 4 个领域共包括 21 项指标。其中有 11 项量化指标，如学前一年教育普及率和政府学前教育支出等；有 10 项质性指标，如对处境不利家庭的资助等。每个指标分为 1—5 共 5 个等级，其中 1 为最低（如没有补贴），5 为最高（如大量的补贴），2、3、4 介于两者之间。2011 年 12 月—2012 年 3 月，经济学家智囊团通过搜集官方资源获得了量化指标的数据，通过分析 45 个国家和地区的政府政策与评论，以及对 60 名早期教育专家、学者、非政府组织、学前教育从业者和政策专家进行访谈，获取了大量质性指标的资料。

2. 学前教育国际排名概况

《优良起跑》从社会背景、可获得性、支付能力以及质量 4 个领域对 45 个国家和地区的学前教育发展情况进行调查研究，并将指标得分转化为标准分进行聚类相加，使 45 个国家的分数具有可比性。具体排名见表 3-10。

表3-10 45个国家和地区学前教育发展情况比较和排名

总分			社会背景（5%）			可获得性（25%）			支付能力（25%）			质量（45%）		
排名	国家地区	分数	排名	国家地区	分数	排名	国家地区	分数	排名	国家地区	分数	排名	国家地区	分数
1	芬兰	91.8	1	澳大利亚	100.0	1	比利时	99.7	1	挪威	92.4	1	芬兰	93.5
2	瑞典	91.7	1	比利时	100.0	2	挪威	98.6	2	丹麦	89.8	2	瑞典	90.2
3	挪威	88.9	1	捷克	100.0	3	英国	97.7	3	瑞典	86.7	3	英国	86.9
4	英国	87.9	1	丹麦	100.0	4	瑞典	97.5	4	芬兰	84.2	4	挪威	80.4
5	比利时	84.7	1	芬兰	100.0	5	芬兰	94.9	5	比利时	78.5	5	比利时	78.0
6	丹麦	83.5	1	法国	100.0	6	法国	91.3	6	英国	77.6	6	新西兰	77.3
7	法国	81.0	1	德国	100.0	7	西班牙	90.5	7	法国	76.6	7	荷兰	76.6
8	荷兰	75.6	1	希腊	100.0	8	德国	88.6	8	意大利	75.6	8	丹麦	76.3
9	新西兰	73.9	1	中国香港	100.0	9	丹麦	87.0	9	新西兰	71.9	9	法国	75.5
10	韩国	72.5	1	匈牙利	100.0	10	波兰	85.8	10	荷兰	70.7	10	韩国	69.0
11	德国	71.9	1	爱尔兰	100.0	11	韩国	82.0	11	瑞士	70.4	10	中国香港	69.0
12	奥地利	70.9	1	以色列	100.0	12	意大利	81.4	12	德国	66.6	12	奥地利	68.6
13	瑞士	69.9	1	意大利	100.0	13	爱尔兰	79.8	13	捷克	66.5	13	日本	67.7
14	西班牙	69.1	1	日本	100.0	14	智利	77.8	14	奥地利	65.4	14	爱尔兰	65.2
15	波兰	68.7	1	荷兰	100.0	15	捷克	76.0	15	韩国	64.0	15	葡萄牙	64.5

年普及率相比仍有相当大的差距。①

（4）支付能力

支付能力实际上是指是否存在入园贵的问题，包括私立幼儿园费用、政府学前教育支出、处境不利家庭资助、对接收处境不利幼儿的幼儿园的资助等4项指标。不管学前教育的可获得性有多高，最为关键的还是各收入水平的家长是否有足够的支付能力来负担学前教育。

在保障处境不利幼儿接受学前教育的问题上，各国政府采取了"需方"策略和"供方"策略。为处境不利家庭直接提供资金来确保儿童接受学前教育，这是从学前教育的需求方出发的方案。此外，这些补贴也可以直接提供给学前教育机构，这是从学前教育的供给方出发的方案。在实践中，一些国家通常同时采取这两种方案。

不同国家在学前教育成本上相差很大。例如，在中国，由于公立学前教育机构的稀缺和私立学前教育机构价格昂贵，一个家庭为儿童接受学前教育所支付的费用甚至会超过整个大学教育的成本。2010年，北京大学的学费和住宿费在政府财政补贴的情况下大约是每月102美元。而幼儿园每月的花费高达660美元。中国政府为学前教育供给方和处境不利家庭提供财政补贴的政策从2011年才真正开始实施。所以，中国在学前教育支付能力方面排名居于最后一位。

尽管美国的幼儿园在世界上是最贵的，例如在纽约许多幼儿园一年的花费超过了3万美元，但是美国学前教育支付能力的排名却处于前列。美国全日制私立幼儿园的年均花费是美国年人均收入的18%。这一比例很高，但是依然低于瑞士（将近23%）、英国（36%）、南非（将近67%）和加纳（114%）。

一般来说，认同学前教育重要性的国家，对学前教育投入较多。以爱尔兰为例，尽管政府财政困难，但是在2010年1月实行了学前一年免费教育。而在南非，高质量公立幼儿园的稀缺已经促成了大量针对高收入群体

---

① 刘焱，史瑾，潘月娟. 世界学前教育排名比较研究及启示［J］. 比较教育研究，2013（2）.

的私立幼儿园的兴起。

（5）教育质量

学前教育要取得长期持久的效果有赖于幼儿园教育的质量。在质量方面，《优良起跑》采用的是影响幼儿园教育质量的结构性指标，如幼儿园班级师幼比、幼儿教师平均工资、课程指南、幼儿园教师培训、健康与安全指南、数据收集机制、幼小衔接、家长参与和亲职教育等。这些指标对于确保学前教育的良好质量具有重要作用。在幼儿园教育质量上，我国排名靠后，位于第 41 位。

经济学家智囊团的专家特别强调影响质量的三个主要因素。

教师质量和培训。提高学前教育质量必须为教师提供专业发展机会和更好的培训。为了提高教师质量，新加坡采取了很多重大改革措施，其中之一就是把学前教育教师的准入标准逐渐从原来的 3 个 O 级水平提高到现在的 5 个 O 级水平。同时，还要求教师拥有幼儿教育文凭。排名居首的芬兰要求幼儿园教师至少有本科学历。许多幼儿园还要求教师有硕士学位，这与初等及以上教育对教师的学历要求是一致的。

制定课程指导方针和标准。对于如何确保和提升学前教育的质量，不同国家有着不同的理念和做法。一些国家特别是盎格鲁–撒克逊国家，通常为儿童制定非常细致的学习目标，常被称为基于产出的课程方案。也有一些国家为学前教育教师制定细致的要求，常被称为基于投入的课程方案。一个国家的课程方案在某种程度上取决于教师的质量和培训，高水平的教师并不需要非常细致的课程指导，政府仅须制定总体的课程原则和期望，而那些低水平的教师则需要更多的课程指导和支持。

确保父母参与。各国普遍认同家长在学前教育中的重要角色和地位。研究表明，儿童发展中 80% 的重要因素都来源于家庭环境。因此，北爱尔兰将社区发展作为整个学前教育服务的核心，让家长理解学前教育的重要性，积极参与和支持学前教育的发展，从而提高学前教育的质量。捷克把家庭视为实现高质量学前教育的关键，有统一的父母联盟，国家学前教育指导方针也要求幼儿园为家长和儿童提供教育支持和帮助。这些做法使捷克学前教育综合排名有重大提升。

（三）学前教育综合发展水平评估指标体系

所谓指标，按照《韦伯斯特新世界词典》的解释就是"指示者或指示物"（a person or thing that indicates）。[1] 世界银行的报告也指出，所谓指标就是"某个特定的行为或者结果，人们可以此作为某种记号来指出哪些目标正在实现"[2]。而具体到教育指标，就是"经由收集整理各种教育相关信息，为教育系统提供可解释的资料，以作为教育政策说明与决策参考之用"[3]。简而言之，教育指标就是一种在整体教育系统中经过缜密设计和分析的真实教育信息或数据资料。在教育政策制定和教育事业发展过程中，可靠的教育基础信息起着重要的作用。[4] 为了更加全面、综合地反映教育这一复杂事物的不同侧面，需要把多个具有内在联系的教育指标按照一定结构和层次组合在一起构成教育指标体系。教育指标体系是教育决策的重要依据和工具，也是评价各国政府所取得的教育进展和成就的主要标准。

近年来，诸多国际组织、发达国家，甚至是某些发展中国家都倾向于通过某个指标体系来分析国家或地区教育发展的状况，构建了各具特色的、具有政策指导意义的研究学前教育状况的指标体系和系统程序，并在实践中不断修正和完善，赋予其新的含义和元素，从而对学前教育政策研究和改革实践产生积极而深远的影响。但从我国研究现状来看，这方面的研究还远远不够。在"办好学前教育"背景下，构建一个既有国际视野同时又具本土化意义、能够衡量我国学前教育发展水平的指标体系，就显得尤为重要。本研究借鉴国内外关于学前教育发展水平的指标体系，如 OECD 学前教育指标、《英国儿童保育和早期教育供应者调查》《优良起跑：45 国学前教育综合发展评估框架》以及《北京市示范幼儿园标准（修订）》等，

---

① Neufeldt V E. Webster's new world dictionary of American English [M]. 3rd college ed. New York：Simon and Shuster，1988.

② Evans J L，Myers R G，Iifeld E M. Early childhood counts：a programming guide on early childhood care for development [M]. Washington，D. C.：The World Bank，2000：278.

③ 简茂发，李琪明. 当代教育指标 [M]. 台北：学富文化事业有限公司，2001：2.

④ 张力. 教育政策的信息基础：中国、新加坡、美国教育指标系统分析 [M]. 北京：高等教育出版社，2004：41.

尝试建构我国学前教育综合发展水平评估指标体系（表3-11）。

表3-11 学前教育综合发展水平评估指标体系

一级指标		二级指标		具体指标
指标名称	权重	指标名称	权重	
背景性要素	5%	1. 人口背景	30%	人口出生率、人均 GDP、儿童人口比率（6 岁以下）、贫困儿童比率
		2. 死亡率	30%	死亡率、5 岁以下儿童死亡率、婴儿死亡率（1 岁以下）
		3. 营养与健康	40%	儿童营养不良人口比率（6 岁以下）、低出生体重儿童比例（占总出生人数比例）、超重儿童比例（6 岁以下）
可获得性要素（普及率）	25%	1. 入园率	40%	学前一年教育入园率、学前三年教育入园率
		2. 公立园情况	20%	公立园占各类学前教育机构总量的比例、公立园在园幼儿数占各类学前教育机构幼儿总人数的比例
		3. 学前教育政策和改革	40%	政府层面学前教育发展目标和战略规划的制定与实施、针对弱势或处境不利儿童的措施、旨在扩大或改进学前教育的专门方案或项目
可支付性要素（普惠率）	25%	家长投入	25%	是否免费、私立园收费、家长的平均花费
		2. 政府学前教育经费投入	40%	学前教育经费总投入、财政性学前教育投入、生均学前教育经费
		3. 政府对处境不利儿童的学前教育投入	35%	对处境不利家庭的资助、对接收处境不利幼儿的幼儿园的资助

续表

一级指标		二级指标		具体指标
指标名称	权重	指标名称	权重	
质量要素（质量）	45%	1. 幼儿园物质环境	5%	—
		2. 幼儿园教师配备	25%	教师任职资格、教师平均工资水平、教师培训、师幼比
		3. 幼儿园课程指南	25%	—
		4. 幼儿安全与健康保障	15%	—
		5. 师幼关系	15%	—
		6. 与家长的合作	10%	—
		7. 幼小衔接	5%	—

四、"强势开端"项目及其启示

1996 年，OECD 教育委员会在其总部巴黎召开了以"人人终身学习"为主题的教育部长会议。在这次会议上，各成员国对学前教育达成了广泛共识：学前教育是终身教育的重要组成部分，是终身学习的开端，也是教育公平和社会公平的起点，在整个教育系统中应该受到特别的重视。基于此，1998 年 3 月，OECD 教育委员会成立负责各成员国学前教育事务的专门机构——早期教育与保育项目组（以下简称 OECD 早教项目组），具体负责对各成员国的早期教育与保育政策进行全面调查，形成全面反映各成员国早期教育与保育情况的项目报告，并为各国的早期教育政策提供专业的意见和建议。OECD 早教项目组的成立标志着"强势开端"项目正式启动。[①]"强势开端"项目自 1998 年正式启动以来，已经发布了三份报告。

---

① OECD. Starting Strong II：early childhood education and care［M］. Paris：OECD，2006：5-7.

这三份报告坚持"全面反映各国早期教育与保育现状，为各国早期教育与保育提供专业意见和建议"的方针。但是，随着世界学前教育研究的发展和各国学前教育实际的变化，这三份报告在一脉相承的同时又呈现出一定的变化和发展趋势。因为 OECD 基本囊括了目前世界上绝大多数的发达国家。因此，"强势开端"项目的这三份报告也基本上反映出了世界发达国家学前教育与保育的基本状况和发展趋向。

（一）《强势开端Ⅰ：儿童早期教育与保育》

《强势开端Ⅰ：儿童早期教育与保育》（Starting Strong Ⅰ：Early Childhood Education and Care）是 OECD 早教项目组于 2001 年发布的第一份"强势开端"项目报告。1998—2000 年，OECD 早教项目组对美国、英国、葡萄牙、意大利、挪威、瑞典、丹麦、芬兰、比利时、荷兰、捷克和澳大利亚等 12 个国家的早期教育与保育情况进行了深入全面的调查。基于此，项目组撰写了第一份关于 OECD 成员国早期教育与保育状况的报告，即《强势开端Ⅰ：儿童早期教育与保育》。2001 年 6 月，OECD 早教项目组在瑞典斯德哥尔摩的国际会议上正式发布了这份报告，提出了成功的早期教育与保育政策应具备的八项关键要素。[①]

1. 形成一种制定和实施早期教育与保育政策的系统完整的方法

一个国家只有形成并采用一种制定和实施早期教育与保育政策的系统完整的方法，才更有可能提供高质量的、便利的早期教育与保育服务。这些政策包括认真关注机构的要求、清晰的政策框架、有效的管理和监控程序，支持和培训早期教育与保育的工作人员、充足的财政和金融机制。OECD 国家努力形成儿童早期教育与保育政策的清晰愿景，这对于制定儿童从出生到接受义务教育的完整、统一、协调的教育政策至关重要。同时，早期教育与保育政策还要特别关注与整个教育系统、就业、家庭、健康、社会福利等因素相联系。

---

① OECD. Starting Strong Ⅰ：early childhood education and care［M］. Paris：OECD，2001：126-135.

OECD 早教项目组认为，一种系统完整的方法需要形成与整个系统具有一致目标的政策框架（包含人员、财政和项目等），以及对中央与地方的管理角色和责任的清晰界定。中央权力能够确保国家目标和政策的统一性，而地方权力能够确保国家目标和政策符合当地实际。

2. 构建与整个教育系统紧密而平等的关系

早期教育与整个教育系统在政策和实践上的合作已经成为一种趋势。瑞典、英国、西班牙、新西兰、意大利等一些国家将早期教育与保育政策的制定置于整个教育系统之下。OECD 早教项目组认为，应该构建早期教育与整个教育系统紧密而平等的关系，促进早期教育与整个教育系统的合作与融合。这会使早期教育成为整个教育过程的一个重要组成部分，从而有利于提高早期教育的地位，使早期教育成为所有儿童的权利。

3. 确保早期教育与保育面向所有人群，特别关注有特殊需要的儿童

目前，大多数国家都认同国家政府在 3—6 岁儿童早期教育中的重要作用。但是，3 岁以下儿童早期教育与保育、校外的早期教育与保育还存在很大的空白和不足，还没有得到足够的重视和支持。同时，在一些偏远的农村地区、城市低收入社区、父母为双职工的家庭，儿童的早期教育与保育同样存在种种问题。因此，OECD 早教项目组认为，应该确保早期教育与保育面向所有人群，特别关注有特殊需要的儿童。

4. 对早期教育与保育服务和基础设施进行稳定充足的公共投入

尽管公共投入、私人投入、商业投入和家庭投入可以共同分担早期教育与保育服务的成本，但是国家、地区和地方政府的公共投入是支持高质量、便利的早期教育服务系统可持续发展的重要条件。如果把早期教育服务视为与小学教育同等重要的关键性公共服务，那么早期教育服务的投入就不应该由父母大量承担。而且，缺少公共投入会导致高质量学前教育资源不足、教育不公平和不同收入背景儿童之间的隔离。因此，OECD 早教项目组认为，应该对早期教育与保育服务和基础设施进行稳定充足的公共投入。

5. 形成早期教育与保育质量改善和保障的参与方法

尽管国家和地方对于高质量早期教育的理解有所不同，但是大多数国

家都承认，应形成儿童早期学习和发展指导、儿童安全和健康的标准等。这些标准应该关注早期教育质量的结构性特点和过程性特点，引导、鼓励私立和公立早期教育机构提供高质量的教育服务。但是，在许多国家，私立和公立机构差别较大。因此，OECD 早教项目组呼吁国家、地区和地方各级政府对私立和公立机构予以同样高质量的鼓励、支持与监控。

6. 以各种方式为早期教育与保育工作人员提供合适的培训和工作条件

研究表明，在公立 3—6 岁早期教育机构工作的教师都有较高水平的资质和培训。但是，不同类型的早期教育机构差别很大。一些保教分离的早教机构、招收 3 岁以下儿童的早教机构，在工作人员培训、工资待遇、工作条件等方面水平很低，严重影响了教育质量。因此，OECD 早教项目组认为，应该以多种方式为所有早期教育与保育工作人员提供合适的培训和工作条件。

7. 对早期教育与保育进行系统的监测和数据收集

随着早期教育地方分权形势的发展，有充足财政支持的早期教育监测机制有利于早期教育质量的提升。越来越多的国家日益重视对早期教育各相关方面的系统性数据收集，为国家和地方提供决策依据。OECD 早教项目组认为，各国政府应承担起责任，建立一个持续更新的国家信息库。

8. 制定早期教育与保育研究和评价的稳定框架和长期规划

对早期教育与保育服务的关键政策领域进行研究，是不断改善早期教育与保育服务质量的要素之一，需要政府对可持续、有计划的国家研究框架予以长期的财政支持，这有利于提高早期教育的整体质量及决策水平。越来越多的 OECD 国家已经把持续的研究和长期规划作为早期教育与保育的重要组成部分。

（二）《强势开端Ⅱ：儿童早期教育与保育》

《强势开端Ⅱ：儿童早期教育与保育》（Starting Strong Ⅱ：Early Childhood Education and Care，简称 Starting Strong Ⅱ）是 OECD 早教项目组于 2006 年发布的第二份"强势开端"项目报告。

为进一步确定和了解早期教育与保育政策的关键要素，2002 年，

OECD 早教项目组正式开始了对成员国早期教育与保育状况的第二次调查。相比第一次调查，这次调查在范围、内容等方面都有了很大的变化和发展。在调查范围上，在原有的 12 个国家基础上，增加了加拿大、奥地利、法国、德国、匈牙利、爱尔兰、墨西哥和韩国 8 个国家，被调查国家总数达到 20 个。在调查内容上，增加了早期教育与保育的管理制度、早期教育方法、早期教育与保育同妇女发展以及社会公平的结合等一些新的内容。《强势开端Ⅱ：儿童早期教育与保育》从 10 个方面对 OECD 各国政府制定早期教育与保育的政策提出了建议。①

1. 关注儿童发展的社会背景

OECD 早教项目组认为，理解儿童所处的社会和经济背景是儿童早期教育领域决策的基础。儿童早期教育与保育不仅关注儿童的保育、养育和教育，同时也致力于解决复杂的社会问题。社会和谐、家庭幸福和性别平等都可以通过科学全面的早期教育与保育来实现。高质量的儿童早期教育与保育服务不仅能够促进儿童的综合发展，改善早期保教工作人员的工资待遇和工作条件，还能使低收入家庭和移民家庭更好地融入社会，实现社会的平等、公平和稳定发展。

2. 在尊重儿童自主性和自然学习策略的同时，把儿童的幸福、早期发展和学习作为早期教育与保育工作的核心

OECD 早教项目组认为，在确保儿童社会情感发展和幸福的前提下，儿童学习是早期儿童服务的核心目标。在过去，3 岁以下儿童的教育政策被视为劳动力市场政策的补充，而 3—6 岁儿童教育与保育服务被放在小学学前班中。较低的师幼比、低水平的师资以及恶劣的学习环境使早期教育与保育质量低下。因此，各国应把儿童的幸福、早期发展和学习作为早期教育与保育工作的核心。同时，要充分尊重儿童的自主性和自然学习策略。

3. 建立必要的管理机构，明确早期教育责任，确保早期教育质量

OECD 早教项目组认为，良好的管理能够促进教育普及和教育质量提

---

① OECD. Starting StrongⅡ：early childhood education and care ［M］. Paris：OECD，2006：206-220.

升。为了有效实施早期教育与保育，各国需要由中央部门来管理早期教育与保育的核心事务，并且这些中央部门要有法律和财政支持。美国、英国和很多北欧国家都建立了中央部门管理早期教育与保育的制度体系。同时，地方分权管理对于有效管理早期教育与保育服务也非常重要。中央管理和地方管理需要明确各自的责任，共同促进早期教育与保育质量的提升。

4. 与相关利益人形成早期教育服务的广泛方针和课程标准

OECD 早教项目组认为，近 10 年来，很多国家都制定和颁布了早期教育与保育的国家课程标准。这些课程标准促进了早期保教质量的提升，指导和支持了保教人员的专业发展，加强了保教人员和家长之间的交流，确保了早期教育与后续教育的持续性和一致性。许多国家还综合早教机构、家庭等相关利益者的意见和建议，制定了更为广泛的指导框架。这些指导框架明确规定了早期教育与保育的法律地位、目标、方向和管理模式等内容。

5. 确保公共投入，为实现高质量的教育目标奠定基础

OECD 早教项目组认为，早期教育与保育服务的投入可以有多种来源，但是，政府公共投入应该承担主要责任。稳定充足的公共投入对建立可持续、高质量、可负担、公平的早期教育与保育服务非常必要。但是，从整体上来看，OECD 各国的公共投入还有待加强。

6. 通过劳动、社会和财政政策减少儿童贫困和被隔离状况，增加资源，支持儿童多样化的学习权利

OECD 早教项目组认为，各国早期教育与保育的一个核心目标就是促进包括不利儿童和双语儿童在内的所有儿童的早期发展和学习。高质量的早期保教机构对儿童的发展、学校成就和行为有着重要的贡献。其中，尊重儿童多样化的学习权利尤其重要。无论是具有生理或心理缺陷的儿童，还是社会情感不足的儿童，都应该拥有获得高质量早期教育与保育服务的权利。但是，仅通过为儿童提供早期保育与教育，并不能很好地解决结构性贫困问题和制度性歧视问题，这些问题的解决还需要政府采取积极的社会福利、住房和劳动力政策（包括收入向低收入群体转移、全面的社会和

家庭政策、支持性的就业和工作培训)。

7. 鼓励家庭和社区参与早期教育服务

OECD 早教项目组认为，无论是《世界人权宣言》还是《儿童权利公约》，都明文规定家庭在儿童养育中发挥核心作用，特别是在儿童大脑发育和性格形成的早期阶段，父母作为儿童的第一任老师应该支持儿童的学习和发展。而父母与教师的交流也影响着儿童教育与保育的一致性和有效性，家庭参与必不可少。同时，社区参与在儿童早期教育中也越来越重要，受到越来越广泛的关注。社区参与不仅能提供更多的教育资源，还能为家庭的民主参与、信息交流、社会活动等提供更多的机会。

8. 改善早期教育工作人员的工作条件和专业教育

研究表明，早教人员的培训、工资待遇、工作条件与早期保教质量关系密切。拥有高学历、接受过良好培训的教师能够提供高质量的早期保育和教育，所培养出的儿童能够取得更大进步，特别是在儿童的阅读能力和社会交往上效果更加明显。但是，现在很多 OECD 国家存在早教人员工资收入低、专业培训不足、工作年限较短、工作经验不足以及人员数量不足等诸多问题。因此，要提高早期教育与保育的质量，政府需要努力让早教人员与小学教师具备同等的资质并享受同等的工作条件。

9. 为早期教育机构提供自主权、财政和相关支持

OECD 早教项目组认为，一旦国家框架文件规定了早期教育与保育的基本原则、目标和结果，提供稳定充足的财政支持，教育者和早教机构就应该有自主权来选择或者创造适合本地区本机构甚至是本班级的课程。在许多国家，接受过良好培训的教师完全有能力制定适合儿童的课程，给教师自主权有利于激发他们的自主性、主动性和创造性，提高早期教育与保育服务的质量。

10. 努力建立支持广泛学习、参与和民主的早期教育系统

OECD 早教项目组认为，《儿童权利公约》提供了儿童早期教育与保育共同的价值基础。各国政府应该不带任何歧视地为辖区内所有儿童提供早期教育与保育。早教机构应该重视每个儿童个性和能力的全面发展，培养儿童和平相处、宽容忍耐、团结协作和负责任，引导儿童获得关于自然

环境的知识，尊重自然环境，为未来的生活做好准备。

（三）《强势开端Ⅲ：儿童早期教育与保育的质量工具箱》

《强势开端Ⅲ：儿童早期教育与保育的质量工具箱》（Starting Strong Ⅲ：A Quality Toolbox for Early Childhood Education and Care）是 OECD 早教项目组于 2012 年发布的第三份"强势开端"项目报告。

相比之前的两份报告，第三份报告有较大的变化，从名称和具体内容来看，第三份报告高度聚焦于质量问题，对儿童早期教育与保育的含义、特征、效果、课程模式、师资、公共投入和私人投入等诸多因素进行了详细的阐述。OECD 早教项目组明确指出，并不是所有的早期教育与保育都具有积极功能和综合效益，必须提供高质量的早期教育与保育。《强势开端Ⅲ：儿童早期教育与保育的质量工具箱》针对如何实现高质量学前教育提出了五大方面的建议。①

1. 制定质量目标和规程

制定质量目标是提升早期教育与保育质量的重要政策杠杆，包括设定质量目标、明确最低质量标准。研究表明，早期教育与保育具有清晰明确的质量目标，可以增强行政人员的行政意愿，有利于从战略上统筹优质资源，形成各利益相关者一致的愿景和共识，为早期保教提供者、从业人员及家长提供明确的指导，从而促进资源的合理分配和教育的均衡发展。明确早期教育与保育的最低质量标准对儿童、家庭、早教机构、政府、社会等多方利益相关者具有综合效益，能让儿童接受多种更高质量的服务，让家庭提供更好的资源与支持，还可以让早教机构的责任更清晰、质量更好，让政府有更多的资金支持，让社会对早期教育有正确的认识、合理的期待与选择，等等。

在制定质量目标方面，OECD 各成员国面临的共同挑战主要有：如何确保各子目标之间的一致性；如何调整早期保教目标与其他教育阶段目标

---

① OECD. Starting Strong Ⅲ：early childhood education and care ［M］. Paris：OECD，2012：23-360.

的关系；如何将质量目标转化为切实可行的行动。在制定和实施最低质量
标准方面，OECD 各成员国也面临一些共同的挑战，主要有：如何为确保
早期保教质量提高提供稳定的资金支持；如何提升各保教服务提供者之间
竞争的透明度；如何结合各国、各地区的实际，制定切实可行的最低质量
标准；如何实施和监控质量标准与规程；如何有效地管理私立教育机
构等。

2. 设计和实施课程与学习标准

设计和实施课程与学习标准，对儿童的学习和发展有积极影响，特别
是能确保不同形式早教机构的质量，为教育者采取适宜的教育方法提供依
据，提升家长对儿童发展的认识，并有效地指导家长开展家庭教育。值得
注意的是，各国在设计早期课程时应超越课程二分法（如学科取向与综合
取向、教师中心取向与儿童中心取向等），注重增加适用于个体的教育方
法；保教工作人员、家庭、儿童和社区之间应建立良好的伙伴关系，增强
学前教育服务的辐射功能。OECD 国家基本上都为 3 岁至入学前的儿童设
置了课程与学习标准，并考虑到个体学习的连续性。

在设计和实施课程与学习标准方面，OECD 各成员国面临的共同挑战
主要有：如何确定课程目标和内容；如何确保早期课程与后继学习的连贯
性和可持续发展；如何确保在课程创设或调整时与利益相关者进行有效的
沟通；如何确保课程有效实施；如何对课程内容及实施情况进行有效的评
价等。

3. 提高教师的资质、培训和工作条件

研究表明，教师的高学历与儿童的良好发展高度相关，高学历的工作
人员能创造高质量的教育环境，以适应不同特点的儿童，帮助每个儿童获
得最大发展。受过专业培训的人员能够为儿童创设丰富、稳定和具有刺激
性的早期教育环境，使儿童在与环境互动中得到充分的发展。保教人员的
工作满意度及稳定率也与保教质量的提高密切相关。为了提高教育质量，
OECD 各成员国通过以下措施改善早期保教人员的工作条件：提高师幼比，
缩减小组规模；提供有吸引力的工资和福利待遇；制定合理的日程安排和
工作量；降低流失率；创设良好的物理环境；任命开明的中心主管等。

在提高早期保教人员资质方面，OECD 各成员国面临一些共同的挑战，主要有：如何提高入职门槛；如何保证充足供应；如何采取有效措施稳定员工；如何为员工提供多元化的发展机会；如何确保私立早教机构从业人员素质等。

4. 加强家庭和社区参与

家庭和社区的参与可以保证儿童在不同环境中习得经验的一致性，促使早期保教质量适应儿童发展需要，有助于改善儿童在家里的学习环境，促进社区和家庭了解儿童发展的现状等。与家长建立良好的伙伴关系也能增进保教人员对儿童的了解，家长参与（确保儿童在家庭中获得高品质的学习机会、家庭与机构维持良性互动等）决定了儿童未来的学业成就、高中毕业率、社会情感的发展以及社会适应等。同时，社区也被视为一个重要的政策杠杆，连接着家庭和儿童保教服务。社区服务网有助于减轻父母压力和帮助父母选择适合的保教机构，同时也是开展早期保教服务的重要资源。

在加强家庭参与方面，OECD 各成员国面临一些共同的挑战，主要有家长缺乏参与的意识和动机、参与的途径有限、时间不足等。在加强社区参与方面，OECD 各成员国面临的共同挑战主要有：社区缺乏参与的意识和动机，参与的途径有限；不和谐的社区管理；缺少与其他服务机构和各级教育的合作等。

5. 加强数据的收集、研究和监控

数据的收集、研究和监控是提升早期保教质量一个非常有力的政策杠杆。通过数据的收集、研究和监控，可以了解儿童能否公平地获得高质量的早期保教服务并从中获益，也有助于巩固问责制和提升质量，影响政策和改进实践。各国的经验表明，应该对以下七个方面进行数据的收集、研究和监控：儿童发展、员工绩效、服务质量、法规遵从、课程实施、家长满意度、劳动力供应/工作条件。在早期保教领域，研究结果作为证据起着关键作用，比如解释早期教育方案的成败得失，确保早期保教投资的优先领域，以及指导实践等。常用的早期保教研究类型有：具体的国家政策研究、大型方案评价、纵向研究、实践研究和过程研究、参与式观察研

究、比较研究、跨国研究、政策综述、社会文化分析、神经系统和脑科学研究等。当前，早期保教研究领域的一个重要趋势是，定量研究和质性研究两种方法都被运用到各研究领域，以共同推进早期保教研究。

在加强早期教育的数据收集、研究和监控方面，OECD 各国面临一些共同的挑战，主要有：缺乏更多的早期保教效益和成本分析证据，缺乏亟待研究的区域或新的热点研究区域的相关调研，缺乏有效的传播等。

（四）"强势开端"项目的启示

"强势开端"项目是 OECD 成员国为完成实现高质量学前教育的使命而进行的。它在学前教育研究和实践中不断发展和完善，为 OECD 成员国全面、深入地了解自身和其他国家的学前教育情况提供了翔实的资料，为 OECD 成员国实现高质量的学前教育提供了专业的意见和建议。更重要的是，它切实促进了 OECD 成员国学前教育的发展和质量提升，实现了学前教育对儿童、家庭和社会的综合效益。当前，我国学前教育发展也进入了质量提升的关键阶段，总结 OECD "强势开端"项目的经验，可以为我们提供启示。

1. 重视学前教育，促进学前教育与整个教育系统一体化

"强势开端"项目的三份报告都强调学前教育与整个教育系统一体化。在地位上，强调两者紧密而平等的关系；在教学和课程上，强调两者在目标、内容等方面的一致性和连续性。此外，三份报告都强调学前教育与整个教育系统在财政投入、教师资质、师资培训、教师待遇、工作条件等方面的一体化。我国《幼儿园教育指导纲要（试行）》明确指出，"幼儿园教育是基础教育的重要组成部分，是我国学校教育和终身教育的奠基阶段"，因此，我们应该重视学前教育，促进学前教育与整个教育系统的一体化。

2. 建立科学的学前教育管理体系，明确政府责任

科学的管理体系和明确的政府责任对实现高质量的学前教育至关重要。OECD 成员国逐步建立了科学的学前教育管理体系，涉及财政投入、课程标准、教师认证、师资培训、质量监控等各个方面，并不断加以完

善。从"强势开端"项目的三份报告中可以看到，OECD 各成员国不断明确和加强国家、地区及地方各级政府对学前教育的责任。由于诸多原因，我国学前教育的管理还存在不少问题，我们应该建立科学的学前教育管理体系，进一步明确和细化政府责任。

3. 完善教师准入和教师培训制度，改善教师工作条件

高质量的教师是实现高质量学前教育的重要保障。OECD 各成员国普遍重视教师资质，很多国家都对幼儿园教师的资质做出了要求，并建立了教师职前培训、在职培训等一系列完整的培训制度和培训体系。有些国家甚至将学前教师的准入制度和培训制度与小学教师的相关制度一体化，对学前教师和小学教师做出同样的资质要求。同时，为了确保学前教师的稳定性，很多 OECD 国家都努力从工资待遇、工作环境、培训机会等各方面改善教师工作条件，不断提高学前教师的专业化水平和稳定性。当前，我国学前教师的准入制度和培训制度还不完善，工作条件还不尽如人意，因此，我们应该完善教师准入和教师培训制度，改善教师工作条件。

4. 加强幼儿园、家庭和社区的交流与合作

鼓励家庭和社区参与学前教育，这一点贯串"强势开端"项目的始终。家庭教育在儿童的整个教育过程中至关重要。家庭是儿童最早的、伴随儿童始终的学习和发展的环境。家长是儿童第一任教师。家庭教育与幼儿园教育的一致性和连续性，影响着儿童早期学习和发展的一致性和连续性；家长和教师的交流与合作，影响着儿童早期学习和发展的成效。同时，社区参与也在学前教育中显示出越来越重要的作用，受到越来越多的重视。社区起着联结家庭与其他学前教育机构和服务的作用，社区的参与能够为儿童教育提供更优质的环境、更多的空间、更丰富的资源和机会等，从而更好地促进儿童的早期学习和发展。我国也应该全方位地加强幼儿园、家庭和社区的交流与合作。

5. 建立科学有效的学前教育质量监测评估体系

为了实现高质量的学前教育，OECD 各成员国普遍建立了学前教育质量监测评估体系。首先，明确制定了学前教育质量监测评估体系的内容和标准，主要包括儿童发展、教师绩效、服务质量、法规遵守、课程实施、

家长满意度、教师供应和工作条件等方面，每个方面都确定了相应的质量目标和标准。其次，建立了科学的学前教育数据收集、监测和研究的程序，并在国家、地区、地方等各个层面上实施。再次，形成了学前教育质量监测评估的系列方法，包括国家政策研究、大型方案评价、纵向研究、实践研究和过程研究、跨国研究、参与式观察研究、比较研究、政策综述、社会文化分析等。科学有效的学前教育质量监测评估体系，促进了OECD 各成员国学前教育事业的发展。当前，我国还没有真正建设起学前教育质量监测评估体系，亟待加强评估体系的建设工作和系统的科学研究。

6. 全面系统地关注学前教育质量

从"强势开端"项目的经验来看，在实现高质量学前教育的道路上，OECD 各成员国由一开始片面地重视学前教育的背景性质量和结果性质量，逐渐过渡到全面地重视学前教育的背景性质量、过程性质量和结果性质量，建立了统一的标准体系、保障体系、监测体系和改进体系。当前，我国对学前教育质量的保障和评价还主要集中于学前教育的背景性质量和结果性质量，对学前教育过程性质量的保障和评价还相对薄弱，因此，我们有必要系统全面地关注学前教育质量。

[第四章]

中国学前教育专题调研

随着学前教育三年行动计划的研制、推进和完成，中国学前教育普及率迅速提高，但广大农村特别是农村贫困地区已建立起的幼儿园的质量问题和师资素质能力水平问题十分突出，一些3—6岁儿童入园率较高的地区对0—3岁儿童早期教育的需求、对幼儿园与小学有效衔接的需求也日益强烈。本报告课题组针对这几个方面的突出问题进行了专题调研，真实深刻地呈现了当前现状以及存在的突出问题，并提出了针对性的对策建议。

一、贫困县幼儿园基本环境质量状况调查

农村特别是边远贫困农村地区学前教育的发展是制约我国学前教育事业发展的关键，也是发展的重点和难点。为深入了解边远农村地区幼儿园的质量状况，2014年4—5月，课题组在新疆、重庆、云南、广西、贵州等5个西部省份各选择一个国家级贫困县的所有幼儿园、学前班和混龄班（总计442个，以下统称为幼儿园）为样本，进行了实地调查①。

---

① 本专题调查的贫困县幼教机构有幼儿园（三个班以上且学段齐全）、学前班（学前一年，招收5—6岁幼儿）和幼儿班（招收3—6岁儿童，两个班以下且混龄）三种主要形式。

（一）贫困县幼儿园基本环境质量状况

从幼教机构的性质来看，被调查的 442 所幼儿园中，公办园和民办园数量大体相当，其中公办园有 202 所，民办园有 233 所，另有 7 所幼儿园性质不明。从幼教机构的类型来看，以包含小中大班的完全幼儿园为主，有一部分学前班和混龄班，其中幼儿园有 326 所，独立的学前班有 46 个，独立的混龄班有 62 个。从建园时间来看，新园较多，特别是近 5 年来（2010 年以来）建的园有 205 所，占总数的 48%。

幼儿园教育环境是影响幼儿发展的重要因素之一。特别是在幼儿期，儿童是通过与环境的相互作用来学习和获取经验的，良好的环境是促进幼儿良好发展的重要条件。一般来说，幼儿园的环境可以分为物质环境和人文环境两个方面，本专题调查以物质环境为主要调查内容，兼顾人文环境（对人文环境的调查在下一节"教师教育能力调查"中有较多的反映）。物质环境的调查主要包括幼教机构户外场地与设施、班级室内环境及设备设施与材料、室内外玩具教具、班级规模与师幼比等；人文环境的调查主要包括班级制度、管理与课程等。调查结果显示出近年来贫困县的幼儿园发展很快，但各方面条件还比较差。

1. 幼儿园班均规模和生师比大

从调查结果来看，5 个县的幼儿园班级规模总体比较大。各年龄班的班均规模都超过了国家和地方的相关规定（表 4-1）。在实地调查的过程中，在一些地区还发现了百余人的超大规模幼儿班。

表 4-1　幼儿园班均规模

（单位：人）

年龄班	班均规模	
	平均	最大县
小班	32	51
中班	36	63
大班	40	63
混龄班	44	75

注："平均"是指 5 个县平均。国家规定小班 25 人，中班 30 人，大班 35 人，混龄班 30 人。

5 个县的生师比平均为 23.3 : 1，生师比最大的县为 36.1 : 1；幼儿与专任教师之比则更大，平均为 32.4 : 1，比例最大的县为 43 : 1。这远远超过了国家和地方的相关规定。教师对幼儿的安全保护和基本照料职责难以充分落实，更谈不上科学的保育和教育。

造成这种情况的原因主要是教师数量不足，教师数量的增加远远滞后于幼儿园数量的增加。此外，幼儿园的数量和容量不足也是一个重要原因。

2. 户外活动场地与基本设施比较缺乏

户外活动场地是幼儿进行户外体育活动的基本条件。从幼儿园生均户外体育活动场地面积来看，5 县总体上生均面积为 5.5 平方米（公办园生均 7.8 平方米，民办园生均 3.2 平方米）。总体评估户外场地的充足性，结果显示比较充足和非常充足的幼儿园占 41%，再加上场地充足性一般的幼儿园，基本合格达标的幼儿园比例占到 67%；比较不充足和非常不充足即基本不达标的幼儿园占到 33%。

幼儿园的户外活动器械包括大型、中型和手持轻器械等几大类别。幼儿园常用的大型运动器械有滑梯、秋千（或荡船）、攀登架等，这些器械能发展幼儿的综合运动能力和体能，增强幼儿的自信心和勇敢品质。实地调查发现，完全没有大型运动器械的幼儿园占 33%；有一两种的幼儿园最多，占 59%；有三四种及以上的幼儿园占 8%。5 个县幼儿园的大型运动器械还比较缺乏。

幼儿园中型户外运动器械主要包括平衡木、梅花桩、钻筒（或钻网）、爬网、拱形门等，比较易得，可购买，也比较容易自制，是提高幼儿户外活动兴趣、发展幼儿多方面运动能力的重要保证。调查发现，完全没有中型运动器械的幼儿园占 58%，有一两种的幼儿园占 34%，有三四种及以上的幼儿园占 8%。

手持轻器械是幼儿园必需的日常体育活动材料，如大小皮球、长短跳绳、沙包、毽子、飞盘、套圈、投掷靶、软棒、陀螺、高跷等，这些材料既可以用来进行集体或小组性体育活动，更能够支持幼儿进行各种自由自选的体育活动。调查结果表明，41% 的幼儿园根本没有手持轻器械；有一两种的幼儿园占 35%；有三四种及以上的幼儿园占 24%（图 4-1）。

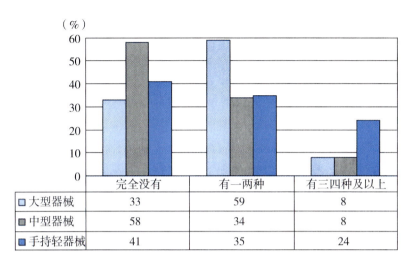

（%）

	完全没有	有一两种	有三四种及以上
☐ 大型器械	33	59	8
■ 中型器械	58	34	8
■ 手持轻器械	41	35	24

图 4-1　各种常用户外体育活动器械的基本情况

　　沙水及玩沙玩水的设备材料是低成本、高效益的幼儿游戏材料，自然环保，对幼儿有多方面发展价值。调查发现，有88%的幼儿园（班）既没有沙水又没有玩沙玩水的材料，有相关材料的幼儿园只占12%。

　　幼儿园户外活动设施对全面发展幼儿走、跑、跳、攀登、爬行、平衡等各种动作技能具有重要作用。调查结果表明，有69%的幼儿园其设备设施不能全面发展幼儿的各种动作，设备材料数量少、品种单一的情况普遍存在，而且越是材料少的幼儿园其设备材料越不让幼儿使用，基本上都收存起来以免损坏。从户外活动设施与材料的安全性来看，19%的幼儿园还达不到基本的安全要求；从使用率来看，50%的幼儿园户外活动的设施材料使用率都比较低，使用率比较高的幼儿园比例仅为14%。从户外活动材料自制的情况来看，有62%的幼儿园根本没有自制设备材料，自制材料的比例占三成及以上的幼儿园只有8%。

　　3. 班级活动室的基本设备设施条件比较差

　　班级活动室是幼儿生活、学习和游戏的基本场所。根据国家的有关规定，幼儿人均活动室面积必须大于等于1.5平方米。幼儿人均活动室面积过小不利于幼儿的安全和健康，不能满足幼儿各项活动的需要，也容易引发幼儿同伴间的社会性冲突。调查结果显示，5县幼儿人均活动室面积为

1.32 平方米，人均活动室面积最小的县只有 0.92 平方米，没有达到基本要求。

调查发现，桌椅基本符合要求、适合幼儿的班级比例为 47%，基本采光条件符合要求的班级比例为 48%，超过一半的班级桌椅和采光条件不适合幼儿。基本卫生条件符合要求的班级只有 26%，有 29% 的班级卫生条件比较差或特别差。从厕所的条件来看，达到基本要求或条件相对比较好的班级占 35%，有 40% 的班级厕所距离幼儿比较远或条件很差。幼儿的盥洗设备和条件更差，没有或者基本不符合条件的班级占比高达 71%，基本符合要求或条件比较好的班级只占 8%。班里没有玩具柜和书柜的班级占到 64%，而这些设备基本合适的班级只有 3%—6%。幼儿班级的基本设备条件很差。

4. 幼儿班级的区域游戏条件差，材料匮乏

班级设置活动区是保证幼儿以游戏为基本活动的条件。调查发现，完全没有设置活动区的班级占 68%，而活动区的设置基本符合要求的班级只有 2%。

进一步考察活动区中的游戏和操作材料可以发现，只有 23% 的班级能够做到幼儿活动区里的材料安全卫生、无毒无害，77% 的班级根本保证不了材料的安全和卫生。从材料的丰富性来看，能够做到的班级只有 13%。在大约 82% 的班级中教师并不是根据幼儿的年龄特点来投放材料的。材料的放置具有开放性、便于幼儿取放是支持幼儿自主游戏的重要条件，调查结果显示，能够做到这一点的班级只有 21%，而 79% 的班级则完全或大部分都做不到（图 4-2）。

调查发现，幼儿每日进行区域游戏的时间平均只有 21 分钟，并且各地差异较大，最长的一个县达到 46 分钟，而最短的县还不到 10 分钟（实际上只是像小学一样的课间休息，根本不是区域游戏活动）。

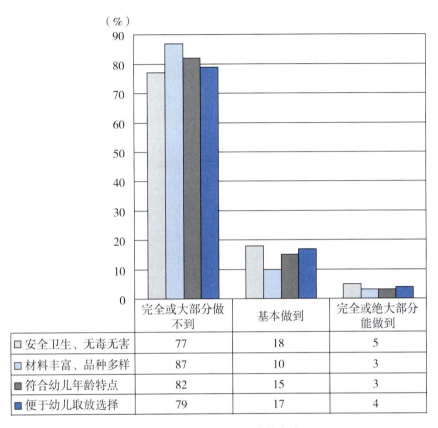

（%）	完全或大部分做不到	基本做到	完全或绝大部分能做到
□ 安全卫生、无毒无害	77	18	5
□ 材料丰富、品种多样	87	10	3
■ 符合幼儿年龄特点	82	15	3
■ 便于幼儿取放选择	79	17	4

图 4-2　活动区游戏材料的基本情况

5. 班级墙面布置水平普遍很低

　　墙面布置是幼儿园环境的重要内容，良好的墙面布置能够更好地发挥环境的教育作用。调查结果表明，16%的幼儿园班级没有任何墙面布置。从墙面布置的教育性、高度适宜性、形象性、幼儿参与性等四个主要方面来考察其质量，结果发现：半数左右的班级墙面没有体现教育性和形象性，或是在这两个方面不符合要求，39%的班级部分符合要求，基本符合或非常符合的班级分别只占9%和5%；从墙面布置的高度适宜性来看，64%的班级没有做到或不符合要求，30%的班级部分墙面布置能做到，只有6%的班级能做到墙面布置高度基本或非常适合幼儿；相对而言，墙面布置的幼儿参与性最差，72%的班级根本做不到，23%的班级部分能做到，基本能做到让幼儿参与墙面布置的班级只有5%（图4-3）。

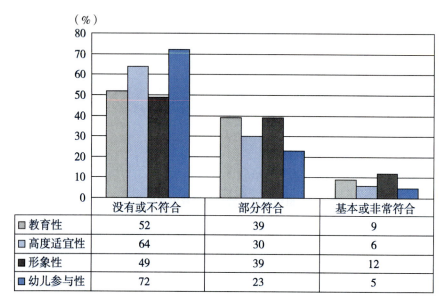

（%）	没有或不符合	部分符合	基本或非常符合
教育性	52	39	9
高度适宜性	64	30	6
形象性	49	39	12
幼儿参与性	72	23	5

图 4-3　墙面布置的基本情况

6. 幼儿园班级制度、管理和课程设置小学化倾向严重

班级的桌椅摆放与空间安排、作息制度、班级氛围与师幼关系、课程资源的特点等，也是衡量幼儿园教育质量的重要指标，在一定程度能反映幼儿园教育是否符合学前阶段的儿童学习与教育特点。调查发现，在桌椅摆放与教室布置、作息制度与活动安排两个方面符合幼儿园教育要求的班级约占1/3，基本或完全和小学一样的班级占三至四成。从班级使用的课程资源与教材来看，基本或完全和小学一样的班级占22%，另有35%的班级教育内容介于小学和幼儿园之间，43%的班级教育内容符合幼儿园教育的基本要求。班级氛围与师幼关系基本或完全和小学一样的占16%，有60%的班级氛围与师幼关系介于幼儿园和小学之间，符合幼儿园要求的班级只有24%（图4-4）。

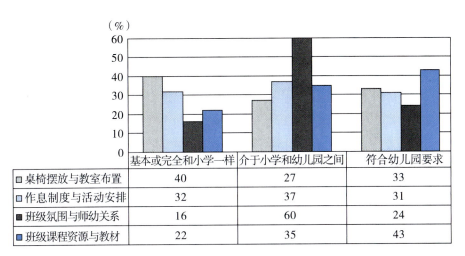

	基本或完全和小学一样	介于小学和幼儿园之间	符合幼儿园要求
桌椅摆放与教室布置	40	27	33
作息制度与活动安排	32	37	31
班级氛围与师幼关系	16	60	24
班级课程资源与教材	22	35	43

图 4-4　班级制度、管理和课程设置的基本情况

（二）改进贫困地区幼儿园环境质量的对策

综合分析幼儿园环境的调查结果，可以清楚地看到 5 个贫困县幼儿园环境质量的现状，特别是其中存在的突出问题，需要采取积极有力的措施才能真正解决。

1. 幼儿园班均规模和生师比比较大，需进一步增加资源配置

幼儿人数无论是相对于教职工总数还是专任教师数而言，都超出了国家的相关规定，特别是有的县一些幼儿班人数超过国家规定的两倍多。这将影响幼儿安全，也不利于教师的日常管理和教育教学工作。

解决这些问题关键是解决资源配置问题。应根据所辖区域的适龄幼儿人数，增加班级数，配备相应的师资，缩小班级规模，使生师比逐渐趋于合理。

2. 户外活动场地与基本设施都比较欠缺，需因地制宜加以改善

从调查结果来看，有三成的幼儿园户外活动场地不达标。这就需要幼儿园负责人和教师积极开发和利用周围资源，采取灵活多样的方式扩大幼儿户外活动特别是体育活动场地，使幼儿园周边的安全场所都能成为幼儿活动的场地，避免将幼儿圈坐在狭小的教室里，影响幼儿身心发展。

根据调查结果，幼儿的户外活动特别是户外体育活动设备和材料特别欠缺，33%—58%的幼儿园无任何户外体育活动器械和材料。因此，需要改变教师的思维方式，扩展教师的思路，提高教师自制玩教具的意识和能力，并动员幼儿家长参与制作玩教具，因地制宜利用当地易得的资源，普遍增加幼儿园基本的户外活动设备和材料。

3. 班级活动室的基本设备设施条件比较差，需要政府投入

国际国内相关研究发现，幼儿班级活动室面积应不小于人均 1.5 平方米，否则幼儿的安全会受到影响，幼儿同伴间的冲突也会比较多。因此，扩大活动空间，让教师了解并学会运用分组活动形式，都有利于幼儿活动条件和活动效果的改善。

根据调查结果，半数以上的班级桌椅和采光条件不符合要求，必须引起高度重视，否则幼儿的身体发育、视力都将受到严重的影响。孩子们的厕所和盥洗设备都不能满足安全、卫生的要求，六成以上的班级连书架和玩具架都没有。

为使幼儿园的基本条件能保证幼儿在园健康生活、成长，各级政府须确保投入，改善基本设施条件，如合适的厕所、流动水洗手、采光良好、开放式书架和玩具柜等。

4. 室内区域游戏条件亟待改善，玩具材料有待丰富，需要多方共同努力

游戏是幼儿的基本活动，幼儿园以游戏为基本活动。因此，幼儿园必须为幼儿提供基本的游戏空间、环境和条件。本次调查的结果表明当前绝大多数的贫困地区幼儿园不具备幼儿游戏的基本条件，近七成的班级完全没有设置活动区，八九成的班级活动区的玩具材料不符合卫生、幼儿年龄特点和其他游戏活动的基本要求。

为了保证幼儿园教育的基本质量，使幼儿园的教育活动符合幼儿的年龄特点和身心发展的基本需要，必须尽快提高相关行政和业务管理者、幼儿园负责人和教师对活动区及幼儿游戏活动的认识，珍视游戏对幼儿发展的重大意义和重要价值，加大力度改善幼儿游戏的环境和条件。一方面，应充分利用和挖掘当地资源，幼儿园和教师应发动家长因地制宜、就地取材，为幼儿收集、制作、提供玩具和游戏材料；另一方面，各级政府也应

为幼儿提供基本的玩具和游戏材料，保证和支持幼儿能够玩沙玩水，进行建构类游戏和角色类游戏，阅读基本的图画书，进行美工类探索和创造性活动等。

5. 班级的墙面布置不符合幼儿园教育的特点，应提升教师相应的能力

有质量的幼儿园班级墙面布置应兼具教育性和美感，高度适合幼儿的观察和参与，表现形式生动形象，幼儿能理解。调查结果显示，49%—72%的幼儿园班级达不到最基本的要求。

墙面布置的质量高低并不受成本和经济条件的限制，关键在于教师的教育意识和专业能力。因此，在进行教师培训时，应增加相应的内容，使教师了解幼儿园墙面布置的基本特点、形式和内容，具备基本的教育意识、能力和技能。

6. 班级制度、管理和课程小学化倾向严重，需要适宜的教育资源

调查发现，幼儿园班级制度、管理和课程等方面的内容和形式小学化倾向严重。一些幼儿班设置在小学中，其作息制度完全或基本与小学相同，采用按节上课、课间休息的作息方式。四成的班级桌椅摆放与教室布置都完全和小学一样。有相当比例的教师对幼儿的管理及师幼关系也和小学教师相同，上课和幼儿在一起，下课就回办公室。超过20%的班级教育内容和教育形式与小学一样，而基本符合幼儿园教育要求的班级仅占43%。

制度与管理受所处环境和系统的制约，幼儿园应与相关单位协商做出制度上的调整，而课程与教学的内容与形式则更多依赖于幼儿园的管理者和教师，需要转变观念，充分重视和尊重幼儿的年龄特点，为幼儿提供更加适宜的教育。

总之，贫困地区幼儿园环境的改善和质量的提高应本着"低成本高效益""因地制宜就地取材"的原则，政府、社区、家庭和幼儿园共同参与，多方合作。此外，增加和改进园长和教师的培训，全面提高园长和教师对幼儿园教育要求和特点的了解至关重要。

二、贫困县幼儿园教师教育能力现状调查

教师队伍的资质和教育能力是影响幼儿园教育质量的关键因素，也是影响幼儿发展的直接因素。2014 年 4—5 月，课题组在对西部地区 5 个国家级贫困县 442 所幼儿园进行环境质量调查的同时，也对幼儿园教师的教育能力进行了观察评定，被评定教师总计 476 人。

（一）贫困县幼儿园教师教育能力状况

对教师队伍资质的调查显示：园长学历以大专及以上为主，占到73%；教师的学历则以中专和初中为主，但有中专学历的教师占 43% 的比例，大专及以上学历的教师比例也达到 46%。从专业来看，非幼教专业的园长和教师多于幼教专业的，特别是园长非幼教专业的比例更高，达到 67%。从资格证的情况来看，有资格证的园长和教师多于无资格证的，但需要特别注意的是，仍有 35% 的园长和 45% 的教师没有资格证（表 4-2）。

表 4-2 **教师队伍资质基本状况**

（单位:%）

	学历		专业		资格证	
	中专和初中	大专及以上	非幼教	幼教	无	有
园长	27	73	67	33	35%	65
教师	54*	46	54	46	45	55

＊教师学历以中专为主，占比为43%，初中及以下占比为11%。

本次调查还对教师的编制问题进行了初步的了解。专任教师中有编制的教师占 46%，半数以上的专任教师没有编制。对教师稳定性的评估表明，56% 的教师比较稳定，而 44% 的教师流动性大，稳定性差。

本次对教师教育能力的评定主要采用的工具是《教师教育能力评价量

表与操作手册》①，教师教育能力评价的维度参照《幼儿园教师专业标准》中的 7 专业能力。

1. 教师的环境创设与利用能力处于低端水平

环境创设与利用能力主要考察教师能否营造良好的师幼关系与班级氛围、充分利用和合理安排空间、提供和制作适合的玩具材料、创设适宜的墙面布置等四个方面。评定结果显示，百分之八九十的教师在环境创设与利用方面的能力处于 1 级和 2 级，即比较低端的水平（图 4–5）。

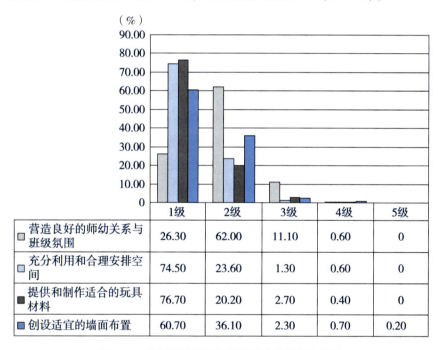

	1级	2级	3级	4级	5级
营造良好的师幼关系与班级氛围	26.30	62.00	11.10	0.60	0
充分利用和合理安排空间	74.50	23.60	1.30	0.60	0
提供和制作适合的玩具材料	76.70	20.20	2.70	0.40	0
创设适宜的墙面布置	60.70	36.10	2.30	0.70	0.20

图 4–5 教师环境创设与利用能力等级评定结果

师幼关系和幼儿同伴关系积极友好，班级充满关爱是幼儿快乐生活的基本前提。但调查却发现，只有 11.7% 的教师能基本做到或做得比较好，

---

① 《教师教育能力评价量表与操作手册》由中国教科院课题组编制，经过了预测、实施、修改和简化。完整版详见《聚焦幼儿园教师专业成长：从骨干到名师》（北京师范大学出版社，2014年）。教师能力由低到高分为 1—5 级，1 级为基本做不到，2 级为部分做到，3 级为基本做到，4 级为做得较好，5 级为做得很好。

62%的教师能部分做到。26.3%的教师班级氛围总体来说或紧张安静或过于吵闹，教师与幼儿交流互动严格且高控制，消极评价和批评比较多，师幼关系显得疏离。有时教师会明显地表现出喜欢个别幼儿而不喜欢另一些幼儿。幼儿间的冲突比较多，解决问题的方式简单粗暴，同伴间负面评价也比较多。不同教师的要求往往也会不一致。

教师应充分挖掘和利用空间，合理设置和安排活动区以支持幼儿活动。调查结果显示，只有1.9的教师能基本或较好地做到，23.6%的教师能部分做到，74.5%的教师完全做不到。后者的教室布局明显小学化，没有活动区域划分或区角很少，不符合幼儿年龄特点；不能充分利用、合理规划与安排空间，幼儿活动空间少，难以开展各类活动；有些设施设备不能正常使用，布置与摆放存在安全隐患；幼儿毛巾、水杯等个人用品放置也不合理、不卫生。

教师应具有提供和制作适合的玩具材料的能力，班级玩具材料应充足并适合幼儿操作，材料具有开放性且便于幼儿自由取放，有至少三成的自制玩具和自然材料。评定结果显示，只有3%的教师能够达到基本要求或做得比较好，97%的教师都处于比较低端的水平。班级玩具材料往往数量少、种类单一，不能保证安全无毒、卫生清洁，不符合幼儿年龄特点，摆放位置不便于幼儿自主取放、整理和独立使用，常常由教师分派，没有或只有较少的自制玩教具。

幼儿班级的墙面布置应兼具教育性与艺术性，高低适宜且幼儿参与程度高。评定结果显示，只有3.2%的教师能够达到基本要求或做得比较好，36.1%的教师能部分做到，60.7%的教师处于1级的低端水平。后者的班级没有墙面布置或墙面布置明显小学化；墙面内容只重视艺术性，缺乏教育性；墙面高度不便于幼儿观察与操作；幼儿没有参与，或者仅仅是悬挂幼儿作品。

2. 教师的一日生活组织与保育能力低，相关意识差

一日生活组织与保育能力主要考察教师能否合理安排和组织一日生活、实现保教结合、有效保护幼儿的安全和健康、保证幼儿充足的户外活动等四个方面的能力（图4-6）。

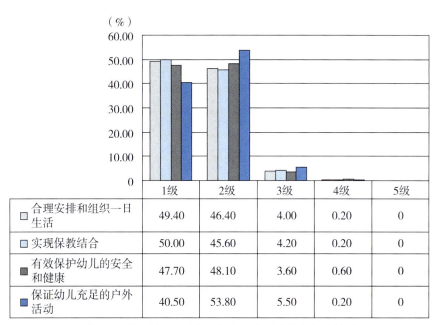

（%）	1级	2级	3级	4级	5级
□ 合理安排和组织一日生活	49.40	46.40	4.00	0.20	0
□ 实现保教结合	50.00	45.60	4.20	0.20	0
■ 有效保护幼儿的安全和健康	47.70	48.10	3.60	0.60	0
■ 保证幼儿充足的户外活动	40.50	53.80	5.50	0.20	0

图 4-6　教师的一日生活组织与保育能力等级评定结果

教师为幼儿安排的作息时间应符合学前阶段教育特点，教师应能够合理安排和组织一日生活的各个环节和各种活动。评定结果发现，能够达到相关要求的教师只有 4.2%，能够部分做到的教师占 46.4%。而 49.4% 的教师所安排的作息时间明显小学化，不符合或部分不符合幼儿年龄特点，在环节和时间安排上只有或主要是集体教学和户外活动，其他活动没有受到重视，过渡环节以集体等待为主或者混乱无序。

实现保教结合是幼儿园教育的基本原则和要求，教师应全面负责并做好幼儿生活保育工作，能保持班级卫生清洁。实际调查发现，仅有 4.4% 的教师能基本做到或做得比较好，45.6% 的教师能部分做到。半数教师完全没有这方面的意识或做不到，许多农村幼儿园教师基本没有保育工作内容和相关记录；对幼儿统一要求，不允许幼儿根据个体需要饮水、如厕；有些班级环境脏乱，幼儿接触的设施、玩具不清洁。

有效保护幼儿安全、健康是教师的重要责任和首要任务，教师要有安全防范意识，能在室内外活动中注意到幼儿的安全。实地考察发现，基本能做到这一点和做得比较好的教师只占 4.2%，能部分做到的教师占

48.1%。有 47.7% 的教师没有这方面的意识，对班级或户外场地存在的安全隐患没有意识到或不能及时排除；没有或不清楚安全应急预案；没有进行相关的安全演练活动，也没有开展安全教育活动或使用提示语言；不具备有效应对的能力。

充足的户外活动是保证幼儿健康的重要条件。幼儿园应保证户外活动时间半天不少于 1 小时（其中体育活动不少于半小时）；户外活动内容应丰富有趣，适合幼儿年龄特点。评定结果显示，只有 5.7% 的教师能够达到基本要求，53.8% 的教师能够部分做到。40.5% 的教师没有组织户外活动或只能随小学课间进行简短的室内外自由活动；由于班级容量大或缺少活动器材而没有开展体育活动，或只是随小学一起做课间操；户外活动内容或形式明显小学化，不符合幼儿的年龄特点。

3. 教师的游戏活动支持与引导能力处于很低水平

游戏活动支持与引导能力主要考察教师能否做到游戏区设置合理、材料丰富适宜、提供游戏机会与适宜的内容、鼓励幼儿自主游戏、适时适当地引导幼儿游戏等五个方面（图 4-7）。

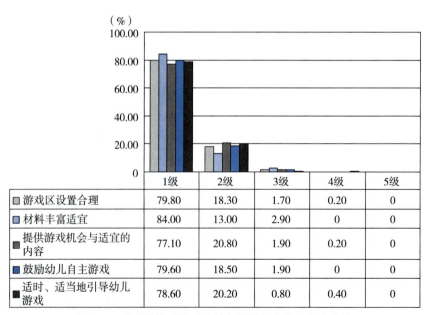

	1级	2级	3级	4级	5级
游戏区设置合理	79.80	18.30	1.70	0.20	0
材料丰富适宜	84.00	13.00	2.90	0	0
提供游戏机会与适宜的内容	77.10	20.80	1.90	0.20	0
鼓励幼儿自主游戏	79.60	18.50	1.90	0	0
适时、适当地引导幼儿游戏	78.60	20.20	0.80	0.40	0

图 4-7　教师的游戏活动支持与引导能力等级评定结果

从游戏区的设置来看，合理的设置要求有角色游戏区、积木区、美工区、益智玩具区、阅读区等基本游戏活动区，各游戏区场地、空间设置合理。调查发现，能做到的教师只占 1.9%，18.3% 的教师能部分做到。79.8% 的班级按小学教室布置，基本没有游戏区域划分；场地和空间拥挤、杂乱或空旷无物。

各种游戏区域内的材料数量和种类应丰富多样，能支持、引导与促进幼儿的游戏。调查显示，能基本做到的教师只有 2.9%，能部分做到的教师占 13%，没有做得比较好或很好的教师。84% 的教师在班级活动区中没有提供活动材料或提供的材料数量很少，品种单一；材料不符合幼儿年龄特点及兴趣需要，无法支持幼儿开展相应的游戏活动；材料基本都是成品，自然物和自制材料没有或数量很少。

教师应为幼儿提供游戏机会与适宜的内容，保证幼儿游戏时间，支持幼儿运用材料开展各种类型的游戏；游戏内容应符合幼儿年龄特点。调查结果显示，能基本做到和做得比较好的教师仅占 2.1%，能部分做到的教师占 20.8%。77.1% 的教师根本做不到，幼儿的游戏时间无保证或时间不足，时间安排不合理。游戏活动类型单一，不能满足幼儿多方面发展的需要。

在鼓励幼儿自主游戏方面，对教师的基本要求是：鼓励幼儿自选内容，自己决定玩什么；自选伙伴，自己决定跟谁玩；自选材料，自己决定用什么材料和怎么用。调查结果显示，能基本做到的教师占 1.9%，能部分做到的教师占 18.5%。79.6% 的教师完全做不到，在实践中这些教师会为幼儿指定或分配活动区，没有教师的允许幼儿不能自己选择活动区，他们往往要求幼儿使用规定的材料，或者让幼儿按教师的要求使用材料，也不允许幼儿根据自己的需要更换区域。

教师应适时、适当地引导幼儿游戏，介入游戏的方式、时机应当适宜，引导、支持幼儿游戏效果良好。调查结果表明，能基本做到和做得比较好的教师只占 1.2%，能部分做到的教师占 20.2%。78.6% 的教师完全做不到，他们往往没有关注幼儿的需要而生硬地介入幼儿的游戏，干扰和影响了幼儿的游戏活动，忽视了幼儿游戏的快乐，只注重引导幼儿认知和语言等方面的发展。

4. 教师的教育活动计划与实施能力也比较薄弱

教师的教育活动计划与实施能力可以从教师设计的教育活动目标和内容的适宜性、掌握各领域基本知识与基本技能的情况、活动组织形式与方法的适宜性、鼓励和支持幼儿活动中的主动学习情况等四个主要方面来衡量（图4-8）。

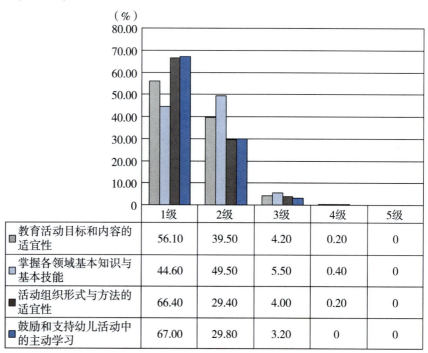

	1级	2级	3级	4级	5级
教育活动目标和内容的适宜性	56.10	39.50	4.20	0.20	0
掌握各领域基本知识与基本技能	44.60	49.50	5.50	0.40	0
活动组织形式与方法的适宜性	66.40	29.40	4.00	0.20	0
鼓励和支持幼儿活动中的主动学习	67.00	29.80	3.20	0	0

图4-8　教师的教育活动计划与实施能力等级评定结果

教师设计的教育活动目标和内容应具有适宜性，符合幼儿年龄特点。调查结果显示，能基本做到和做得较好的教师占4.4%，39.5%的教师能部分做到。而56.9%的教师完全做不到，他们没有教育活动计划和方案，教育活动目标和内容不符合幼儿年龄特点，远离幼儿生活。

教师应了解幼儿园各领域教育的特点，掌握各领域的基本知识与基本技能，具有弹、唱、跳、画、讲、制作等幼儿教育基本技能。调查结果显示，能基本做到和做得较好的教师占5.9%，49.5%的教师能部分做到。而

44.6%的教师完全做不到，他们不熟悉幼儿园五大领域的教育特点，缺乏各领域基本知识，甚至出现错误的用词和概念，没有掌握弹、唱、跳、画、讲、制作等幼儿教师的基本功。

教师组织的活动应生动有趣，具有综合性特点，活动形式和方法适宜、灵活。调查结果显示，能基本做到和做得较好的教师占4.2%，29.4%的教师能部分做到。而66.4%的教师完全做不到，他们以小学化的讲授方法为主，活动形式和方法比较单一，不够生动、活泼，教育教学活动多以集体方式进行，以室内活动为主。

教师应具有鼓励和支持幼儿主动学习的能力，因人施教，活动过程中关注到幼儿的个别差异，让幼儿有较多操作探索、交流合作、感受体验、表达表现的机会。调查结果显示，能基本做到的教师占3.2%。29.8%的教师能部分做到。而67%的教师完全做不到，他们对幼儿的语言、动作、行为等反应不关注、不回应，也不关注活动中出现的个体需要和个体差异，且单向灌输较多，幼儿没有或很少有自主探索与表达的机会。

5. 教师有积极评价的意识，但评价方式的适宜性有待提高

教师的激励与评价能力主要从能否运用积极评价激励幼儿和评价方式的适宜性两个方面来评定（图4-9）。

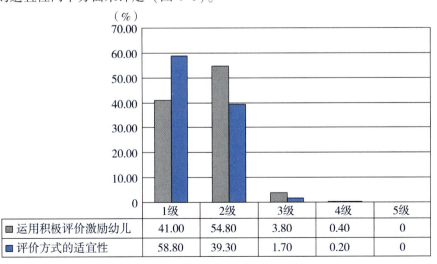

（%）	1级	2级	3级	4级	5级
运用积极评价激励幼儿	41.00	54.80	3.80	0.40	0
评价方式的适宜性	58.80	39.30	1.70	0.20	0

图 4-9　教师的激励与评价能力等级评定结果

好教师能比较多地运用积极评价，及时发现和赏识幼儿的进步，并进行鼓励。调查结果发现，能基本做到和做得较好的教师占4.2%，54.8%的教师能部分做到。而41%的教师完全做不到，评价幼儿时负面评价运用较多，评价的重点在于发现幼儿的缺点和不足。

教师在运用积极评价时应能说出幼儿做得好的具体行为和表现，能用恰当、尊重的方式指出幼儿不适宜的做法。调查结果显示，能基本做到和做得较好的教师占1.9%，39.3%的教师能部分做到。而58.8%的教师完全做不到，不注重幼儿的具体行为，积极评价简单、笼统、随意，对幼儿不适宜的做法不敢进行评价，或是用伤害幼儿的方式指出来。

6. 教师有一定的沟通能力，但反思意识和能力薄弱

教师的沟通与反思能力主要从教师是否善于与幼儿沟通、能否与家长沟通合作以及能否进行反思三个主要方面来进行评定（图4-10）。

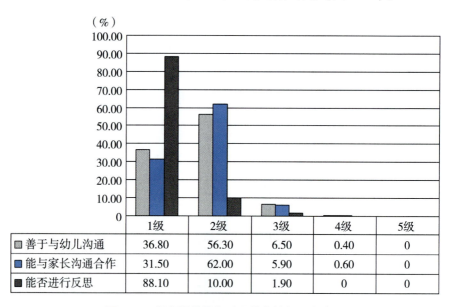

	1级	2级	3级	4级	5级
▢ 善于与幼儿沟通	36.80	56.30	6.50	0.40	0
■ 能与家长沟通合作	31.50	62.00	5.90	0.60	0
■ 能否进行反思	88.10	10.00	1.90	0	0

图4-10　教师的沟通与反思能力等级评定结果

教师应善于与幼儿沟通，使用符合幼儿年龄特点的语言和沟通方式，善于倾听，和蔼可亲，尊重幼儿。调查结果显示，能基本做到和做得较好的教师占6.9%，56.3%的教师能部分做到。而36.8%的教师完全做不到，

他们不能耐心倾听和及时回应幼儿，与幼儿沟通时语言成人化，沟通方式单一，忽略幼儿情绪，增加幼儿紧张感。

教师还应善于与家长沟通合作，经常利用各种途径与家长沟通幼儿在园情况，遇到问题能及时联系到家长并与之商讨对策。调查结果显示，能基本做到和做得较好的教师占16.5%，62%的教师能部分做到。而31.5%的教师完全做不到，他们没有或很少与家长沟通，沟通方式单一，对家长单向说教多，倾听家长想法和需求少，与家长沟通的内容以告知幼儿不良表现为主。

教师应具有反思的意识和能力，能对教育教学活动进行反思并加以记录，依据反思结果改进保教工作。调查结果显示，能基本做到的教师占1.9%，10%的教师能部分做到。88.1%的教师完全做不到，他们反思意识欠缺，不注意收集各种反馈信息，不能完成日常和定期的反思记录。

（二）改进贫困地区幼儿园教师教育能力的对策

本调查发现，贫困地区幼儿园教师在基本学历和资质等结构性条件方面均低于全国平均水平，即基础比较薄弱，起点较低。综合分析教师的六个方面共计24项教育能力状况，可以看到：5县幼儿园教师各方面的能力大都处于1级（很差）和2级（比较差）的低端水平，一些应知应会的基本能力还没有掌握。六个方面中最薄弱的两个方面是环境创设与利用能力和游戏活动支持与引导能力，而这两个方面恰恰是幼儿园教师有别于中小学教师的最重要的能力。

1. 教师支持和引导幼儿游戏的能力最差，亟待通过多种形式快速提高

在为幼儿设置游戏区域、提供丰富适宜的材料、保证游戏机会和适宜的内容、鼓励幼儿自主游戏以及适时适当地引导幼儿游戏等方面，有77%—84%的教师处于很差的水平，致使这些地区的幼儿基本没有游戏，幼儿园以游戏为基本活动的理念根本无法落实。

建议将这方面能力作为教师培训的重点，全面提高教师对游戏的认识和重视程度，结合因地制宜的玩具教具制作，使教师基本了解不同年龄的幼儿应该拥有哪些基本的游戏材料，开展哪些基本类型的游戏。

2. 教师物质环境创设能力亟待提高，培训内容需要改进

在充分利用环境和合理安排空间、提供和制作适合的玩具材料以及创设适宜的墙面布置的能力方面，有 61%—77% 的教师都处于很差的水平。他们缺乏相应的培训，没有相应的意识和能力，无法发挥环境在幼儿教育中的作用。

应增加相应的培训内容，使教师懂得幼儿园空间安排的基本要求、原则和形式，懂得玩具材料对幼儿学习与发展的重要性，学习利用当地资源为幼儿提供丰富适宜的物质环境。

3. 教师的教学、评价、沟通与反思能力需要通过建立教研制度来提升

尽管调查中教师在这几个方面的能力，相对于物质环境创设能力和游戏支持引导能力来说强一些，但仍有 32%—67% 的教师处于很差的水平，这部分教师需要尽快提升相应的能力。

需要看到的是，反思意识和能力很差的教师占到 88%，这些教师很难通过日常实践活动来提高自身的能力。建议建立县乡村三级教研网络和日常教研制度，通过县乡两级的教研员或以县乡两级的公办园为扶持园对村级园进行对口帮扶，不断提高教师反思的意识和能力。

三、0—3 岁婴幼儿参与早期教育现状调查

随着脑科学、心理学以及教育学等领域研究与实践的不断推进，越来越多的人认识到良好的早期教育能促进婴幼儿的健康发展，帮助幼儿获得幸福、快乐的童年，为幼儿后继学习和终身发展奠定坚实的基础。作为国民教育体系的重要组成部分，早期教育对提高国民整体素质具有十分重要的意义。全国人大常委会副委员长许嘉璐先生在百年中国幼教纪念大会上为学前教育事业提出新的目标："把素质教育的视线延伸到儿童出生的那一刻。"《教育规划纲要》强调，"重视 0 至 3 岁婴幼儿教育"。《国家教育事业发展第十二个五年规划》也提出了 0—3 岁婴幼儿教育的公益性发展方向。2012 年教育部下发了《关于开展 0—3 岁婴幼儿早期教育

试点的通知》，指出将在上海市、北京市海淀区等 14 个地区开展 0—3 岁婴幼儿早期教育试点，要求促进内涵发展，积极开展婴幼儿身心发展规律的研究。

我国 0—3 岁早期教育①尚处于发展过程中，近年来，大量的早教机构如雨后春笋般涌现。为了解 0—3 岁早期教育存在的问题，本课题组采用问卷调查的方式，于 2014 年 5 月，从儿童早期教育机构的类型、早期教育投入、早教机构状况、早教机构质量评价、早期教育观念五个方面探查早期教育的现状、家长对早期教育的需求状况，希望能为早期教育实践提供数据支持和科学依据。

（一） 0—3 岁婴幼儿早期教育参与情况

本调查选取北京市、贵阳市、长沙市公立幼儿园的 1042 名幼儿发放问卷，回收有效问卷 1018 份，有效回收率为 97.70%。在所调查的儿童中，男孩有 453 人，女孩有 484 人，缺失 81 人。《早期教育调查问卷》为自编问卷，含 5 个维度，共 23 题，题型包括单选题、多选题和填空题。采用回溯式问卷调查，由家长根据幼儿在 0—3 岁参加早期教育的实际情况填写。调研发现：家长在早期教育上投入的时间和经费差异较大；早期教育机构以营利性机构居多，在教学内容、师资和管理等方面亟待优化。

1. 早期教育机构以经营性、营利性机构居多

在所调查的幼儿中，有 28.7% 的幼儿在 0—3 岁参加了早教机构的培训。在参加早教机构培训的幼儿中，有 68.1% 的幼儿参加了一个早教机构的培训，其余幼儿参加了两个及以上。图 4-11 显示，有 29.86% 的幼儿参加的早期教育机构是外资企业性质的早教机构，其余依次是国内企业性质的早教机构（28.41%）、幼儿园办亲子班（24.64%）、社区办亲子园（8.12%）、其他（5.51%）、母婴医院开办的育儿班（3.48%）。由此可以看出，在现阶段经营性的、营利性的早教机构占主流。

---

① 早期教育在本研究中特指在早教机构对 0—3 岁婴幼儿实行的保育和教育。

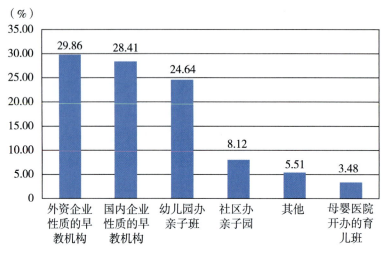

图 4-11　幼儿参加早教机构的类型

2. 儿童及家长在早期教育上投入的时间和经费差异较大

在时间投入上，幼儿开始上早教机构的初始年龄，最多的是 2 岁半至 3 岁（33.2%），其次是 2 岁至 2 岁半（19.6%），6 个月前开始上早教机构的比例最少，约为 4.7%。持续在机构学习的时间，半年至一年的最多（36.51%），其次是低于半年的（23.81%），再次是一年至一年半的（17.78%）（图 4-12）。部分 3 岁大的幼儿由于错过了 9 月份入园时间点，仍在早教机构接受教育。

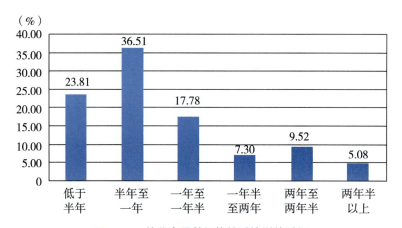

图 4-12　幼儿在早教机构接受培训的时间

在经费投入上，每年所花费用在 5001—10000 元的最多，占 38.19%；其次是 5000 元以内，占 37.54%；再次是 10001—20000 元，占 17.80%；20000 元以上的仅占 6.47%（图 4-13）。经费投入占家庭收入的比例在 3% 以下的家庭有 19.2%，介于 4%—5% 的家庭有 33.3%，介于 6%—10% 的家庭有 28.2%，介于 11%—20% 的家庭有 10.3%，超过 20% 的家庭有 8.9%。也就是说，超过半数（52.5%）的家庭所支付的早教机构教育经费不超过家庭收入的 5%。

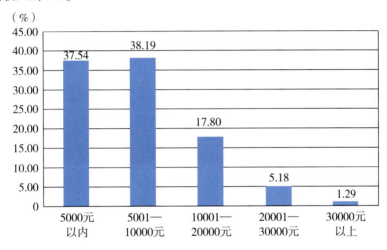

图 4-13　家庭在早教机构的年消费

3. 早教机构的教学内容及形式有待优化

婴幼儿参加的早教机构所教授的内容以音乐、舞蹈类为最多，其次是运动类，再次是创意美术类（图 4-14）。在教学形式上，"教学的主要对象为孩子，游戏加活动"占 77.6%，而"教学的主要对象为孩子，传统的老师讲学生听的形式"占 9.4%，以家长为主要教学对象的占 9.1%。

此外，大多数早教机构会为家长提供服务。早教机构为家长提供的服务中，"指导家长与孩子建立良好的亲子关系"最多，占 40.4%；其次是"指导家长解决孩子发展中的各种问题"，占 30.3%；再次是"指导家长了解营养、健康和疾病预防方面的知识"，占 15.1%；只有 14.0% 的早教机构不提供上述服务。

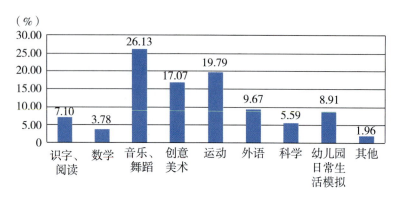

图 4-14　早教机构的主要授课内容

4. 家长对早教机构的师资和管理最不满意

对于早教机构，家长最满意的是教学形式，最不满意的是师资和卫生（图 4-15）。而对于早教机构的师资，有 48.4% 的家长不清楚教师是否为师范生。可见，师资是早教机构面临的最大问题。

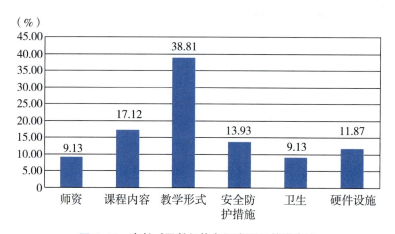

图 4-15　家长对早教机构各评定项目的满意度

对于早教机构的效果，有 26.10% 的家长认为很好，47.8% 的家长认为一般，20.10% 的家长认为不明显，2.5% 的家长认为没有效果。从这个结果可以看到，只有不到 1/3 的家长对早教机构的教育效果感到满意。

如图 4-16 所示，家长认为当前早教机构存在的最主要问题依次是：市场比较混乱，缺乏监督管理（34.26%）；教师资质良莠不齐

（21.40%）；收费过高（21.91%）；教学内容缺乏科学、规范的体系（18.49%）；其他（3.94%）。就收费过高问题来看，调查表明：在幼儿所上早教机构中单节课时费为101—150元的最多，占34.7%；其次是51—100元，占27.0%；再次是151—200元，占20.0%。也就是说，单节课时费在100元以上的比例超过了54.7%。

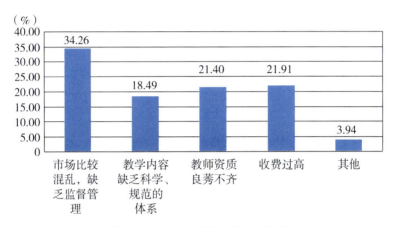

图 4-16　早教机构存在的主要问题

　　针对上述问题，家长提出的建议有：政府应该统一审批，加强监管，资质不够的早教机构应予以取缔；政府要加强早教机构的师资管理、教材管理、考核管理和收费管理，以便早教机构更大众化、平民化、正规化、常规化；等等。家长提到的应该举办早教培训的机构主要有：幼儿园（29.3%）、政府专设机构（21.9%）、社区（20.1%）、社会办早教机构（13.6%）、妇幼保健机构（9.9%）、其他（5.2%）。由此可以看出，家长更希望由政府承担起与早期教育相关的职责。

　　5. 家长普遍重视儿童身体发育与社会性发展

　　在早期教育中，家长关注的内容主要有：儿童身体发育情况（20.5%）、认知与语言的发展（20.1%）、与人交往的倾向（17.7%）、感知和运动能力（15.5%）、探索周围环境的兴趣（13.5%）、对艺术（音乐和美术）的兴趣（7.1%）、对科学的兴趣（3.8%）、其他（1.8%）。在家长看来，进入早教机构学习的目的主要有：提供与同辈群体接触的机会

（36.19%），帮助开发孩子的智慧潜能（31.67%），培养孩子的独立性和自理能力（24.76%），帮助家长学习早期教育相关知识（5.24%），其他（2.14%）（图4-17）。由此可见，在0—3岁，除身体发育外，家长更看重儿童社会性方面的发展。

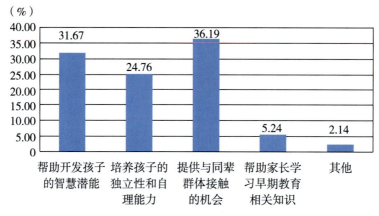

（％）

图 4-17　进入早教机构学习的目的

（二）讨论与建议

被调查对象中，有接近七成幼儿在0—3岁没有到早期教育机构学习过。这些幼儿的家长中，有44.0%的人表示原因是早教机构收费太高，也就是说是客观原因所致。这一结果表明，半数以上的幼儿去了早教机构，或者家长有让其到早教机构接受教育的意愿，早教市场受众广泛。早教机构的教育怎样开展才更适应幼儿发展的需要？结合调查结果，建议加强政府监管，提高师资质量，优化课程体系，重视婴幼儿家长的教育。

1. 加强政府监管

在家长反映的问题中，"市场比较混乱，缺乏监督管理"的比例最高（34.26%），可见政府监管是主要问题之一。家长建议早期教育应由政府主导，或者由政府承办早期教育机构。家长提出举办早教培训的机构应该是幼儿园、政府专设机构、社区、妇幼保健机构，倾向于社会办早教机构的家长仅占13.6%，这表明家长期待政府在早期教育中承担主要职能。

　　首先，应明确早期教育的主管归属。目前，中央政府部门无明文规定0—3岁婴幼儿教育由哪个部门主管，3岁前婴幼儿教育主管归属问题仍不明确。一旦发生问题，就有可能出现谁都能管，但谁都不愿管的局面。管理上出现"真空"，会导致一系列问题出现，比如家长反映的师资、课程、收费以及安全和卫生问题等。所以，首要的问题是明确0—3岁早期教育的主管归属，然后加强政策上的规范与引导。

　　其次，各部门之间须加强合作。明确主管部门并不意味着由一个部门完全负责，早期教育涉及卫生、妇联、工商、教育等多个部门。各部门自身的职能和专业影响不同，应借助各自优势，协商合作，形成合作共同体。只有相互结合才可以促进早期教育的良性发展。

　　最后，须加强对早教机构的监管，建立准入和退出机制。目前，我国各级教育管理部门对3—6岁幼儿园的建设与运行规范做了规定，但仅部分地区有对0—3岁早期教育机构的评估管理。因此，从国家到省市层面，均应设定早期教育机构的准入标准，开展动态评估监控，将不符合办学标准的早期教育机构排除在外。

2. 提高师资质量

　　对于早教机构，家长最不满意的就是师资。而在早教机构存在的主要问题中，"教师资质良莠不齐"居第二位，并且有接近半数（48.4%）的家长根本不清楚早教机构教师的来源，可见0—3岁早教师资质量堪忧。当前，我国从事0—3岁早期教育的人员，在专业训练、专业资格等方面缺乏规范与保障，从而制约了0—3岁早期教育师资质量的提升。

　　首先，需要加大职前培养培训。随着人们对婴幼儿教育越来越重视，对0—3岁早教师资的需求增大。但由于我国还缺乏开设0—3岁早期教育专业的大专院校，供需矛盾突出，因此需要在师范院校、学前高职学校开设0—3岁早期教育专业，或者增设0—3岁儿童保育和心理发展方向的课程。

　　其次，需要制定0—3岁早期教育教师专业资格认证制度，设定该领域教师的入职门槛。现在该领域唯一有资格认证的是育婴师（由劳保部门发证），但目前教育部门尚未对早教人员进行资格认证。针对0—3岁早期教育对教师专业性要求更高的特点，应设置标准化的、统一的从业资格认证，从入口优化早期教育从业人员队伍。

最后，需要加强对在职早期教育人员的职后培训。当前从事 0—3 岁早期教育工作的人员，有些具备教师资格证书，但是缺少 0—3 岁的保教知识。可通过教育部门组织的定期的、规范的职后培训，让教师掌握婴幼儿的身心发展规律，在科学理论指导下实施保教工作。

3. 优化课程体系

调查结果表明，17.12% 的家长对课程内容是满意的，这一比例远低于对授课形式表示满意的家长比例（38.81%）。家长在早期教育阶段最关心的除身体发育外就是幼儿的社会性，但实际可供选择的课程以艺术类课程居多，与家长的期待不符。在早教机构存在的主要问题上，有 18.49% 的家长选择 "教学内容缺乏科学、规范的体系"。在开放式问题中，家长提出的意见包括："对教育内容选择要有标准"；"0—3 岁每个年龄段究竟教什么，达到什么目标要有相关文件规定"；"统一教学内容，更适合孩子心理发育"。这表明家长期待有规范的、科学的早教课程。

首先，早教课程必须适合婴幼儿身心发展规律。调查发现，在 0—3 岁早教机构中有少部分存在识字、算术等超前教育，这有违婴幼儿年龄发展规律。儿童在各个年龄阶段都有其主要的发展任务，在 0—3 岁以动作技能、语言能力、个性社会性的发展为主。早教课程的内容应以这个年龄段的发展任务为主。在设计早期教育课程时，还要充分考虑到儿童的个体差异。

其次，须进一步深化对早期婴幼儿身心发展规律的研究。由于被试选取等原因，对 0—3 岁婴幼儿心理发展的研究还不够丰富。尤其是能够应用于实践的研究还很缺乏。各个早教机构大都宣称有自己的理论基础，但在实践操作中理论与课程内容、教学形式往往是脱节的。婴幼儿身心发展的理论研究还应侧重于如何与教养实践相结合。

最后，应制定 0—3 岁婴幼儿课程与学习的国家标准。OECD 国家的经验表明，课程和学习标准对儿童的学习和发展能够产生积极的影响。因为它能够为教育实践者提供课程依据，也能让家长了解早期教育的内容，提高家长对早期教育的认识。我国已经制定了《3—6 岁儿童学习与发展指南》，对 3—6 岁儿童的学前教育提供了质量保障。在此基础上，制定 0—3 岁儿童的保育指南将有利于 0—3 岁早期教育课程体系的良性发展。

4. 重视对婴幼儿家长的教育

早期教育的一个目标是通过影响父母进而影响幼儿，但本研究表明，家长从中获益不大。这既与早教机构的课程设置有关，也与家长的理念有关。在早教机构中，有 14.0% 的机构不提供与家长教育相关的服务。对于参加早教机构学习的目的，选择"帮助家长学习早期教育相关知识"的家长比例仅为 5.24%。这两方面的原因可能导致家长从早教机构的学习中获益不大。

对此，一方面，家长需要转变观念。家长要认识到自己在早期教育中的重要性，积极学习相关早教理念和方法，并努力应用到实践中，将有效的亲子互动延伸到家庭中。另一方面，早教机构在课程设置中需增加对家长教育理念、教养方式等的培训，在教学形式上应增加对家长与幼儿互动的指导。美国的"父母作为老师"（Parents As Teacher, PAT）项目，举办了名为"从出生到 3 岁"的培训班，工作人员每月对每个家庭进行一小时的家访，对家长的教养行为进行培训。我国的早期教育可以借鉴这一形式开展对家长的指导，更新家长的教育理念，改善家长的教养行为。

四、幼小衔接教育现状调查

幼小衔接教育是儿童从幼儿园向小学过渡的教育。有效的衔接教育能够帮助儿童实现从幼儿园到小学两个不同教育阶段之间的平稳过渡，并在心理、思想、行为、习惯上为小学学习生活做好基础准备，缓解入学之初的压力，保持身心和谐发展。因此，适宜的幼小衔接教育不仅能促进儿童身心健康发展，增强儿童的适应性，而且能为儿童后继学习和终身发展奠定坚实的基础。近年来，随着学前教育地位的不断提升，社会普遍认识到幼小衔接教育的重要性和价值，幼小衔接教育日益成为人们关注的焦点。

为了解我国幼小衔接教育的现状，引导家长、教师更好地进行幼小衔接教育实践，为相关政策制定提供实证支持，本课题组于2013年10—11月在我国辽宁大连、浙江宁波、广东深圳各选择一所小学的一年级新生家长进行了问卷调查，并对部分学生、教师、家长通过电话或QQ等进行了个别访谈。

（一）幼小衔接教育现状

本次调查共发放调查问卷720份，回收有效问卷692份。其中男生有362人，女生有327人，另有3人性别不详；家长学历为初中及以下的有57人，高中及中专的有147人，专科的有184人，本科及以上的有296人，学历不详的有8人。调查发现①家长较为重视幼小衔接教育，但目前幼小衔接教育存在明显的不适宜性，有些突出问题需要特别关注。

1. 近八成儿童参加过幼小衔接教育，家长学历为高中或中专的儿童参加比例最高

调查发现，522名儿童参加过幼儿园与小学衔接方面的教育活动，只有164名儿童没有参加过幼小衔接教育。方差分析检验表明，不同性别、不同地区儿童在是否参加幼小衔接教育方面没有显著差异，但家长学历对儿童是否参加幼小衔接教育具有显著影响。进一步分析发现，家长学历是初中及以下、高中或中专、专科和本科及以上的儿童参加幼小衔接教育的比例分别为73.68%、82.31%、71.20%和74.92%（图4-18），家长学历为高中或中专的儿童参加幼小衔接教育的比例最高。

---

① 调查问卷中"参加幼小衔接教育的原因""家长的主要担心""家长希望的幼小衔接教育内容""家长希望进行幼小衔接教育的组织机构""家长对政府管理幼小衔接教育的建议"为多选题，其他为单选题。

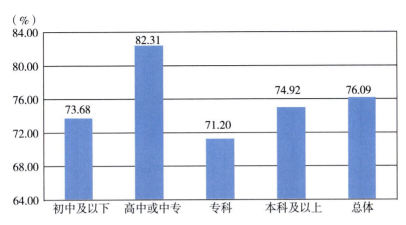

（%）

图 4-18　不同学历家长的儿童参加幼小衔接教育的比例

2. "幼儿园组织" 和 "其他孩子都在上" 是儿童参加幼小衔接教育的
主要原因

如图 4-19 所示，在 522 名参加过幼小衔接教育的孩子家长中，对于孩子参加幼小衔接教育的原因，选择 "幼儿园组织" 和 "小学组织" 的家长分别占 48.47% 和 18.97%，这说明幼儿园和小学较为重视幼小衔接教育工作，使得大部分儿童能够接受一定程度的幼小衔接教育。选择 "其他孩子都在上" 和 "家长自己喜欢" 的家长分别占 29.83% 和 11.29%，许多家长觉得 "看到周围孩子都在学，心里会着急的，怕到了小学其他孩子一听就明白了，自己家的孩子没学的话可能会很吃力"，可见儿童参加幼小衔接教育存在一定程度的跟风现象，并且会受到家长个人意愿的影响。选择 "学习效果好" 和 "社会认可度高" 的家长分别占 23.95% 和 9.77%，说明家长也比较重视幼小衔接教育的质量和社会认可程度。也有部分孩子（6.90%）参加幼小衔接教育是因为家长 "上班没人带孩子" "放假没事干就让上了" 等其他原因。

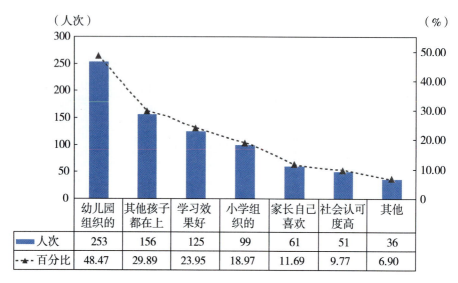

图 4-19   儿童参加幼小衔接教育的原因

3. 家长最担心孩子入学后学习不适应

如图 4-20 所示，在 692 名家长中，超过 85％的家长最担心孩子上小学后会"学习负担重"和"学习跟不上"，许多家长认为"孩子在幼儿园学习知识少、上课时间短、教学方式灵活，而小学学习知识多、进度快、上课时间长、教学方式单一，因此最担心孩子上小学后会出现学习跟不上，害怕自己的孩子输在起跑线上"。担心孩子"生活不适应""人际关系不好""不愿上学""身体素质下降"的家长分别占 37.28％、29.62％、26.01％和 24.28％，其中，担心孩子"吃不饱饭""上课尿裤子""与同学出现矛盾""丢三落四""上课迟到""忘记带作业""作业太多，没时间运动""缺少朋友"等最为常见。可见，家长对孩子入学后的担心是多种多样的，不仅包括学习适应，也包括社会适应、身体适应等方面。

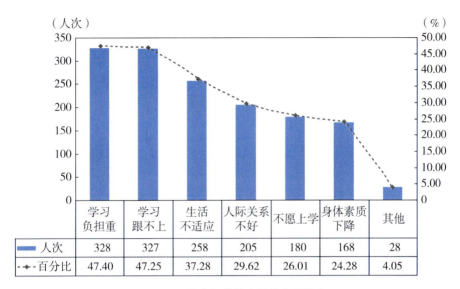

	学习 负担重	学习 跟不上	生活 不适应	人际关系 不好	不愿上学	身体素质 下降	其他
人次	328	327	258	205	180	168	28
百分比	47.40	47.25	37.28	29.62	26.01	24.28	4.05

图 4-20　儿童入学前家长的主要担心

4. 家长最希望孩子学习识字、绘画、英语和拼音

幼小衔接教育的学习内容应该是全方位、多方面的，调查显示，家长最希望孩子学习"识字"（53.32%）、"绘画"（46.53%）、"英语"（45.23%）和"拼音"（42.34%）（图 4-21）。在知识类内容中，希望孩子学习"识字""英语""拼音"和"数学"的家长比例分别是 53.32%、45.23%、42.34% 和 36.27%，可见家长非常重视儿童的知识学习，特别是识字和拼音等语文知识。在艺术类内容中，希望孩子学习"绘画""乐器""舞蹈"的家长比例分别是 46.53%、38.15% 和 28.03%，说明家长也较为重视培养儿童的艺术兴趣，注重对孩子进行初步的兴趣启蒙，并在此基础上培养一些特长。在运动类内容中，希望孩子学习"体育类"和"棋类"的家长比例分别是 32.95% 和 24.71%，可见家长对儿童运动能力发展的关注度低于对知识和艺术学习的重视程度。除此之外，也有部分家长（3.32%）选择了"书法""国学""珠心算"等其他内容。可见，家长对幼小衔接教育内容期望是多种多样的，但更注重知识的学习，而相对忽视了其他能力的培养。

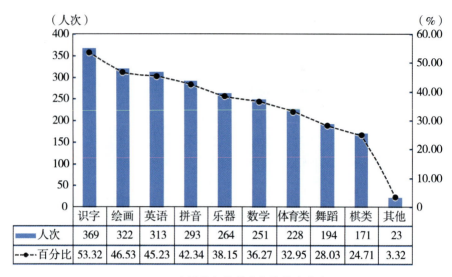

	识字	绘画	英语	拼音	乐器	数学	体育类	舞蹈	棋类	其他
人次	369	322	313	293	264	251	228	194	171	23
百分比	53.32	46.53	45.23	42.34	38.15	36.27	32.95	28.03	24.71	3.32

图 4-21　家长希望的幼小衔接教育内容

5. 家长最喜欢的教学形式是趣味教学

在幼小衔接教育的教学组织形式中，家长对"趣味教学"的认可度最高（62.28%）（图4-22），家长希望"教师能够营造一种生动有趣、引人入胜的学习氛围，通过丰富多彩的教学活动让孩子的思维活起来，激发孩子的求知欲和学习兴趣，使孩子在轻松愉快的情绪中接受知识，掌握技能，达到最佳的教学效果"。超过40%的家长选择了"游戏活动"（40.06%），他们认为"爱玩是孩子的天性，孩子的许多规则意识、任务意识、人际交往能力、生活自理性等最好通过游戏活动进行培养和塑造"。除此之外，家长对其他教学形式的认可度由高到低排列依次是："家校合作"，32.37%；"小学参观"，31.65%；"同伴学习"，30.20%；"课堂教学"，23.99%；"亲子课程"，20.95%；"其他"，1.16%。可见，家长希望教师能够采用灵活多样的教学方式进行教育教学活动。

6. 家长认为幼小衔接教育费用以 500—1000 元为宜

儿童参加幼小衔接教育的费用情况可以部分反映出家长对幼小衔接教育的重视程度。调查发现，希望幼小衔接教育费用在501—1000元的家长比例最高（43.93%），希望在500元以内的家长比例为34.74%，近80%

的家长认为费用最好控制在 1000 元以内，18.69% 的家长认为在 1001—2000 元比较合适，2.65% 的家长认为可以在 2001—3000 元（图4-23）。许多家长认为"收费并不是越少越好，更不是越多越好，收费少的质量往往不高，收费高的也不一定质量就高，关键要看性价比"。

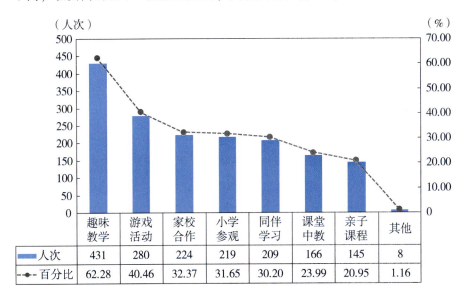

	趣味教学	游戏活动	家校合作	小学参观	同伴学习	课堂中教	亲子课程	其他
人次	431	280	224	219	209	166	145	8
百分比	62.28	40.46	32.37	31.65	30.20	23.99	20.95	1.16

图 4-22　家长希望的幼小衔接教育形式

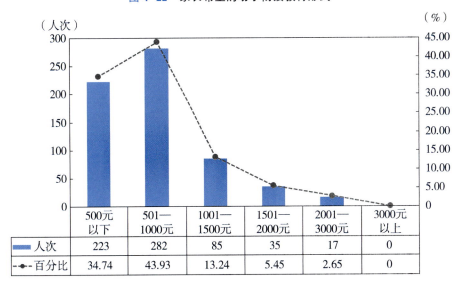

	500元以下	501—1000元	1001—1500元	1501—2000元	2001—3000元	3000元以上
人次	223	282	85	35	17	0
百分比	34.74	43.93	13.24	5.45	2.65	0

图 4-23　家长希望的幼小衔接教育费用

7. 家长希望幼小衔接教育最好一周一次

对于幼小衔接教育的频次，认为"一周一次最合适"的家长比例最高（40.85%），他们认为"如果间隔时间少于一周，孩子的任务太重，增加学习负担；如果间隔时间太长，衔接教育学习的内容就会很少，也不利于提高衔接质量"（图4-24）。27.90%的家长认为集中时间进行培训最好，他们认为"通过一段时间的集中培训和学习，能够使孩子在较短的时间内对小学的学习内容、行为习惯等有所了解和认识，为孩子适应小学打下良好的基础"。也有各约10%的家长认为每两周一次或每月一次比较合适，另有5.79%的家长认为每天一次更合适。除此之外，还有小部分家长（3.51%）选择了"幼小衔接没必要限定时间和频次""幼小衔接的频次取决于学习内容""根据孩子基础决定时间和频次"等其他选项。

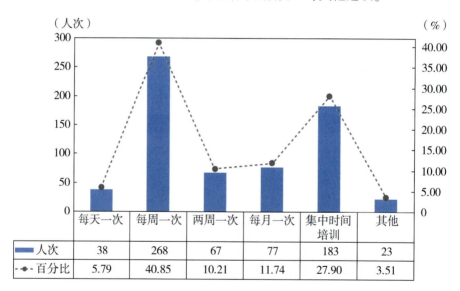

	每天一次	每周一次	两周一次	每月一次	集中时间培训	其他
人次	38	268	67	77	183	23
百分比	5.79	40.85	10.21	11.74	27.90	3.51

图4-24　家长希望的幼小衔接教育频率

8. 家长最希望由小学、幼儿园或政府专设机构进行幼小衔接教育

从幼小衔接教育的组织机构来看，大部分家长（53.90%）希望由小学组织，他们认为"小学对孩子的各方面入学要求最清楚，因此由小学组织最合适"（图4-25）。37.86%的家长认为最好由幼儿园组织，他们认为"幼儿园对孩子最了解，在平常的教育活动中渗透幼小衔接教育内容，最

能够提高幼小衔接教育效果"。29.62%的家长认为应该由政府设立专门机构进行幼小衔接教育，他们觉得"目前幼儿园和小学的幼小衔接教育做得还不够专业，通过政府专设机构进行针对性的幼小衔接教育，更能提高幼小衔接教育质量"。需要注意的是，调查发现只有不足7%的家长认为最好由社会培训机构组织幼小衔接。这是由于社会培训机构存在功利性太强、收费过高、师资水平参差不齐等突出问题，使得家长对社会培训机构组织的幼小衔接教育认可度不高，许多家长参加社会培训机构组织的幼小衔接教育也是由于政府不能提供相应服务而不得已而为之。另外，也有一定比例的家长认为家庭（7.23%）、社区（4.48%）以及医院等其他组织机构（1.01%）也是进行幼小衔接教育的重要部门或组织。

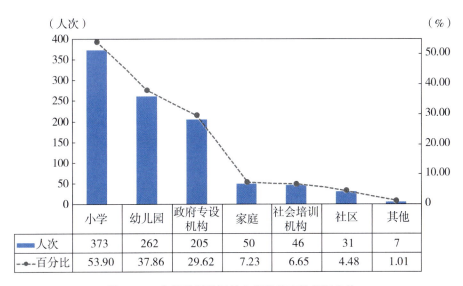

	小学	幼儿园	政府专设机构	家庭	社会培训机构	社区	其他
■ 人次	373	262	205	50	46	31	7
◆ 百分比	53.90	37.86	29.62	7.23	6.65	4.48	1.01

图 4-25　家长希望进行幼小衔接教育的组织机构

9. 家长最希望政府能够在提高幼小衔接教育质量方面发挥作用

对于政府如何管理幼小衔接教育工作，家长们也提出了许多有针对性的对策和建议。他们认为目前由于没有教师资质准入和培训制度，缺乏对衔接教育的有效性管理，没有对衔接教育的指导和监督机制，培养质量标准体系不健全，等等，使得目前幼小衔接教育处于自发状态和无序状态，严重影响了幼小衔接教育的质量。因此，家长们建议政府不仅要"规范衔接班收费"（38%），"规定教师资格"（40%），而且要"指导学校做好衔接教育"（55%），"加强衔接班管理"（43%），从而达到"提高衔接教育质量"（68%）的目的（图4-26）。

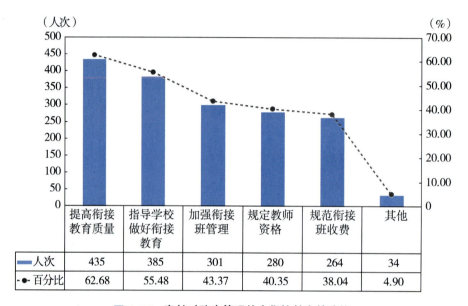

	提高衔接教育质量	指导学校做好衔接教育	加强衔接班管理	规定教师资格	规范衔接班收费	其他
人次	435	385	301	280	264	34
百分比	62.68	55.48	43.37	40.35	38.04	4.90

图 4-26　家长对政府管理幼小衔接教育的建议

（二）改进幼小衔接教育的对策与建议

调查发现，家长对于儿童参加幼小衔接教育持积极热情的态度，但缺乏理性的认识，同时幼小衔接教育不仅满足不了家长的多元化需求，也满足不了儿童身心和谐发展的需要。对此，家长需要树立科学的幼小衔接教育观，政府需要加强对幼小衔接教育的规范与管理，教育机构需要提高幼小衔接教育质量。

1. 家长重视幼小衔接教育但认识模糊，需要树立科学的幼小衔接教育观

本次调查中，超过七成的孩子参加过幼小衔接教育，说明家长较为重视幼小衔接教育，但是家长更重视知识的学习，而相对忽视了健康、社会等其他领域的学习与发展以及兴趣的培养等，在参加幼小衔接教育时存在一定的跟风现象。可见，家长需要树立科学的幼小衔接教育观。

　　首先，家长要关注儿童学习与发展的全面性。儿童各个方面的发展并不是彼此孤立地进行的，而是相互联系、不可分割的，幼小衔接教育注重儿童在知识技能、情感、心理、习惯等各个方面的发展与过渡，家长应该加强对儿童学习与发展整体性的认识和了解，不应片面追求某一方面或几个方面的发展，而忽视了儿童发展的全面性。

　　其次，家长要尊重儿童的个体差异。儿童的发展是一个持续、渐进的过程，每个儿童都有自己的优势和不足，因此不要将儿童做盲目的、简单的对比，不应该也不能要求每个儿童在每个方面都达到同样的高度。家长应该尊重儿童在发展水平、能力、经验、学习方式等方面的差异，根据儿童特点选择适宜的幼小衔接教育内容和课程，这样才能做到因材施教，使每个儿童都能获得满足和成功。

　　最后，家长要全面了解幼小衔接教育。适宜的幼小衔接教育，不是提前学习小学的课程，而是帮助儿童完成规则意识、行为规范、学习习惯、人际关系等方面一系列的转变，帮助儿童实现从幼儿园到小学两个不同教育阶段之间的平稳过渡。家长要了解幼小衔接教育的价值和局限性，形成对幼小衔接教育的合理期待和科学认识。

　　2. 管理缺位使得幼小衔接教育处于失范状态，政府需要加强对幼小衔接教育的规范与管理

　　调查发现：一方面，家长希望由政府设立专门机构进行幼小衔接教育；另一方面，由于教育管理部门缺乏对幼小衔接教育课程、师资、收费、质量等的常规性监督、评价与考核，使得幼小衔接教育成为管理的"灰色地带"，不但教育质量难以保证，而且常常因为违背儿童的身心发展规律而对儿童造成实质上的伤害。因此，加强对幼小衔接教育的规范与管理成为当务之急。

　　首先，建立准入资格制度，把好入口关。由于目前没有幼小衔接教育准入制度，形形色色的培训机构都可以进行幼小衔接教育，各种各样的人都可以从事幼小衔接教育教学，导致幼小衔接教育鱼龙混杂，良莠不齐。因此，目前亟须对幼小衔接教育建立准入制度，对举办机构的资质、硬件设备、安全设施、课程设置、师资条件等方面做出规定。

其次，完善教育管理机制，把好过程关。规范的幼小衔接教育需要一套严格的收费管理和教育教学管理制度等。为此，教育管理部门可参照幼儿园的教育管理制度，结合幼小衔接教育的特点，制定相应的督导、抽查、年审制度和政策，引导教育机构逐步规范幼小衔接教育。

最后，健全质量评价机制，把好出口关。教育质量评价具有重要的导向作用和鉴别作用，它不仅是幼小衔接教育机构建设、改革、发展的"助推器"，也是提高教育教学质量的有效手段。因此，教育管理部门要按照《3—6岁儿童学习与发展指南》精神实质，建立健全以儿童发展为核心、科学多元的幼小衔接教育质量评价标准，促进儿童全面发展、健康成长。

3. 幼小衔接教育不能满足儿童的多元化需求，教育机构需要提高幼小衔接教育质量

调查发现，家长最希望提高幼小衔接教育质量，但目前幼小衔接教育却存在着教育内容单一、教学方式枯燥、收费过高、教师良莠不齐等突出问题，满足不了儿童全面发展的需要。为了切实提高幼小衔接教育质量，教育机构需要重点做好以下几方面工作。

首先，教育内容多样化，满足儿童多元需求。目前的幼小衔接教育往往重视儿童在读写能力、数学知识等方面的学习，而忽视了规则意识、良好习惯、学习主动性等方面的教育。因此，教育机构要加强对儿童非认知领域的渗透和教育，提供多样化的教育内容供儿童选择，满足儿童全面、多元发展的需要。

其次，加强收费管理，提高衔接教育性价比。收费不规范是目前幼小衔接教育中存在的突出问题，许多教育机构设立了名目繁多的收费项目，费用高昂，但质量却"名不副实"。因此，教育机构要进一步明确收费项目，根据成本核算合理确定收费标准，同时实行收费公示制度，接受家长和社会的监督。

最后，加强教师培训，提高教师综合素质。提高教育质量，教师是关键，从事幼小衔接教育的教师教育教学技能相对较强，但在教育观念、师幼互动、教学方式方面尚需进一步提高。因此，教育机构可以采用校本培训、参观学习、小组研讨、合作互助、参与式培训等多种方式，通过培训

不断提高教师的教育教学素养。

五、儿童入学准备现状调查

从幼儿园走向小学，是儿童生命成长过程中的重要转折点。在这一阶段，儿童要经历各种人、事、物的变化。例如，学习方式从"玩中学"过渡到以学为主，成长环境从幼儿园轻松的游戏氛围过渡到桌椅整齐的小学课堂，老师也由共同玩耍的阿姨变成传道授业的严师……在这样繁复的变化中，未做好入学准备的儿童将会产生各种不适应，而这种不适应会使他们在未来的学校教育中面临更多的发展风险。

入学准备是学龄前儿童为了能够从即将开始的正规学校教育中受益所需要具备的各种关键特征或基础条件。2013 年 6 月，为了了解学前儿童的入学准备状况，为提高儿童入学准备水平提供科学依据，本课题组参考《3—6 岁儿童学习与发展指南》中的"领域目标"，自编了《入学准备水平调查问卷》，在我国东部、中部、西部三个地区，对 744 名大班和学前班儿童的入学准备状况进行了调查。

（一）儿童入学准备的现状

研究发现，当前学前儿童的入学准备有五个突出特点，既有一些好的方面，也存在亟待改进的问题。

1. 儿童入学准备状况可分为三种类型

研究发现，儿童入学准备状况可分为成熟型、普通型和滞后型三种（图 4-27）。成熟型儿童能够经常保持愉快的情绪，较快融入新的人际关系环境，有较强的适应能力；愿意与他人讨论问题，敢于在众人面前说话，且具有文明的语言习惯；愿意亲近自然，喜欢探究，对自己感兴趣的问题总是刨根问底；喜欢欣赏多种多样的艺术形式和作品，并敢于大胆表现。这类儿童占 47.18%，他们的入学准备水平最高。滞后型儿童的身体和动作发育迟缓，不愿与人交往，也不能与同伴友好相处，没有养成基本的生活自理能力，适应能力有待提高；不愿意进行艺术活动和创造，艺术表现和创造能力也较差；不喜欢听故事、看图书，没有养成文明的语言习惯，也难以感知生活中数学的有用和有趣。这类儿童占 13.04%，他们的入学准备水平最低。普通型儿童占 39.78%，他们的入学准备水平处于成熟型儿童和滞后型儿童之间。普通型和滞后型儿童共占到 52.82% 的比例，可以说超过半数的儿童入学准备水平有待提高，而超过 13% 的儿童需要受到重点关注。

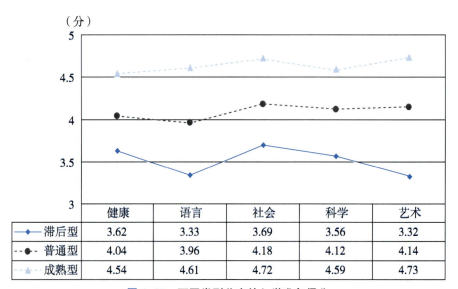

（分）

	健康	语言	社会	科学	艺术
滞后型	3.62	3.33	3.69	3.56	3.32
普通型	4.04	3.96	4.18	4.12	4.14
成熟型	4.54	4.61	4.72	4.59	4.73

图 4-27　不同类型儿童的入学准备得分

儿童的入学准备与自信心、焦虑感等心理健康因素之间是相互促进、相互影响的。研究发现，成熟型儿童的自信心得分最高而焦虑感得分最低，滞后型儿童的自信心得分最低而焦虑感得分最高；相关分析发现，入学准备与自信心呈显著正相关（$r=0.742$），与焦虑感呈显著负相关（$r=-0.369$）。这可能是因为儿童的入学准备水平越高就越有好奇心和求知欲，具有更强的探究能力和表达愿望，其分析问题和解决问题的意识和能力都得到了更好的发展；更愿意积极参加各种活动，主动地与人交往，勇敢地面对困难，不会为一些无谓的事情担心；有适度的安全感，能愉悦地接纳自己，并与周围环境和谐相处；在生活学习中能体验到更多的尊重、快乐和幸福，体验到更少的焦虑感，更加乐观自信。可以说儿童的入学准备水平与自信心、焦虑感的高低密切相关，儿童的入学准备对其身心发展具有重要的影响。

2. 儿童入学准备总体状况良好，个体差异明显

《入学准备水平调查问卷》每题的满分为 5 分，调查结果显示所有题目的平均得分为 4.3 分，总体来看儿童入学准备状况良好，但是不同个体的准备水平有明显差异。例如，总分最高的 10% 儿童的题均得分达到了 4.9 分，而总分最低的 10% 儿童的题均得分只有 3.4 分，差异非常大。不同儿童在每个具体题目上的得分差异也很大。例如：连续跳绳或者拍球，43.4% 的儿童能够完全做到，24.6% 的儿童完全不能或者基本不能做到；感知并了解季节变化的周期性，37.8% 的儿童能够完全做到，23.3% 的儿童完全不能或者基本不能做到。在调查中我们也发现，虽然大部分学前儿童具有愉快的情绪、强健的体质、协调的动作、文明的语言习惯、较强的社会适应能力、强烈的探究兴趣和良好的艺术素养，但是也有很多儿童还没有养成良好的生活习惯和卫生习惯，不具备生活自理能力和安全生活的能力，许多儿童有多动表现、攻击性行为以及违纪等破坏性行为，甚至出现退缩、焦虑、抑郁、恐惧、强迫等问题。

3. 儿童在不同领域的发展均较好，但协调性有待加强

调查发现，儿童在健康、语言、社会、科学和艺术五大领域的题均得分均超过了 4.1 分，说明儿童在每个领域的发展都比较好（图 4-28）。但儿童在不同领域的得分差异很大，例如社会领域的得分超过了 4.4 分，艺术领域的得分也接近 4.4 分，而语言领域的得分只有 4.1 分，健康领域的得分不足 4.2 分。平均得分超过 4.6 分的题目包括：对自己感兴趣的问题喜欢刨根问底；有自己的好朋友，也喜欢结交新朋友；能快跑 25 米左右；能熟练使用筷子等。而平均得分在 4 分以下的题目包括：能够经常保持愉快的情绪，不乱发脾气；能按类别整理好自己的物品；能连续跳绳或者拍球；感知并了解季节变化的周期性，知道变化的顺序等。因此，儿童得分最高和得分最低的题目主要集中在健康和科学领域，并且儿童在同一领域内不同题目上的得分差异也较大，说明儿童学习与发展的整体协调性有待提高。

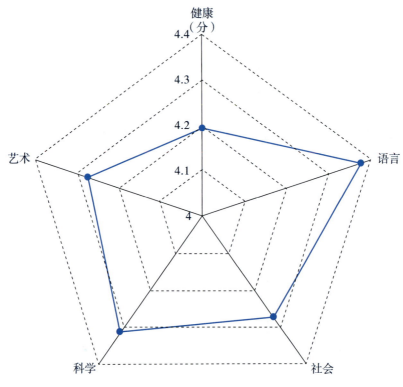

图 4-28　儿童入学准备得分雷达图

4. 儿童的知识技能掌握情况较好，但学习品质尚待提高

研究发现，儿童对知识技能都掌握得相对较好，但是积极主动、认真专注、勇于探究等良好学习品质尚待提高。例如，在科学领域，儿童在能辨别自己的左右及进行 10 以内的加减运算这两个题目上的平均得分均超过了 4.7 分，而在能发现生活中许多问题可以用数学的方法来解决，以及在成人的帮助下能制订简单的调查计划并执行这两个题目上，儿童的平均得分均在 3.8 分以下。再如在艺术领域，儿童在能够模仿生活中有特点的声音一题上的得分最高，超过了 4.4 分，但是在愿意分享、交流自己喜爱的艺术作品和美感体验一题上的得分却最低，还不到 4.2 分。这说明幼儿的学习动机、学习兴趣、学习习惯、学习方法和学习能力等学习品质还有进一步提升的空间。

5.城市儿童和农村儿童在入学准备上各有优势，城市儿童总体好于农村儿童

研究发现，农村儿童在能经常保持正确的站、坐和行走姿势，能快跑25米左右，能熟练使用筷子，能按类别整理自己的物品等题目上的平均得分均超过了城市儿童，可见农村儿童在身体健康领域的发展水平好于城市儿童。但城市儿童在能够专注地阅读图书，对看过的图书、听过的故事能说出自己的看法，能礼貌地与人交往，感知并了解季节变化的周期性，积极参与艺术活动，能用基本准确的节奏和音调唱歌等题目上的平均得分都超过了农村儿童，可见城市儿童在语言、社会、科学、艺术等领域的发展水平好于农村儿童。总之，农村儿童虽然在身体健康方面好于城市儿童，但在语言、社会、科学、艺术等领域的发展水平均落后于城市儿童，总体来看，城市儿童的入学准备水平高于农村儿童（图4-29）。

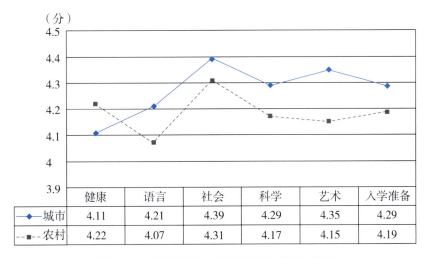

（分）	健康	语言	社会	科学	艺术	入学准备
◆城市	4.11	4.21	4.39	4.29	4.35	4.29
■农村	4.22	4.07	4.31	4.17	4.15	4.19

图4-29　城市儿童与农村儿童的入学准备得分

（二）提高儿童入学准备水平的对策

为了更好地促进儿童的早期发展，尽可能地缩小城乡儿童入学准备的差距，有效提高儿童的入学准备水平，为儿童顺利完成正规学校教育打下良好的基础，需要切实做好以下工作。

1. 注重儿童的全面和谐发展

作为从自然人向社会人过渡的生命体，幼儿阶段需要完成的任务不仅有身体的发育，还有艰巨的心理发展任务；不仅需要发展智力、才艺，还要发展行为习惯、能力技能、情感态度等。而儿童各个方面的发展并不是彼此孤立的，儿童认知与态度、健康与个性、语言与社会性、科学与艺术等各方面的发展之间都有着不可分割的联系。《3—6岁儿童学习与发展指南》（以下简称《指南》）强调，"要注重领域之间、目标之间的相互渗透和整合，促进儿童身心全面协调发展，而不应片面追求某一方面或几方面的发展"。因此，家长和教师要加强对儿童学习与发展整体性的认识与了解，不仅重视孩子在读写等方面的适当学习，更应重视培养他们良好的学习习惯、探究态度和兴趣爱好等，促进儿童全面和谐发展。

2. 针对不同类型儿童因人施教

《指南》指出："幼儿的发展是一个持续渐进的过程，同时也表现出一定的阶段性特征，每个幼儿在沿着相似进程发展的过程中，各自的发展速度和到达某一水平的时间不完全相同。"因此，教师和家长要充分理解和尊重幼儿在发展水平、能力、经验、学习态度和方式等方面的个体差异，支持和引导他们按照自身的速度和方式到达其发展的"阶梯"，切忌用一把尺子衡量所有儿童；也要根据儿童入学准备的类型及特点因人施教，努力使每一个儿童都能获得最大程度的满足和成功。例如，针对滞后型儿童各领域都有待加强的特点，家庭、幼儿园和社会应该共同努力，为儿童创设温暖、关爱、平等的家庭和集体生活氛围，帮助儿童建立良好的师生关系、亲子关系和同伴关系，让其充分感受到亲情、友情和关爱，养成良好的生活与卫生习惯，创设自由宽松的语言交往环境，鼓励和支持儿童与成人、同伴交流互动，并善于发现和保护儿童的好奇心，创造条件和机会，鼓励儿童在大自然和社会文化生活中学会用心灵感受美和发现美，并用自己的方式去表现和创造美，促进他们入学准备水平的提高。

3. 重视儿童学习品质的培养

儿童在活动过程中表现出来的积极态度和良好行为倾向是终身学习与发展所必需的宝贵品质，学习品质的好坏决定了儿童现在和以后的学习和发展的质量。《指南》强调"忽视幼儿学习品质培养，单纯追求知识技能学习的做法是短视而有害的"，明确提出：帮助幼儿逐步养成积极主动、认真专注、不怕困难、敢于探究和尝试、乐于想象和创造等良好学习品质；引导幼儿通过观察、比较、操作、实验等方法，学习发现问题、分析问题和解决问题。因此，家长和教师要充分尊重和保护儿童的好奇心和学习兴趣，支持和鼓励儿童大胆联想、猜测问题的答案，最大限度地支持和满足儿童通过直接感知、实际操作和亲身体验等获取经验的需要，严禁"拔苗助长"式的超前教育和强化训练，从而帮助儿童不断积累经验，不断提高其发现问题、分析问题和解决问题等方面的能力，帮助儿童形成受益终身的学习态度、方法，为儿童形成健全的人格和终身学习的能力打下良好的基础。

4. 加强对农村儿童的指导帮助

导致农村学前儿童总体发展水平滞后的原因是多方面的，如家庭经济状况、父母受教育水平、家庭教养方式、学前教育条件、师资水平、儿童接受学前教育时间等。因此，农村的教师和家长要及时接受和补充科学文化知识，不断更新教育观念，有意识地提高自身的文化修养，把行之有效的教育方法科学灵活地运用到教育实践当中，缩小与城市教师和家长在教育理念和实践方面的差距；社会和政府对农村要给予更多政策和经济上的支持，增加对农村学前教育事业发展和质量提高的双重投入；各级政府在贯彻落实《教育规划纲要》和学前教育"国十条"的实践中，在大幅提高农村幼儿入园率的同时，应加强农村幼儿园玩教具、幼儿图书的配备与指导工作，为儿童创设丰富多彩的教育环境，不断提升农村幼儿园的保教水平，促进儿童身心健康发展。

第五章

中国学前教育热点问题研究

经过学前教育三年行动计划的推进，我国学前教育的普及程度已有显著提高，学前三年毛入园率已经接近 70%。学前教育阶段的特殊性决定了学前教育的普及与学前教育的公平紧密相关，学前教育的普及必须以质量提高为前提和基础，而教师队伍的建设又是保证学前教育质量的关键要素。本课题组开展的五项专题调研发现了农村特别是边远贫困农村地区幼儿园教育质量和师资水平的突出问题。因此，促进学前教育公平、加强教师队伍建设和提高保教质量是当前我国学前教育的三大热点问题。本章对这三大问题进行了政策分析和现实问题分析，并根据典型的地方经验提出了初步的政策建议。

一、促进学前教育公平

学前教育位于整个教育供给链条的底端，是实现教育公平的起点，学前教育公平是社会文明和进步的重要标志。近 10 年来，特别是 2010 年以来，国家出台了一系列促进学前教育公平的改革措施，推行了一些重点项目来落实学前教育，各地也进行了多方面的积极探索。但是，由于底子薄欠账多，在推进学前教育公平的进程中还存在许多问题和障碍，总体而言，实现学前教育公平任重而道远。

（一）2000 年以来有关学前教育公平的政策分析

改革开放特别是进入新世纪以来，党和政府在促进学前儿童受教育的权利公平、机会公平等方面制定了一系列专门政策。2000 年以来，我国政府发布的旨在促进学前教育公平的政策文件共有 15 个，其中国家级发文 2 个，部委级发文 13 个（表 5-1）。已有的政策和项目主要从增加入园机会、促进园际公平、建立资助体系、加强师资建设等多个角度形成"组合拳"，全方位推进学前教育公平的逐步实现。

表 5-1　2000 年以来旨在促进学前教育公平的政策文件

政策领域	文件名称	发文单位	年份
综合	国务院转发教育部等部门（单位）关于幼儿教育改革与发展的指导意见的通知	国务院	2003
	国务院关于当前发展学前教育的若干意见	国务院	2010
	财政部教育部关于加大财政投入支持学前教育发展的通知	财政部、教育部	2011
扩大资源	财政部教育部关于印发《中西部地区利用农村闲置校舍改建幼儿园实施方案》的通知	财政部、教育部	2011
	财政部教育部关于印发《支持中西部地区农村小学增设附属幼儿园实施方案》的通知	财政部、教育部	2011
	教育部财政部关于印发《支持中西部农村偏远地区开展学前教育巡回支教试点工作方案》的通知	教育部、财政部	2011
	教育部办公厅财政部办公厅关于启动实施支持中西部农村偏远地区开展学前教育巡回试点工作的通知	教育部、财政部	2012
	教育部办公厅财政部办公厅关于做好 2013 年中西部农村偏远地区开展学前教育巡回试点工作的通知	教育部、财政部	2013

续表

政策领域	文件名称	发文单位	年份
园际公平	教育部关于加强民办学前教育机构管理工作的通知	教育部	2007
	财政部教育部关于印发《中央财政扶持民办幼儿园发展奖补资金管理暂行办法》的通知	财政部、教育部	2011
资助体系	财政部教育部关于印发《中央财政扶持城市学前教育发展奖补资金管理暂行办法》的通知	财政部、教育部	2011
	财政部教育部关于建立学前教育资助制度的意见	财政部、教育部	2011
师资队伍	教育部财政部关于实施幼儿园教师国家级培训计划的通知	教育部、财政部	2011
	教育部中央编办财政部人力资源社会保障部关于加强幼儿园教师队伍建设的意见	教育部、中央编办、财政部、人力资源社会保障部	2012
	教育部关于印发《幼儿园教职工配备标准（暂行）》的通知	教育部	2013

1. 扩大学前教育资源，增加入园机会

在扩大学前教育资源方面，已有政策的主要思路体现为以下几点。

第一，支持学前教育发展是公共财政的重要职责。各级财政部门切实加大学前教育财政投入，各级政府积极协调教育等部门，进一步完善体制机制，推进综合改革，坚持公益性和普惠性，构建覆盖城乡、布局合理的学前教育公共服务体系，为幼儿和家长提供方便就近、灵活多样、多种层次的学前教育服务，促进学前教育事业科学发展。

第二，中央财政重点支持中西部地区和东部困难地区，尤其是农村地区发展学前教育。如中央财政支持中西部地区和东部困难地区选择农村闲置校舍和其他富余公共资源改建幼儿园，支持中西部地区和东部困难地区

依托当地农村小学或教学点现有富余校舍资源增设附属幼儿园；补助中西部地区和东部困难地区省份从农村幼儿园教师、大中专毕业生或幼儿师范毕业生中招聘巡回支教志愿者；依托乡村幼儿园等可用资源对偏远地区适龄儿童和家长提供灵活多样的学前教育巡回指导。此外，中央财政还安排专项资金支持中西部地区农村幼儿教师国家级培训。

第三，公办民办并举，普遍增加幼儿入园机会。一方面，大力发展公办幼儿园，增加公办园的学位数，提供"广覆盖、保基本"的学前教育公共服务。另一方面，大力扶持民办幼儿园，特别是面向大众、收费较低且有质量保障的普惠性民办园发展，提高和充分发挥民办园的收托能力。

第四，城乡统筹规划，采取不同的发展思路普遍提高入园率。在坚持公办民办并举扩大学前教育资源的基础上，城市地区和农村地区的学前教育事业发展分别有不同的策略与重点。城镇地区以加强小区配套幼儿园建设、扶持集体办园和鼓励多渠道多形式办园、妥善解决进城务工人员随迁子女入园为重点，而农村地区则采取了加强乡镇和大村落公办园建设，鼓励社会力量办园，以及在人口分散地区举办流动幼儿园和季节班等多种形式、全面覆盖的发展思路。

2. 规范与支持民办园发展，促进国际教育公平

已有政策主要从加强规范管理和加大财政扶持两大方面促进普惠性民办园的发展。国家积极鼓励和提倡社会力量特别是企事业单位举办普惠性民办园，从严格办园资质、核查办园行为、监督保教质量、指导教育教学等方面规范民办园各个方面的发展，同时也采取资金奖补等方式引导、扶持和促进民办园提供普惠性学前教育服务。

已有政策还强调扶持普惠性民办园发展的主要责任在地方政府。地方政府特别是区县政府要加强对民办园的清理整顿，严格审批程序和监管责任，中央财政安排"扶持民办幼儿园发展奖补资金"，扶持普惠性、低收费民办幼儿园发展。

已有政策建议各地采取多种方式扶持民办园。各地通过保证合理用地、减免税费等方式，鼓励和支持社会力量以多种形式举办民办幼儿园；采取政府购买服务、减免租金、以奖代补、派驻公办教师等多种方式，引

导和支持民办园发展。

3. 建立学前教育资助体系，确保人人享有接受学前教育的机会

在建立学前教育资助体系方面，已有政策的主要思路集中体现为以下几个方面。

第一，教育资助体系的构建与资助项目的实施主要由地方负责。我国学前教育资助制度是按照"地方先行，中央补助"的原则来建立的，因此由各地方政府承担主要责任，从资助体系、资助政策到具体资助方式和资助标准，均由省级政府自行确定。中央财政根据各省份出台的资助政策、经费投入和实际实施效果，予以奖补和补助。

第二，明确学前教育阶段的资助对象。我国学前教育资助制度明确规定了受资助的对象为"经县级以上教育行政部门审批设立的普惠性幼儿园在园家庭经济困难儿童、孤儿和残疾儿童"。这一规定限定了受资助对象的基本范围。

第三，对资助经费的来源做出规定。已有政策文件对学前教育资助经费的来源做出了规定：一是地方政府要根据本地实际，通过公共财政落实资助资金；二是幼儿园要从事业收入中提取3%—5%的资金用于减免收费、提供特殊困难补助等；三是积极引导和鼓励企业、社会团体及个人等捐资助学。

第四，强调学前教育资助的监督机制。已有政策强调了对学前教育资助政策落实情况的监督检查，规定各级财政、教育部门要与审计、监察等有关部门密切合作，齐抓共管。特别提出对虚报在园儿童数骗取财政补助资金、公办幼儿园因免除保教费而提高其他收费标准、民办幼儿园收费缺乏管理等可能出现的违法违规行为要进行严肃查处。

4. 实施幼儿教师国家级培训计划，加强师资队伍建设

已有政策将加强幼儿园教师队伍建设作为保障学前教育质量和促进学前教育公平的重要手段，努力使幼儿园教师的社会地位、待遇、职称评聘、编制配备、培养培训等各个方面都得到全面落实与保障。此外，已有政策强调民办园教师与公办园教师同等的专业地位和权益，有助于提高民办园的保教质量。

第一，从加强幼儿园教师队伍建设和规范幼儿园办园行为的角度规定幼儿园教职工的配备标准。幼儿园教职工配备标准的出台进一步规范了各类幼儿园的用人行为。将配备标准作为办园的基本标准之一，可以规范幼儿园的办园行为，保证幼儿在园学习、生活、游戏的需要，确保幼儿园的基本保教质量，特别是对于企事业单位办园、集体办园、民办园等类型的幼儿园配足配齐教师具有重要的指导意义。

第二，对中西部地区农村幼儿园实施专项培训计划。幼儿教师国家级培训计划是为提高中西部地区农村公办园（含部门办园、集体办园）和普惠性民办园教师队伍的专业水平而实施的专项培训计划，这一计划分别对园长、骨干教师、转岗教师、新教师等不同专业发展水平的教师实施有针对性的培训。

第三，从政策上规定对长期在农村基层和艰苦边远地区工作的幼儿教师给予倾斜。已有的相关文件中都提及对长期在农村基层和艰苦边远地区工作的幼儿园教师，在职务（职称）、工资等方面实行倾斜政策。鼓励地方政府将符合条件的农村幼儿园教师住房纳入保障性安居工程统筹予以解决，改善农村幼儿园教师工作和生活条件，并采取各种措施吸引优秀人才到农村边远贫困地区幼儿园任教。

（二）学前教育公平现状及存在的主要问题

学前教育公平总体上来说主要涉及城乡之间、区域之间、园所之间和人群之间的公平，从这个角度分析我国学前教育发展的现状，发现我国在推进学前教育公平进程中的突出问题，有助于我们在理论上加深对我国学前教育公平的理解，在实践中寻找到更有效的推进学前教育公平的方式与路径。

1. 农村幼儿园数和在园儿童数多于城市，但农村普惠性学前教育资源短缺

一直以来，我国农村幼儿园数和在园儿童数均多于城市。2013 年，全国共有幼儿园 19.86 万所，其中农村幼儿园有 13.7 万所，约占全国总数的68.9%；2012 年，全国在园儿童数为 3685.8 万人，其中农村在园儿童数为

2435 万人，占全国总数的 66%（图 5-1）。

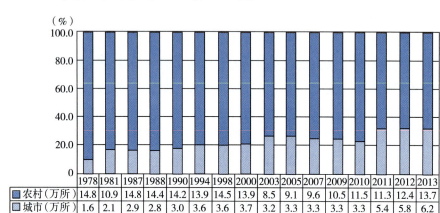

图 5-1　1978—2013 年城乡幼儿园园所数

学前教育发展的城乡差异很大。与城市相比，农村特别是中西部农村地区学前教育普及率低，发展滞后。在中西部农村地区的 2 万个乡镇中，约有 1.7 万个乡镇已建成乡镇中心园，还有 3000 个乡镇尚未建中心园，建有村级幼儿园的行政村不足 10%。中西部农村尚未形成县—乡—村三级学前教育网络体系，大量居住在村里和偏远地区的适龄儿童缺少入园机会。2012 年，中西部农村在园幼儿数为 788 万人，学前三年毛入园率为 44%，远低于 64.5% 的全国平均水平。

2. 学前教育发展水平东高西低中部凹陷，区域差异显著

根据预算，目前我国东、中、西部地区学前教育发展水平很不平衡。①东部地区发展水平明显高于全国平均水平，中部地区基本接近全国平均水平，而西部地区则在全国平均线以下。学前教育发展呈现出东高西低中部凹陷的态势，区域差异十分显著。

这种地区差异首先体现为东、中、西部地区的办园条件存在较大差异。2013 年，全国幼儿园生均校舍面积和生均活动室面积分别为 6.2 平方米和 2.5 平方米，其中东部地区分别达到了 6.9 平方米和 2.8 平方米，中

---

① 学前教育发展水平具体测算方法及过程见本书第二章第二部分"中国学前教育综合发展水平的地区比较"。

部和西部地区均分别为 5.7 平方米和 2.3 平方米。

东、中、西部地区在园所结构上也存在显著差异，中西部地区的民办园比较过高，增长速度也快于东部地区。2012 年东部民办园年增长率仅为 4.0%，而中部和西部地区分别为 14.6% 和 10.9%，分别高出东部地区 10.6 和 6.9 个百分点。

此外，东、中、西部地区的学前教师数量也不均衡。东部地区的学前师资队伍数量最为庞大，2013 年学前专任教师达到 81.5 万人，占全国总数的 49%；中部地区的学前专任教师为 46.6 万人，占比为 28%；西部地区的学前专任教师仅为 38.3 万人，占比为 23%。这也导致中部和西部地区的学前教育生师比普遍高于东部地区。2013 年，东部地区的学前教育生师比为 17.9，中部和西部地区则分别达到了 20.8 和 21.1，远远超过国家规定的标准。

3. 民办园的园所数和在园儿童数大于公办园，但公办园和民办园之间存在多方面的差距

2013 年，全国民办园数量达 13.3 万所，占园所总数的 67.2%；公办园共有 6.5 万所，占 32.8%（图 5-3）。民办园在园儿童数为 1990.25 万人，占全国在园儿童总数的 51.1%。2012 年，城市民办园在园儿童数为 761.3 万人，占民办园在园儿童总数的 41.1%；农村民办园在园儿童数为 1091.5 万人，占 58.9%，高出城市 17.8 个百分点。民办园教师数量也快速增长，2012 年已经占到全国幼儿园教师总数的 66%。

民办园与公办园之间在管理机制、硬件设施、教师素养、保教质量等方面还存在着显著差异，民办园内部也良莠不齐，民办园保教质量总体来说低于公办园。因此，民办园在园儿童难以享受到和公办园在园儿童基本相当的学前教育质量。

4. 农村地区和集中连片贫困地区的适龄儿童、进城务工农民工随迁子女等弱势群体"入园难"

在目前全国农村人口占 60% 的情况下，农村幼儿入园率总体上低于城市幼儿，集中连片贫困地区的入园率则更低。因此，这些地区的适龄儿童依然缺少入园接受学前教育的机会。

此外，随着城镇化进程的逐步加快，一部分农村适龄儿童进入城市成为流动儿童。据 2010 年数据统计，0—5 岁学前流动儿童规模达到 981 万人，占流动儿童总数的 27.4%。这使得农村地区适龄儿童入园需求演变成为城市流动儿童入园需求。虽然《关于印发中央财政扶持城市学前教育发展奖补资金管理办法的通知》中提出了以"流入地政府为主、普惠性幼儿园为主"来解决进城务工农民工随迁子女入园问题的基本原则，但目前进城务工农民工随迁子女"入园难"依然是一个突出问题。

（三）各地区推进学前教育公平的举措与经验

我国各地区在推进学前教育公平方面采取了一系列的举措，积累了很多卓有成效的经验。这些举措主要集中在促进农村学前教育发展、积极扶持民办园、资助弱势群体接受学前教育和加强师资建设等方面。

1. 因地制宜，多措并举促进农村学前教育发展

城乡之间的学前教育发展水平差异是我国社会城乡二元结构在学前教育发展上的反映，无论是在学前教育整体发展水平较高的东部省份，还是在学前教育发展整体发展水平相对较低的西部省份，这一现象都普遍存在。因此，为了不断提高本地区的学前教育整体发展水平，缩小本区域内城乡学前教育发展的差距就成为各地政府在发展学前教育时必须考虑的问题。各地区都根据本地区的社会情况、产业结构和经济发展水平以及学前教育发展的模式来因地制宜地采取多种措施，促进农村学前教育的发展。

如河北省多年来一直秉持"三为主"的学前教育发展理念，实施"以政府和集体办园为主、以公办教师为主、以政府和集体投入为主"的学前教育发展模式，推进了省域内农村学前教育的持续稳步发展。河北省实行目标责任制，在不断创新学前教育管理体制的过程中，逐渐形成了"幼小一体化"的管理模式，将农村幼儿园的管理和小学的管理结合起来，既有利于幼小学段之间的相互衔接，也有利于幼儿园管理的规范化。在此基础上，河北省坚持以政府公共财政投入为主、社会和家庭合理分担的农村学前教育投入体制，有效地保障了农村学前教育普及过程中的经费需求。在师资队伍建设方面，河北省创造性地运用国家政策，除将小学富余和超编

教师通过转岗和培训调整到幼儿园岗位之外，还将公办幼儿园教师统一列入小学教师编制核定范围，纳入公办教师序列，由此建立了一支以公办教师为主、聘任制教师为补充的稳定的农村幼儿园教师队伍。

顺义区、房山区、大兴区和密云县属于北京市的远郊四区县，以农村人口为主。近年来四区县把握当地农村学前教育事业发展的关键点，加强政府的主导作用，确立并构建了以公办园为主体的办园体制格局，逐步形成了农村以教育部门办园为主，其他办园形式为辅，乡镇中心园辐射管理村园的形式，大幅度提高了农村学前教育的普及程度。

辽宁省通过强化省级政府职责，切实促进农村学前教育的可持续发展，不但将农村学前三年教育纳入当地经济和社会发展总体规划，纳入乡镇精神文明建设和城镇化建设规划，还将农村学前教育与义务教育发展规划统一起来，把学前教育发展目标和义务教育"两类新三片"的"普九"规划结合起来，教育部门统一进行管理，这种做法有力地促进了农村学前教育发展目标与任务的落实。

川渝地区（主要指四川省和重庆市）作为我国西部地区经济欠发达地区，利用 2007 年设立的"全国统筹城乡综合配套改革实验区"开始实施的城乡统筹和"四位一体"科学发展战略的契机，将普及学前三年教育作为农村教育工作的重点和难点，各级政府专门成立了"普三"领导小组，各部门建立学前教育联席会议制度，并将学前教育工作作为政府教育工作的考核内容。此外，政府还对农村幼儿园制定标准，进行规范化建设与管理。如成都市政府明确提出各区县对农村标准化幼儿园实行"五统一"，即统一规划、统一标准、统一风格、统一建设和统一管理，并构建了"政府建设、社会领班、规范管理、限价收费"的运行机制，将城乡教育均衡发展推向学前教育阶段。

2. 积极扶持民办园发展，鼓励民办园提供普惠性学前教育服务

民办园是我国学前教育发展的一支重要力量，各地区在普及学前教育的过程中，需要充分调动民办园的积极性并发挥民办园的作用。但目前大部分民办园在园所管理、办园质量和师资建设方面都面临着各自为政、缺乏规范的困境。为了解决这一问题，各地区贯彻学前教育"国十条"中

"各地根据国家基本标准和社会对幼儿保教的不同需求，制定各种类型幼儿园的办园标准，实行分类管理、分类指导"的精神，加强对民办园的支持与管理，通过各种方式引导大部分民办园成为普惠性民办园。

如宁波市强化政府对民办园的引导与管理，采取了一系列有效措施，基本形成了政府主导、社会参与、公办民办并举的城乡学前教育公共服务体系。宁波市的公共财政投入惠及了承担基本公共服务的城乡政府办、集体办及民办非营利性幼儿园，投入的重点是使这些幼儿园园舍设备符合国家标准，办学行为符合国家规范，全体教师获得基本的工资待遇和社会保障。宁波市还规定民办园在审批登记、分类定级、评估指导、教师培训、职称评定、资格认定、表彰奖励等多方面与公办园具有同等地位。

青岛市着力于采取各种措施优化学前教育资源配置，积极扶持普惠性民办园的发展，将其作为补充公办幼儿园学位、增强学前教育发展活力的重要举措。青岛市明确提出采取政府资金补助、减免租金、以奖代补、派驻公办教师等方式，引导和支持民办园提供普惠性服务，还针对普惠性民办园的认定标准、认定办法、扶持方式、补助标准、资金管理等方面制定了详细的具体政策。在《青岛市学前教育设施布局规划（2011—2015年）》中，明确了普惠性民办园发展的整体规划和年度计划，使各区（县、市）普惠性民办园的扶持工作有了可以量化的目标和计划，避免了盲目性。2012年6月，青岛市印发《关于做好青岛市普惠性民办园认定工作的通知》，进一步规范民办园的认定与管理。青岛市财政设立了学前教育专项资金，针对部分民办园园舍条件落后、设施设备不足等情况，各级财政投入资金，分级分层改善普惠性民办园办园条件。在市和区（县、市）组织的培训中，将普惠性民办园园长和教师纳入培训规划并适当倾斜，帮助民办园提升师资素质。

3. 制定专门政策保障弱势群体接受学前教育

在促进适龄儿童接受学前教育的过程中，各地区都制定了专门政策，保障弱势群体接受学前教育的机会，很多地区对经济困难家庭子女、特殊儿童、留守儿童和流动儿童入园给予政策倾斜和经费补助，通过各种方式与途径保障弱势群体能够进入学前教育机构接受有质量的学前教育。

　　浙江省杭州市、辽宁省大连市等地区对经济困难家庭幼儿入园问题高度重视，并出台了一系列政策，有效支持了经济困难家庭的幼儿接受学前教育。早在 2003 年，杭州市就在《关于做好困难家庭子女入园、入学收费减免和补助工作的通知》中提出，从 2003 年 7 月 1 日开始，市区困难家庭子女在公办幼儿园接受教育，可以减免 50% 以上的保育费。随着困难家庭儿童入园帮扶机制的建立，在杭州市属及以下公办幼儿园接受学前教育的杭州市困难家庭（含进城务工人员子女）可以享受的教育资助额标准为其所读幼儿园保育费的 50% 以上，残疾儿童享受全额减免保育费待遇。大连市从 2011 年秋季开学起，实施家庭经济困难幼儿入园免收托保费政策，享受免托保费政策的对象不仅包括在各级各类幼儿园接受学前教育的大连户籍家庭经济困难幼儿，也包括经教育部门审核认定的在大连市幼儿园就读的外来务工人员随迁子女。与此同时，大连市还规定享受免托保费政策的家庭经济困难幼儿资助面为：城市和县镇地区平均约占其在园幼儿总数的 5%，农村地区平均约占其在园幼儿总数的 10%。为保障资金到位，大连市规定实施免托保费政策所需补助资金按幼儿园隶属关系和属地原则承担，市财政拨款的公办幼儿园、市直部门和市属企业举办的公办性质幼儿园、部队所属幼儿园补助资金由市财政承担，其他幼儿园按属地原则，由市县两级财政按比例分担。这些政策和措施有力地保障了经济困难家庭幼儿等弱势群体能平等地接受学前教育。

　　北京市从 2000 年开始进行幼儿园随班就读的研究，在 2004 年颁布了《关于在幼儿园中开展残障幼儿随班就读试点工作的通知》，要求各区县选定 1—2 所办园条件较好、师资力量较强的幼儿园，承担随班就读试点任务。目前，北京市已经依托幼儿园建设了 37 个学前特殊教育基地，成为特殊学前儿童随班就读教育训练基地、特教师资培训基地、特殊儿童教育研究基地和特殊儿童家庭教育咨询服务基地。另外，为保证家庭经济困难幼儿接受学前教育的权益，2012 年北京市制定并实施了《北京市学前教育资助管理办法》，规定符合市低保条件家庭的幼儿、烈士子女、孤儿和残疾儿童等免交保教费，家庭临时困难的幼儿免交 50% 的保教费。

　　上海市、广东省惠州市等地采取多项举措满足流动儿童入园需求。如上海市 2008 年出台了《关于做好本市农民工同住子女学前教育工作的若干意见》，提出了农民工同住子女接受学前教育的设点布局原则，明确了对以招收农民工子女为主的民办幼儿园的规范管理工作。2010 年，上海市又提出"推进农民工子女学前教育和看护需求全覆盖"的目标，从实际出发，将流动儿童的"看护点"合法化并纳入管理和服务范畴，以满足流动儿童有人看管的基本需求。在上海市整体推进流动儿童学前教育的背景下，松江区提出"构建雁阵式发展新体系"的改革目标，引入社会力量办学，提出"民办为主、公办补充；民办二级以上园自主吸纳、民办三级园定向吸纳"的流动人口入园对策，并推行公、民办学前教育"一体管理、兼顾个性"的管理方式。浦东新区则探索"分类处置""标准引领""分流解决"等疏堵结合的办法，帮助流动儿童"有学上""得看护""保安全"，并建立了联席会议制度、部门责任制度、区域碰头制度等，推进流动儿童"入园难"问题的解决。广东省惠州市惠城区从自身发展现实出发，强调从健全机构、合理布局、社会参与、制度保障、规范管理等方面促进当地学前教育的改革与发展，为解决流动儿童的学前教育问题提供了一条切实可行的途径。针对流动儿童群体的实际需求，该区在外来人口较为密集的区域，积极鼓励社会力量参与开办新园，并根据民办园的实际情况放宽要求，按需审批。自 2005 年起，由区教育局组织成立民办园设置评议专家评审组，对新办园进行审批，只要布局合理，且符合能保证安全等条件，均有望获得准入，从而吸引了不少有志投身幼教行业的社会力量加盟。如今，在惠州市流动儿童较为集中的地段，大部分的流动儿童均由规模大小不等的民办园所吸收，有力地缓解了流动人口家庭子女入园难题。

（四）促进学前教育公平的政策建议

学前教育阶段推进教育公平的主要任务是：增加公办学前教育机构，合理配置学前教育资源，向农村地区、中西部边远贫困地区和民族地区倾斜，扶持普惠性幼儿园发展，保障弱势群体权益，加快缩小学前教育差距。可以从建立覆盖城乡的学前教育公共服务体系、扶持中西部省份学前教育发展、增加学前教育资源、细化保障特殊群体接受学前教育的实施细则、推进幼儿园教师队伍建设、完善学前教育投入机制等几个方面制定相关政策，推进学前教育公平。

1. 多种形式扩大学前教育资源，建立覆盖城乡的学前教育公共服务体系

在构建覆盖城乡的学前教育公共服务体系时，要注意的政策要点是：政府是学前教育公共服务体系中的应然主体，各级政府公共财政是学前教育公共服务体系中的供给主体。

实现学前教育机构全局覆盖是一些省份学前教育三年行动计划的重要举措。一些省份已经在致力于实现学前教育机构的全覆盖，河北省、山东省等探索了按人口分布设园、按覆盖范围和距离设园等有效经验和做法。上述有效途径和办法可供各地制定具体措施时参考，各地可以根据实际情况，创新学前教育的发展思路，尽快实现学前教育的全局覆盖。

进一步加强推进农村学前教育的力度。可以灵活采取乡镇中心园、村小附设幼儿园（班）、教学点附设幼儿班、行政村举办集体性质幼儿园（班）、民办园五种主要形式来扩大中西部农村地区的学前教育资源。

2. 继续通过专项重点扶持中西部省份的学前教育发展

促进学前教育的区域均衡发展可以为整个教育的区域均衡发展奠定基础，进而达到推进社会的区域均衡发展和教育公平、社会公平的目的，因此需要把发展学前教育作为推进区域均衡协调发展的重点领域和重要手段。

我国政府一直对中西部地区实施特殊倾斜与经济扶持等各项政策，设立了中西部扶贫攻坚计划与专项基金，极大地促进了中西部贫困地区发展。但目前来看，这种区域差距在经济、文化、教育等领域依然存在，并可能带来贫富分化、社会不公平等严重后果，各级政府都必须清醒地意识到并真正地重视这一点。对于学前教育而言，我国政府已经通过采取一些专门性的政策，如实施"中西部农村学前教育推进工程试点""中西部农村偏远地区学前教育巡回支教试点"等项目，来促进中西部贫困地区的学前教育发展，但鉴于这些地区的学前教育发展起点低，发展难度大，发展基础薄弱，还需要在未来很长一段时间内继续将其作为国家"学前教育的优先发展区"和"积极差别待遇对象"，通过中央政府和东部省份的积极

介入，加上当地政府的重视与努力，以超常规的方式尽快提高其学前教育发展水平，缩小与东部省市和发达地区的差异，实现全国学前教育的协调均衡发展，并最终推进整个社会的公平和谐。

3. 进一步加大对普惠性民办园的引导与支持

虽然大部分省份以及国家政策确定了支持普惠性民办园的发展思路，但绝大部分省份还未出台普惠性民办园标准和资助办法，民办园发展和扶持还缺乏制度性保障，导致各地对民办园的扶持力度差异很大。此外，对大量客观存在的未注册园也缺乏管理和扶持政策，需要各地在国家文件精神的基础上制定具体操作性政策加以规范。

4. 细化保障特殊群体接受学前教育的实施细则

《财政部教育部关于建立学前教育资助制度的意见》的正式颁布，标志着我国已经初步建立起特殊群体接受学前教育的保障体系，但这一政策的真正落实还需要各地确立实施细则、具体举措和操作流程。各地应尽快制定专门政策和实施细则来解决留守儿童、流动儿童入园问题，强化政府职能，及时预测户籍人口和常住人口增长情况，了解留守儿童和流动儿童学前教育现状和需求，制定针对留守儿童和流动儿童的专项学前教育计划。

此外，还需要落实专项资助经费。我国一直注重对贫困家庭儿童接收学前教育的资助，在国家资助体系基本确立以后，各地在原有基础上也相继出台相关政策措施，不断完善贫困家庭幼儿入园资助制度。但仍需要不断完善贫困家庭儿童入园资助体系和资助实效，将补助经费列入财政预算，以确保专项资助经费到位。

5. 优化机制，多途径建设师资队伍

各地需要创造条件不断增加幼儿园教师编制，并且因地制宜，通过多种途径建立幼儿园教师的配备、补充和专业发展机制，加强队伍建设，逐步解决幼儿园教师数量不足、专业素养较低的问题。如在农村地区可以通过实施农村幼儿园教师特岗计划等多种方式，吸引优秀毕业生到农村幼儿园从教；鼓励中西部地区建立和完善学前教育师范生免费教育制度，为中西部农村培养一批学前教育专业的合格教师，为县乡村幼儿园输送高层次

应用型人才；在县域内建立教师专业辅导团队进行巡回支教，把巡回支教的管理权放在乡镇中心园，形成县—乡—村三级管理和教研体系。

二、加强教师队伍建设

2010 年，《教育规划纲要》提出要建设高素质教师队伍，对教师队伍结构、师德修养和业务水平提出了全面要求，提出"努力造就一支师德高尚、业务精湛、结构合理、充满活力的高素质专业化教师队伍"。近年来，为了贯彻实施《教育规划纲要》对教师队伍建设的要求，国务院、教育部以及其他相关部委出台了一系列针对幼儿园教师队伍建设的重要文件，针对现实存在的诸多问题，各地也进行了多方面的探索，但编制待遇、队伍素质等仍是制约教师队伍的关键因素。

（一）2010 年以来有关幼儿园教师队伍建设的政策分析

2010 年以来出台的有关幼儿园教师队伍建设的政策文件主要包括《国务院关于当前发展学前教育的若干意见》（以下简称学前教育"国十条"）、《幼儿园教师专业标准（试行）》（以下简称《专业标准》）、《国务院关于加强教师队伍建设的意见》《教育部中央编办财政部人力资源社会保障部关于加强幼儿园教师队伍建设的意见》（以下简称两个《意见》）、《幼儿园教职工配备标准（暂行）》（以下简称《配备标准》）、《幼儿园工作规程（修订稿）（征求意见稿）》（以下简称《工作规程》）等，对教师队伍的数量、结构、资质、配置提出了明确具体的要求。

1. 学前教育"国十条"对幼儿园教师队伍建设进行全面部署

2010 年，学前教育"国十条"对幼儿园教师队伍建设和教师素质提高提出了要求："多种途径加强幼儿教师队伍建设。加快建设一支师德高尚、热爱儿童、业务精良、结构合理的幼儿教师队伍。各地根据国家要求，结合本地实际，合理确定生师比，核定公办幼儿园教职工编制，逐步配齐幼儿园教职工。健全幼儿教师资格准入制度，严把入口关。2010 年国家颁布幼儿教师专业标准。公开招聘具备条件的毕业生充实幼儿教师队伍。中小学富余教师经培训合格后可转入学前教育。依法落实幼儿教师地位和待遇。切实维护幼儿教师权益，完善落实幼儿园教职工工资保障办法、专业技术职称（职务）评聘机制和社会保障政策。对长期在农村基层和艰苦边远地区工作的公办幼儿教师，按国家规定实行工资倾斜政策。对优秀幼儿园园长、教师进行表彰。完善学前教育师资培养培训体系。办好中等幼儿师范学校。办好高等师范院校学前教育专业。建设一批幼儿师范专科学校。加大面向农村的幼儿教师培养力度，扩大免费师范生学前教育专业招生规模。积极探索初中毕业起点五年制学前教育专科学历教师培养模式。重视对幼儿特教师资的培养。建立幼儿园园长和教师培训体系，满足幼儿教师多样化的学习和发展需求。创新培训模式，为有志于从事学前教育的非师范专业毕业生提供培训。三年内对 1 万名幼儿园园长和骨干教师进行国家级培训。各地五年内对幼儿园园长和教师进行一轮全员专业培训。"

2.《专业标准》对合格幼儿园教师的专业素养提出要求

2012 年，《专业标准》的颁布对幼儿园教师队伍建设尤其是专业素质的提高具有重要意义。首先，《专业标准》确定了幼儿园教师的专业地位和专业身份，强调"幼儿园教师是履行幼儿园教育工作职责的专业人员，需要经过严格的培养与培训，具有良好的职业道德，掌握系统的专业知识和专业技能"。这样的提法和定位使幼儿园教师真正告别了"保姆"和"阿姨"的身份，走上了专业化、高素质的发展道路。《专业标准》提出了师德为先、幼儿为本、能力为重和终身学习四个基本理念，从专业理念与师德、专业知识与专业能力三个维度，从职业理解与认识、对幼儿的态度与行为、幼儿保育和教育的态度与行为、个人修养、幼儿发展知识、幼儿保育和教育知识、通识性知识、环境的创设与利用、一日生活的组织与保育、游戏活动的支持与引导、教育活动的计划与实施、激励与评价、沟通与合作、反思与发展等 14 个领域，对幼儿园教师提出了 62 条基本专业要求。从这些具体要求中，我们能够清楚地了解到一个合格的、专业的幼儿园教师所应具有的基本行为准则和专业规范。

3. 两个《意见》明确了教师队伍建设的具体目标和措施

党的十八大报告中强调，要"加强教师队伍建设，提高师德水平和业务能力，增强教师教书育人的荣誉感和责任感"。2012 年 9 月，国务院召开了教师工作暨"两基"工作总结表彰大会，会前印发了新中国成立以来第一个全面部署教师队伍建设工作的纲领性文件《关于加强教师队伍建设的意见》，明确了教师队伍建设的指导思想、总目标、重点任务和政策措施。为了全面落实有关教师队伍建设的新要求，创新教师管理体制机制，切实加强教师工作的薄弱环节，教育部与相关部委联合出台了涉及农村义务教育、学前教育、职业教育、高等教育、特殊教育教师队伍建设和教师教育改革等方面的 6 个文件，着力破解教师队伍建设体制机制方面的瓶颈问题，《关于加强幼儿园教师队伍建设的意见》就是 6 个文件之一。这次会议和有关幼儿园教师队伍建设的文件提出：（1）明确幼儿园教师队伍建设的目标。到 2020 年，形成一支热爱儿童、师德高尚、业务精良、结构合理的幼儿园教师队伍。补足配齐幼儿园教师，到 2015 年，幼儿园教师数量基本满足办园需要。（2）建立标准体系，全面提高学前师资水平。出台幼儿园教师专业标准，制定幼儿园园长专业标准和任职资格标准，提高幼儿园园长、教师专业化水平。（3）创新教师培养模式，建立高等学校与地方政府、幼儿园联合培养教师的新机制。（4）试行五年一周期不少于 360 学时的教师全员培训制度，推行教师培训学分制度。采取定岗置换研修、校本研修、远程培训等多种模式，大力开展幼儿园教师特别是农村教师培训。（5）加强幼儿园教师培养培训基地建设。（6）出台幼儿园教师配备标准，各地结合实际合理核定公办幼儿园教职工编制。

4.《配备标准》促进教师队伍数量增长和保障教师待遇

2013 年颁布的《配备标准》要求幼儿园根据服务类型、幼儿年龄和班级规模配备数量适宜的专任教师和保育员，使每个幼儿在一日生活、游戏和学习中都能得到成人适当的照顾、帮助和指导。全日制幼儿园保教人员与幼儿比例为 1 : 7—1 : 9，半日制幼儿园为 1 : 11—1 : 13；全日制幼儿园每班配备 2 名专任教师和 1 名保育员，或配备 3 名专任教师，半日制幼儿园每班配备 2 名专任教师，有条件的可配备 1 名保育员。根据《配备标准》，各地出台了相应的政策措施，采取不同方式快速扩充教师队伍，尽可能满足学前事业发展对教师的大量需求，有效解决公办幼儿园的教师编制问题、公办和民办教师的工资待遇问题。

5. 相关文件调整对学前师资的资质与职责要求

2013 年公布的《工作规程》调整了对幼儿园园长、教师、保育员、保健医的任职资格和工作职责要求。对园长的学历要求，从"具备幼儿师范学校（包括职业学校幼儿教育专业）毕业及其以上学历"和"具有一定的教育工作经验和组织管理能力"，调整为"具有教师资格、具备大专毕业及以上学历、有三年以上幼儿园工作经历和一定的组织管理能力"。对幼儿园教师的工作职责增加了"创设良好的教育环境，合理组织教育内容，提供丰富的玩具和游戏材料，开展适宜的教育活动"和"定期总结评估保教工作实效"等要求。此外，还将保育员的学历要求从"初中"提高到"高中"毕业及以上，对卫生保健人员则具体规定了专业执业证书要求：医师应当取得卫生行政部门颁发的《医生执业证书》，护士应当取得《护士执业证书》。《工作规程》总体上普遍提高了对幼儿园各类工作人员基础学历的要求和专业工作资格与经验的要求。

6. 实施国培计划，实现全员培训

为了贯彻落实《教育规划纲要》和学前教育"国十条"的精神与基本要求，在五年内对幼儿园园长和教师进行全员培训，2011 年 9 月 5 日，教育部和财政部联合下发了《关于实施幼儿教师国家级培训计划的通知》。2011 年起，中央财政支持实施幼儿教师国家级培训计划，通过农村幼儿教师短期集中培训、农村幼儿园转岗教师培训、农村幼儿园骨干教师置换脱产研修等几大类培训项目，引导地方科学制定幼儿教师培训规划，创新培训模式，完善培训体系，全面提高幼儿教师队伍的整体素质和专业化水平。

经过学前三年行动计划的推进，我国已经初步建立起从国家到地方的幼儿园园长和骨干教师培训体系：建立了幼儿园园长和教师国家培训中心，各省市依托高校和幼师培训院校建立了教师培训基地网络，实施了对幼儿园园长和教师的远程培训和跟踪指导，各地一批高质量的幼儿园成为

培训的实践基地，与培训院校合作，在幼儿园教师国家级培训中发挥了重要作用。

《幼儿教师国家级培训计划课程标准》的颁布，从课程目标、课程设置、课程的组织实施形式以及师资队伍等方面提出了明确细致的要求，还针对不同的培训项目和不同的受训群体提出了不同的要求，对保证培训效果起到了积极的引领作用。

表 5-2　**2010—2013 年发布的有关幼儿园师资素质要求的主要文件**

发布时间	文件名称
2010 年 7 月	《教育规划纲要》（第十七章）
2010 年 11 月	《国务院关于当前发展学前教育的若干意见》（学前教育"国十条"）（第三条）
2011 年 9 月	《教育部财政部关于实施幼儿园教师国家级培训计划的通知》
2012 年 3 月	《幼儿园教师专业标准（试行）》
2012 年 8 月	《国务院关于加强教师队伍建设的意见》
2012 年 9 月	《教育部中央编办财政部人力资源社会保障部关于加强幼儿园教师队伍建设的意见》
2012 年 5 月	《幼儿教师国家级培训计划课程标准》
2013 年 1 月	《幼儿园教职工配备标准》
2013 年 3 月	《幼儿园工作规程（修订稿）（征求意见稿）》

（二）幼儿园教师队伍现状及存在的主要问题

2013 年全国共有幼儿园教职工 283 万人，比 2010 年增加了 98 万人，增长了 53%。其中，园长和专任教师 189 万人，比 2010 年增长了 58 万人，增长了 45.7%。长期制约幼儿园教师队伍建设的编制、待遇、培养、培训等问题也有了一定的突破。但是，幼儿园教师队伍建设的历史遗留问题多，情况复杂多样，各地区差异巨大。尽管近三年有了明显的进展，但一些根本性的问题还没有得到解决；各地虽然有了一些突破性的探索，但在推广上受到各种限制。长期以来制约教师队伍建设的问题依然存在。幼儿园教师数量依然短缺，不能适应事业发展的需要，制约着学前教育资源增加的速度。教师特别是非在编幼儿园教师的工资待遇低的状况还在很大程度上存在，教师的专业素质还有待进一步提高。

1. 幼儿园教师仍然短缺

从各地的普遍情况来看，幼儿园数量和在园儿童数增长迅速，对幼儿园教师的需求量巨大，但培养培训需要一定的时间周期。尽管幼儿园教师的数量也不断增长，但仍然不能满足事业发展的需要。2013 年，全国幼儿园师幼比为 1∶23，比例仍然很低。

2. 幼儿园教师的编制待遇并未普遍落实

目前，核定并落实了公办教师的省份还比较少，大部分省份还没有做到，难以吸引优秀人才从事学前教育，也影响了教师队伍的稳定性。2002 年中小学教师核编定岗以来，幼儿园教师未被纳入其中，原有的少量编制处于只退不进的状态，编制不断自然缩减，在编公办教师越来越少。经过学前教育三年行动计划的推进，公办园教师已有明显增加，但与现实需求仍有很大的差距。总体上，幼儿园教师工资待遇偏低的状况没有根本转变，非在编教师的工资待遇更难以保证。

3. 幼儿园教师的整体素质仍然较低

2013 年，全国专科以上学历幼儿园教师的比例仅为 66%，农村地区不到 50%；全国仅有 31% 的幼儿园教师有职称，而西部农村地区仅有 18% 的幼儿园教师有职称。

有些地区为了填补幼儿园教师缺口，招聘了大量非幼教专业的新教师，而且采取了"先上岗，后培训"的方式。对从中小学转岗到幼儿园的教师培训也不充分，甚至有些转岗教师没有经过任何幼儿教育专业的培训。在本课题组对西部 5 个国家级贫困县的调查中，有大约 55% 的教师都是非幼教专业的。普遍提高新教师和转岗教师的专业素质仍然是重要任务之一。

从 2011—2013 年幼儿园教师国家级培训效果来看，一些承担国家级培训任务的大专院校由于自身师资缺乏或水平偏低，影响了培训的效果；一些大专院校将自己的培训任务转包给其他不具有资质的机构，严重地影响了培训效果。此外，还存在着一定程度的重复培训和遗漏培训的情况，有些教师在三年内被培训多次，而最需要培训的基层教师因种种原因未能接受培训。如在对 5 个国家级贫困县幼儿园教师的调查中，有大约 40% 的教师至少两年未参加过培训或从未参加过任何培训。

4. 幼儿园教师队伍的区域差异大

当前，幼儿园教师队伍的区域差异巨大。东中西部地区的教师之间、城市地区和农村地区的教师之间，均存在着较大的差异。以学前教育代课教师为例，其区域差异和城乡差异都比较大。分区域来看，中部地区学前教育代课教师比例最高，为 7.9%；其次是西部地区，为 6.6%；东部地区为 6.4%。全国农村地区学前教育代课教师的比例为 10.2%，比城市地区高 6.4 个百分点，城乡差异较大，尤其是东部地区，城乡差异为 7.7 个百分点，中西部地区的城乡差异也较大，分别为 5.3 和 4.8 个百分点。[①]从教师学历来看，2013 年，农村地区专科以上学历的幼儿园教师比例低于全国平均水平 16 个百分点，西部农村地区有职称的幼儿园教师比例低于全国平均水平 13 个百分点。总体上，中西部地区低于东部地区，农村地区低于城市地区。

（三）各地区加强幼儿园教师队伍建设的举措与经验

自 2010 年以来，随着国家有关教师队伍建设的文件陆续出台，各地都采取了相应的政策措施加强幼儿园教师队伍建设，有效地扩充教师数量，落实教师编制待遇，稳定教师队伍，加强教师培养培训，提高教师专业素养。

1. 探索新途径，落实教师编制比例

幼儿园编制核定情况是反映幼儿教师队伍稳定性的重要指标之一，关系到教师的工资、福利、保险待遇等合法权益的保障，决定着幼儿教师的社会地位。近年来，一些省市率先探索新途径，核定和落实了公办幼儿园教师的编制。

按要求核定编制。2012 年 2 月，《山东省公办幼儿园编制标准》正式出台，不仅规定了机关、事业单位以及乡镇政府和街道办事处举办的幼儿园要按要求核定编制，还要求国有企业办幼儿园、村（社区）集体办幼儿

---

① 2013 年统计数据，来源于《教育统计报告》第 2—5 期（内部资料）。

园也参照这个编制标准执行，有效地扩大了公办教师的比例。此外，全日制和半日制等不同类型幼儿园通过按 1∶5—1∶8 比例核定弹性编制，提高编制的使用效率；实验园、示范园和乡镇中心园通过设立 5%—8% 的附加编制，满足特殊需要。

按比例配备教师。以黑龙江省为例，为保障新增幼儿园师资需求，省编办制发了《黑龙江省幼儿园机构编制管理实施办法》，规定：幼儿园事业编制按照教职工与幼儿 1∶6 的比例核定；幼儿园事业编制总额的 30%，实行定编不定人，用购买服务的方式聘用人员；现有基础教育阶段空余编制优先安排学前教育。实施学前教育三年行动计划来，全省新增公办幼儿园教师编制 9655 人，在编教师总数达到 13455 人，比 2010 年增长了82.5%。[1] 公办教师比例迅速增加，教师队伍的稳定性不断提高。

转岗调整，鼓励专业公办教师从事学前教育。2011—2013 年，山东临沂市采取了两大举措，促进公办中小学教师转岗到幼儿园工作。一是鼓励学前教育专业毕业、年龄在 40 岁以下的公办中小学教师，本着自愿的原则，采取评先树优、实行绩效工资等优惠政策，转岗到公办幼儿园直接从事管理、教育教学工作等；二是鼓励 40 岁以下的中小学教师通过转岗培训后到幼儿园任教，保证工资待遇不变。

普遍新增公办教师。贵州省也采取有力措施，统筹教师编制，扩大教师队伍。一是出台了《关于加强和完善中小学幼儿园教职工编制管理的意见》，规定幼儿园教职工与幼儿的比例不低于 1∶8。二是制定了"十二五"期间每年新增 5000 名公办幼儿教师的目标。三年来，全省新增公办幼儿专任教师 16400 人，是 2010 年公办幼儿教师总数的两倍多。三是先后扶持和指导 3 所高职（专科学校）举办学前大专教育，13 所师范院校开办学前教育本科专业，并帮助 2 所师范学校升格为幼儿师范高等专科学校，加大了幼儿教师的培养力度。[2]

---

① 黑龙江省教育厅. 努力扩大普惠性学前教育资源加快推进学前教育改革发展［EB/OL］.（2014-02-26）. http://www.moe.edu.cn/publicfiles/business/htmlfiles/moe/s7881/201402/164608.html.

② 贵州省教育厅. 加大省级统筹，破解农村学前教育发展难题［EB/OL］.（2014-02-26）. http://www.moe.edu.cn/publicfiles/business/htmlfiles/moe/s7881/201402/164607.html.

山东省潍坊市则以公办园新进教师为突破口，增加在编幼儿园教师数量，师资队伍整体素质显著提高。自 2011 年起，潍坊市大力加强公办幼儿教师引进工作，规定各县市区每年新进幼儿教师数不得低于当年新进教师总数的 15%，并将落实情况纳入对县市区政府的督导评估。学前教育三年行动计划实施以来，全市已累计新进公办幼儿教师 796 人，约为实施前全市在编幼儿教师总数的一半。① 东营市则在落实农村公办幼儿园教师编制方面有一定突破，乡镇中心幼儿园逐步配齐公办园长和教师，并使其比例到 2013 年达到 50%，每所农村社区（村集体）幼儿园配备 1 名公办园长。2011 年，市编办为全市现有公办幼儿园核定增编 1261 个，其中，辖区内40 个乡镇（街道）中心幼儿园全部设置为股级事业单位，核定事业编制860 个，并明确根据发展需要及时核增编制，仅一年时间全市就新增在编幼儿园教师 186 人，占新增教师总数的 40%。公办幼儿教师编制核定和公开招考政策的落实，吸引了更多优秀人才加入幼儿教师队伍。2012 年，全市幼儿园教师资格报考人数由 2009 年的 925 人增加到 1665 人。

2. 提高教师待遇

以各级财政为主解决非公办教师待遇问题。山东省青岛市政府规定，非公办幼儿教师工资、保险 70% 以上列入区（市）、镇财政预算，由区（市）统筹发放，并逐步实现与公办教师同工同酬。莱芜市、东营市规定，农村非公办幼儿园教师工资达到当地上年农民人均纯收入的 1.8 倍以上，实现社会保险全覆盖；各县区已全部建立起农村非公办幼儿教师工资保险待遇以县乡财政为主，县（区）、乡镇（街道）、举办单位及幼儿园共同分担的经费保障机制，多数区县县乡两级财政分担的比例在 40%—70%。从2011 年开始，教师待遇明显改善，越来越多的县镇为符合条件的农村非公办幼儿教师办理了养老、医疗等五项社会保险。

3. 创新体制机制，增加农村教师

定向培养。江西省确立了"定向培养""直派直送"制度，定向师范

---

① 周立明. 潍坊市实施学前三年行动计划取得三项重要成果［N］. 中国教育报，2013-12-29.

生录取后与当地政府和培养学校签订就业协议，毕业后根据定向培养协议书，将毕业生派遣到指定县（市、区）乡镇幼儿园任教，服务不少于5年。

特岗计划。江西省按岗位需求设置一定数量的农村幼儿园教师特设岗位，将特设岗位计划列为本年度对各县（区）级政府教育工作督导评估和教师队伍建设评估的重要内容，每年按计划为农村分配特岗教师，做到有岗有编，限时落实反馈。

定向招生本土化。江西省规定，报考初中起点五年制定向生必须是本县生源。通过定向招生、定向招聘，短平快地为农村幼儿园培养一支"用得上、留得下、靠得住"的本土幼儿教师队伍，使远在山区的幼儿教师"进得去、留得住、教得安"。

4. 创新培训途径和方式，提升教师素质和能力

分层培训是各地的普遍做法。为了能在较短的时间内实现全员培训，各地均采用了从省市到区县的分层培训方式。为了提高培训的效果，各地都根据师资队伍的岗位职责和工作经历，进行了各种形式的分类分群，有针对性地开展全员培训。山东省东营市在实施学前教育三年行动计划期间，采取市、县、乡、园分层次开展农村园长岗位培训、骨干教师提高培训、园长教师全员培训、新任教师入职培训等做法，提高了培训的效率和效果。

建立培训基地，实现研训一体。经过学前教育三年行动计划的推进，特别是幼儿园教师国家级培训计划的全面设计、布局、系统推进和改革创新，各省市设有学前教育/幼儿教育系所或专业的高等院校、专科学校、职业学院、幼儿师范学校，经过分批申报和审批，均建立了幼儿园教师、园长培训基地，承担了对城乡特别是农村各级各类幼儿园园长和教师的培训任务，完善了培训制度和培训体系，壮大和提升了培训者队伍，全面改善了我国幼儿园教师职后培训的状况。各培训院校还与幼儿园建立合作关系，一些高质量的幼儿园特别是省、市、区、县级示范幼儿园成为各培训院校的实践基地，对口承接受训园长和教师的实践观摩任务，一些有经验的骨干教师与培训院校的教师一起承担起指导受训教师的任务。培训院校

和幼儿园合作的培训方式，全面提高了培训的效果。

健全教研制度，完善教研队伍。福建省晋江市通过四大举措为学前教研提供保障：一是健全岗位设置，为每个镇街配备专业专职幼教辅导员，实现全市镇级幼教教研人员配备全覆盖。二是建立市、镇、园三级教研队伍，在市教师进修学校设立幼教教研室，为镇街配备幼教辅导员，在幼儿园设立教研组长。三是构建区域联片式教研机制，以强带弱整体提高，以片内"龙头园"为中心，联动教研，拓展园际教研信息，实现片区内资源共享。四是设立专项经费，保证培训和教研活动的顺利开展。

实施农村和民办园教师能力提升计划。针对农村和民办园教师专业化水平普遍较低、教育观念陈旧、教育方法相对滞后的情况，福建省在学前教育三年行动计划期间，实施了"农村和民办园教师（园长）教育教学能力提升计划"，通过省、市、县三级培训，五年内对全省农村和民办园教师（园长）实行全员轮训，普遍提高了他们的专业水平和教育教学能力。

通过"导师制"培养名师名园长。北京、天津、青岛等地探索通过名师工作室培养骨干教师和卓越教师，通过名园长工程培养优秀园长、卓越园长，通过"一对一""一对二""一对多"的导师制培养名师和名园长，落实国家有关教师队伍建设的文件中提出的"倡导教育家办教育""鼓励教师形成自己的教学风格，学校办出自己的教育特色"。

（四）加强幼儿园教师队伍建设的政策建议

鉴于幼儿园教师队伍建设仍然存在上述四个突出问题，国家和地方政府必须出台相关政策措施，有效扩大教师队伍，有力保障教师待遇，普遍提高教师培训的质量。

1. 国家出台相关政策，从根本上解决幼儿园教师编制问题

编制问题是20多年来制约幼儿园教师队伍建设和学前教育事业发展的关键问题之一。要从根本上解决这个问题，必须在总结全国各地有益的探索和成功经验的基础上，由国家出台公办幼儿园教师编制指导意见，各省（区、市）出台公办幼儿园教师编制标准。

国家出台公办幼儿园教师编制指导意见的关键在于，科学界定公办幼

儿园教师的身份。即"公办幼儿园教师"或称"公务幼儿园教师"是指具有国家正式事业单位编制的幼儿园教师，无论他们在完全公办幼儿园工作，还是在公办性质的幼儿园工作，或在普惠性民办幼儿园工作，其事业单位编制不变。国家出台公办幼儿园教师编制指导意见还应对公办幼儿园编制的设定、公办性质的幼儿园（机关和企事业单位办幼儿园、乡镇街道办幼儿园等）中公办幼儿园教师编制与数量比例的设定、普惠性民办幼儿园中派驻公办幼儿园教师编制与数量比例的设定等，提出明确要求和具体可行的指导意见。各地方政府根据国家的幼儿园教师编制指导意见出台本地公办幼儿园教师编制标准，对完全公办幼儿园、公办性质的幼儿园、普惠性民办幼儿园的公办幼儿园教师编制比例做出具体的规定。

2. 各地出台相关政策，按规定配足配齐幼儿园教职工

尽管 2013 年国家出台了《幼儿园教职工配备标准》，但只有少数省市和区县出台了相关政策措施并按要求和比例配备了教职工，特别是专任教师，大部分地区还没有出台相应的政策措施，更谈不上落实。

当然，鉴于近三年学前教育事业发展较快，特别是幼儿园数量和在园儿童数增加迅速，对幼儿园教师的需求量特别大，幼儿园的班额大、师幼比低的状况很难在短时间内解决。因此，各地可以根据本地的实际情况，制定出比较合理的规划和方案，有计划、分步骤地实现国家要求的配置标准。

3. 建立监督和评估机制，普遍提高幼儿园教师培养培训质量

幼儿园教师的国家级培训花费了从国家到地方大量的人力、物力和财力，培训质量至关重要。目前，培训的实际情况和效果总体上看还是令人满意的，但还存在诸多问题，应该建立国家和省市区两级督导评估团队，建立合理的督导评估制度，以保证培训的质量。

目前，各承担培训任务的院校有受训教师档案。随着受训教师的迅速增多，建议各地以县、乡两级为单位，建立幼儿园教师电子档案，随时掌握幼儿园教师的流动与培训等基本情况，进行简便易行的定期更新，方便受训教师的遴选和监控。

4. 建立财政按比例分担机制，保障幼儿园教师的工资待遇水平

山东一些地区已经探索了县（区）、乡镇（街道）、举办单位及幼儿园共同分担公办幼儿园教师工资待遇的有益经验。各地应根据自己的经济状况建立这种包括财政在内的教师工资待遇按比例分担机制，有计划地逐步提高财政分担的比例。

三、提高保教质量

幼儿园的保教质量是学前教育普及的前提和基础，这是近年来国际学前教育研究和实践经验达成的基本共识，也是我国学前教育改革发展的核心任务。

2010 年 9 月，在莫斯科召开了首届世界保育和教育大会，大会的主题是"幼儿保育和教育——构筑国家财富"。在大会上发布和交流了近年来几项重要的早期教育追踪研究和投资与效益研究的成果，这些研究证实：只有有质量保证的学前教育才能真正发挥其在奠定个体人生发展坚实基础、消除贫困的代际循环与传递、促进教育公平和发挥社会效益等方面的作用。大会达成的基本国际共识还包括：幼儿期是为个体发展设定正确轨道的最佳时机，早期的误导与伤害难以弥补，提高师资素质是保教质量的重要保障，必须建立保教质量的监控和评估体系，等等。

适应国际形势和教育改革发展的需要，2010 年以来，我国在加大力度提高学前教育普及率的同时，也加快了质量提高的步伐，出台了一系列政策文件，从幼儿园保育教育和教师的专业素质两个方面，全方位地提出了质量要求。但是，幼儿园教育小学化、功利性等倾向仍在一定程度上存在，应总结提炼地方经验，建立健全教研网络和质量评估机制，确保幼儿园保教质量的不断提升。

（一）2010 年以来提高幼儿园保教质量的政策分析

国家始终把提高保教质量作为学前教育改革发展的一项重要任务，

2010 年以来从宏观到微观、从政策到实践都对学前教育质量提出了一系列的要求，以促进学前教育质量不断提高。

1.《教育规划纲要》和学前教育"国十条"从宏观上明确了质量提高的方向

2010 年下半年，是我国学前教育发展史上具有重要历史意义的转折点。国务院相继颁布了《教育规划纲要》和学前教育"国十条"两个重要文件，不仅提出了未来 10 年我国学前教育事业普及普惠、构建覆盖城乡的学前教育公共服务体系的发展蓝图，也描绘了我国学前教育质量提高的基本方向和政策框架。

《教育规划纲要》明确了未来 10 年学前教育普及和质量提高的双重任务，其中第三章"学前教育"提出，"学前教育对幼儿学习习惯养成、智力开发和身心健康具有重要意义。遵循幼儿身心发展规律，坚持科学的保教方法，保障幼儿快乐健康成长"。这就意味着到 2020 年要基本普及的是科学的、有质量的学前教育，科学的、有质量的学前教育是提高入园率的前提。

学前教育"国十条"勾画了有质量的学前教育的基本框架，其中第八条特别规定，"坚持科学保教，促进幼儿身心发展。遵循幼儿身心发展规律，面向全体幼儿，关注个体差异，坚持以游戏为基本活动，保教结合，寓教于乐，促进幼儿健康成长。加强对幼儿园玩教具、幼儿图书的配备与指导，为幼儿创设丰富多彩的教育环境，防止和纠正'小学化'倾向。要建立幼儿园保教质量评估监管体系，健全学前教育教研指导网络。要把幼儿园教育和家庭教育紧密结合，共同为幼儿的健康成长创造良好环境"。从中可以清楚地看到，国家已经明确提出从七个方面来全面保证幼儿园保育教育的基本质量。

2. 教育部两个文件对幼儿园教育质量提出了具体要求

2011 年 12 月，教育部发布了《关于规范幼儿园保育教育工作，防止和纠正"小学化"现象的通知》，开展"小学化"专项治理，要求幼儿园遵循幼儿身心发展规律，坚决纠正"小学化"教育内容和方式，整治"小学化"，同时要求各地加强业务指导和动态监管，对学前教育"小学化"

和小学违规举行入学考试问题进行督察整改。一方面，切实规范幼儿园办园行为，严禁幼儿园提前教授小学教育内容，不得以举办兴趣班、特长班和实验班为名进行各种提前学习和强化训练。另一方面，严格执行义务教育招生政策，依法坚持就近免试入学制度，严禁小学举办各种形式的考核、面试、测试等招生选拔考试。

2012 年 9 月，教育部发布了《3—6 岁儿童学习与发展指南》，针对当前存在的学前教育"小学化"倾向、幼儿园教育和家庭教育的误区，明确了幼儿学习和发展的规律、特点和基本要求。第一，重申和进一步明确了幼儿教育阶段的学习观和发展观。幼儿的学习与发展是一个连续而又具有阶段性的过程，幼儿是在生活和游戏中学习的，等等。第二，从健康、语言、社会、科学、艺术五个领域提出了 11 项重要发展目标，并分 3—4 岁、4—5 岁、5—6 岁三个年龄阶段提出了百余条基本的典型表现。这种年龄阶段的划分以及这些基本目标、基本要求和典型表现，对教师全面把握幼儿的学习与发展重点，把握发展的基本目标与要求，并通过典型表现观察和判断幼儿是否达到了基本要求，具有重要的意义和价值。第三，为教师实施科学的教育教学提供了依据和参考，特别是明确了幼儿园的教育途径和教育方式，以及应该避免的一些误区。

3. 《托儿所幼儿园卫生保健管理办法》和《幼儿园工作规程》等文件全面规范了幼儿园保教工作

2010 年 3 月，教育部和卫生部联合发布了第 76 号令，要求从 2010 年 11 月起施行《托儿所幼儿园卫生保健管理办法》，以提高托儿所、幼儿园卫生保健工作水平，预防和减少疾病发生，保证儿童身心健康。《托儿所幼儿园卫生保健管理办法》规定托幼机构的建筑、设施、设备、环境及提供的食品、饮用水等应符合国家有关卫生标准、规范的要求，并对卫生保健人员的任职资格与工作职责提出了明确具体的要求。

2013 年 3 月公布的《幼儿园工作规程（修订稿）（征求意见稿）》中，特别增设了"幼儿园的安全管理"章节，对幼儿园的安全工作从规章、预案以及应急活动演练等方面做出了具体的规定，以提高广大师生对幼儿园安全的意识。《工作规程》还对幼儿的接送、交通安全等提出了要求，以确保幼儿在园生活和学习的安全与健康。

《工作规程》《专业标准》《3—6岁儿童学习与发展指南》三个文件相互呼应、一致要求，对幼儿园的保育和教育工作以及教师的专业能力，从环境创设、一日生活、教育教学和游戏活动四个方面提出了具体的方向性和原则性要求，突出了保教结合、寓教于乐、以游戏为基本活动的幼儿园教育特点，强调了遵循幼儿身心发展规律、注重个体差异、面向全体幼儿、坚持积极鼓励和正面教育等基本原则。《工作规程》强调教育活动应为每个幼儿提供充分参与的机会，满足幼儿多方面发展的需要，促进每个幼儿在不同水平上得到发展。此外，还特别强调幼儿园应当将环境作为重要的教育资源，合理利用室内外环境，创设开放的、多样的区域活动空间，提供适合幼儿年龄特点的丰富的玩具、操作材料和幼儿读物，支持幼儿自主选择和主动学习，激发幼儿学习的兴趣与探究的愿望。

相关政策的基本要点是：遵循幼儿的年龄特点和身心发展的客观规律；实施科学的保育和教育；提高教师专业水平；提高保育和教育质量。

表5-3　2010—2013年发布的有关提高保教质量的主要文件

发布时间	文 件 名 称
2010年7月	《教育规划纲要》
2010年11月	《国务院关于当前发展学前教育的若干意见》（学前教育"国十条"）
2010年3月	《托儿所幼儿园卫生保健管理办法》
2011年12月	《关于规范幼儿园保育教育工作，防止和纠正"小学化"现象的通知》
2012年9月	《3—6岁儿童学习与发展指南》

4. 开展学前教育宣传月活动，提高全社会对学前教育质量的重视

为深入贯彻落实《教育规划纲要》和学前教育"国十条"，营造有利于幼儿健康成长的良好社会环境，推进学前教育科学发展，教育部从2012年起在全国范围内组织开展学前教育宣传月活动，活动时间为每年的5月20日至6月20日。

2012年5月9日，教育部在北京空直蓝天幼儿园启动了第一个学前教育宣传月，主题为"快乐生活，健康成长"。活动旨在宣传学前教育发展的政策，增强社会共识；宣传管理制度，促进规范办园；特别是宣传科学的育儿知识，纠正小学化倾向。活动期间还建立了科学育儿资源平台，广泛传播先进的学前教育理念和科学育儿知识，提升广大家长的育儿信心和能力，自觉抵制各种违背幼儿身心发展规律的做法。

2013 年 5 月 20 日，教育部和重庆市人民政府在重庆市江津区几江幼儿园举行了第二个全国学前教育宣传月启动仪式。宣传月的主题是"学习《指南》，了解孩子"。活动旨在通过集中的学习与宣传，将《3—6 岁儿童学习与发展指南》（以下简称《指南》）的贯彻落实在全国范围内进一步普及开来，引向深入。活动强调，学前教育的根本是育人，保教质量是生命线。要通过广泛宣传和深入学习《指南》，帮助广大幼儿园老师和家长了解 3—6 岁儿童学习与发展的基本特点，增强按照幼儿成长规律和学前教育规律施教的能力，全面提高科学保教水平；充分发挥幼教专家、幼儿园、广大幼儿教师和孩子家长的积极性、主动性和创造性，广泛深入地宣传《指南》，努力凝聚科学保教的社会共识；充分发挥幼儿园的主阵地作用，向广大家长宣传《指南》的思想、观点和方法，努力形成家园共育的良好局面；积极创新学习方式和宣传方式，并建立完善学习和贯彻落实《指南》的长效机制，加大培训和教研的力度，让《指南》的基本思想和具体要求内化为幼儿园教师的基本教育技能，落实在每天的教育实践中；彻底改变一些地方、一些幼儿园习惯性的小学化做法。

2014 年 5 月 20 日，教育部和贵州省人民政府在贵州省遵义市习水县温水镇中心幼儿园举行了 2014 年全国学前教育宣传月启动仪式。宣传月主题是"《指南》——让科学育儿知识进入千家万户"。《指南》发布后，各地认真贯彻落实，取得了一定成效。但《指南》的贯彻落实是一个长期的过程，要把《指南》的科学理念、内涵和要求转变为广大教师和家长的教育行为，自觉抵制社会上那些伪科学和商业性的虚假宣传，还需要坚持不懈的努力。要把贯彻落实《指南》作为提高幼儿园保教质量的重要措施，建立长效机制；将《指南》的理念和要求落实到幼儿园管理及各项保育教育工作中，不断提高幼儿园办园水平和保教质量。幼儿园要把宣传《指南》、指导家长、普及科学育儿知识作为一项重要职能和长期任务，及时与家长交流孩子的成长变化，促进家园共育；面向社区、家庭开展灵活多样的宣传和咨询服务，让《指南》理念和科学育儿知识进入千家万户，让更多的家庭和孩子受益。

（二）幼儿园保教质量现状及存在的问题

自 2010 年以来，学前教育事业取得了突破性的进展，实现了跨越式发展。学前教育机构数量和在园儿童数迅速增加，幼儿入园率迅速提高。但与此同时，一些已经建起的幼儿园缺乏基本的玩具教具和游戏条件，师资数量的供给和素质条件都不能适应形势快速发展的需要，幼儿园的基本保教质量得不到保障，幼儿园教育的小学化和功利性倾向严重。

1. 幼儿园教育的小学化倾向

当今，幼儿园教育的小学化倾向已经复杂化和多样化，有不同的表现形式。一种是直接教授小学低年级的部分内容。这种情况在农村小学附设幼儿园（班）、城市和农村的一些民办幼儿园比较普遍。

另一种是突出读写算的学习和技能训练。在幼儿园阶段让幼儿提前识字，采用机械的方式或游戏等有一定趣味性的方式让幼儿学拼音、认汉字；提前让幼儿进行书写练习，在练习本上写汉字、写拼音；提前让幼儿学习计算和书写 20 以内的加减法等。

还有一种情况是让幼儿更多地学习与小学的数学、语文和英语三个主要学科相对应的内容。尽管有些幼儿园没有直接教授小学低年级的内容或突出进行读写算的学习和技能训练，但在幼儿一日活动的安排中，将幼儿的语言学习、数学认知和英语学习的内容加大，时间加长，忽略了对幼儿发展特别重要的健康、社会性、艺术表达与表现活动。

除了在学习内容与形式上的小学化倾向以外，还有一些幼儿园完全忽略了学前教育的基本规律和幼儿园教育的基本特点，幼儿一日生活的安排和作息制度与小学相同或类似，违背了幼儿园教育保教结合的基本原则，幼儿园以游戏为基本活动的要求得不到落实。

2. 幼儿园教育的功利性倾向

幼儿园教育的功利性表现为两个不同的方面，一是幼儿园对园本课程的过度追求，二是幼儿园教育受商业利益的影响与驱动。

一些幼儿园过度强调和追求园本课程的开发，在确定了园本课程的方向和内容后，幼儿园的日常教学花比较多的时间进行相关的活动，以便产出较多的成果，而正常的保教活动则受到干扰和影响，从而导致幼儿的学习内容不均衡、不全面。还有一些不具备条件的幼儿园盲目开发园本课程，课程缺乏理论的支撑和实践经验的验证，甚至违背了幼儿身心发展的基本规律和年龄特点，违背了教育的基本特点和规律，影响了幼儿的全面发展。

功利性的另一种表现是受商业利益驱动。一些幼儿园在购买玩具教具和图书时受到商业利益的影响，或是在商业利益的驱动下，引进了专门课程，质量差或不符合幼儿的年龄特点，甚至有伪科学的成分。

3. 农村幼儿园的保教质量普遍较低

幼儿园保教质量参差不齐。从总体情况来看，东部地区优于中西部地区，城市地区优于农村地区，公办园优于民办园，幼儿园优于学前班。尤其是农村幼儿园的保教质量普遍较低，影响了幼儿的身心健康和良好发展。

从幼儿园的基本设备设施特别是影响幼儿日常活动与学习发展的玩具材料来看，地区之间和园所之间差距巨大。目前，一些农村幼儿园特别是中西部贫困地区的幼儿园，办园条件极其简陋，幼儿基本没有玩具，无法开展游戏活动。不仅如此，幼儿的户外活动也基本没有保证，生活和学习活动都不符合幼儿园阶段的教育特点和基本规律。

（三）各地提高保教质量的经验和举措

近年来，各地在促进学前教育事业发展，普遍快速提高入园率的同时，也都特别重视幼儿园保教质量的提高，特别是上海、江苏、天津等地，采取了一系列富有创新性的有力措施，有效地提高了保教质量。

1. 推进幼儿园课程改革，提升学前教育质量

上海市把实施课程改革作为提升保教质量的有效抓手，持续推动学前教育内涵发展；通过加强保教研究和质量监控，促进儿童健康和谐发展；建设专业队伍，支持保教队伍专业发展。[1] 上海市教委早在 2008 年 5 月的幼儿园教学工作会议上就出台了《上海市幼儿园园长课程管理指导意见（征求意见稿）》，2010 年 4 月又发布了《上海市提升中小学（幼儿园）课程领导力三年行动计划（2010—2012 年）》，2011 年 5 月还召开了提升学校课程领导力行动研究项目——幼儿园保教质量评价与监测展示交流会。目前，上海正多措并举不断提升幼儿园课程领导力，使其成为上海全面提升幼儿园保教质量的最有力抓手。特别是通过提升校（园）长驾驭课程改革的能力、教研员指导课程实施的能力、教师把握教学实践的能力，使各校（园）把课程建设与特色培育、队伍建设等有机结合，进一步提高了办学质量，引领教师走上高品位的专业发展之路。[2]

安徽省为规范幼儿园办园行为，实施科学保教，自 2009 年 6 月起相继出台了《中小学办学行为规范》《关于严禁使用幼儿教材等问题的紧急通知》等文件。禁止幼儿园使用各种类型的幼儿教材，要求幼儿园教师使用多种版本的教学参考书、指导书，大量使用玩教具，科学安排幼儿的一日生活，增加各种游戏材料并加强游戏活动，纠正和消除小学化倾向。

2. 建立各种学习共同体，通过结对帮扶实现质量的共同提升

在提高幼儿园保教质量方面，各地比较普遍的做法就是结对帮扶，建立各种形式的学习共同体，如公办园和民办园结对帮扶、示范园和普通园结对帮扶等。

一是公办园和民办园结对帮扶。广西壮族自治区建立公办、民办幼儿园结对帮扶制度，公办幼儿园选派 1 名经验丰富的管理人员到结对帮扶的多元普惠幼儿园挂职 1—2 年，选派 1—2 名教学骨干到结对幼儿园任教

---

[1] 郑富芝. 学前教育跨越式发展［M］. 北京：人民教育出版社，2013.

[2] 怡然. 上海：不断提高幼儿园课程领导力［EB/OL］.［2015-03-27］. http://www.age06.com/age06public/06zhuanti/201106/10/20110610.html.

1—2 年，帮助普惠幼儿园提高管理水平和保教质量。① 福建省晋江市自 2011 年以来出台了加大非公办幼儿教师全员培训、民办园园长培训的专门计划和政策，还建立了公办园和民办园对口帮扶机制，实现了公办园和民办园的共同发展。

二是示范园和其他园结对帮扶。天津市静海县以县城的 4 所市级示范园和市一级园为基地园，分别与 18 个乡镇和 2 所县国办园签订帮扶协议书，对所辖帮扶园进行指导和扶持，开展互访互研、送教下乡、现场指导、示范活动等多种形式的教研和帮扶活动。

3. 加强教研员队伍建设，提高质量引领者的水平

教研员队伍在提升地方幼儿园保教质量，引领当地学前教育质量水平提高方面发挥着重要的作用。上海市特别注重教研员队伍建设，不仅根据需要配齐教研员，更重要的是建立和完善了教研员任用、管理、学习提高与培训制度，从学历条件、工作经历、师德表现、研究能力等方面制定教研员资质标准，试行教研员岗位准入制，组织优秀教研员评选，保障了教研员队伍的资质、专业能力和水平。此外，上海市还根据实际需要设立不同的教研中心组，通过教研员的共同研究和互相学习，整体提升教研员队伍的专业水平。

4. 建设示范区，全面引领质量提高

2011 年，江苏省启动实施了江苏学前教育改革发展示范区建设工作。经过几年的努力，正式命名无锡市滨湖区等 20 个县（市、区）为学前教育改革发展示范区，标志着江苏学前教育改革发展示范区建设工作已取得阶段性成果。

近年来，江苏先后推出一系列加快学前教育发展的重大政策措施，在全国率先颁布实施学前教育地方法规《江苏省学前教育条例》，率先创立学前教育改革发展示范区并开展建设与评估工作。2011 年江苏省提出，到2015 年全省所有 100 个县（市、区）全部创建成为学前教育改革发展示范区。同年 10 月，《江苏省学前教育改革发展示范区建设主要指标》正式出

---

① 周仕敏. 广西：4 年建四千普惠园［N］. 中国教育报，2014-05-11.

台，主要建设指标包含政府责任落实、事业发展水平、公办民办并举、优质资源建设、保育教育质量、师资队伍发展、经费保障机制、社会满意程度等 10 个方面的内容，并提出了明确的量化要求。江苏省政府与全省 13 个省辖市及所属县区政府逐一签订学前教育改革发展示范区创建责任书，明确了 2012—2015 年每一年的创建任务。各级政府均建立了教育、财政、编办、人社等多部门组成的学前教育改革发展联席会议制度，层层签订目标责任状，规定建设、管理责任主体，确保学前教育改革发展目标任务和五年行动计划按时完成。张家港市从政策保障、规划保障和经费保障三方面构建学前教育发展保障体系，积极履行政府职责。扬中市坚持以公办幼儿园为主、以公办教师为主、以公共财政投入为主、以优质幼儿园为主、以教育行政部门主管为主的"五为主"办园思路，较好构建了广覆盖、保基本、有质量的学前教育体系。学前教育改革发展示范区的创建，推动了江苏全省区域性学前教育整体水平快速提升。在首批参评的 20 个县（市、区），学前教育优质资源总量迅速增加，其中有 14 个县（市、区）省优质园比例达 70% 以上。经过创建活动，江苏绝大部分县（市、区）初步形成了"一园一品""一园一特"的办园格局。①

（四）提高保教质量的政策建议

提高幼儿园保育和教育质量是一项复杂的系统工程，涉及人员配备、制度建设和工作方式等多方面的问题。

1. 健全学前教育管理和教研网络，开展常态化全覆盖的教研活动

地方各级教育行政和教研部门要充实学前教育的管理和教研力量。在一些地方，学前教育的行政和教研没人管的现象仍然存在。必须配备县、乡、村三级学前教育专业人员，将辖区内的幼儿园进行分区划片，健全教研网络，建立日常教研制度，定期组织开展教研活动。

要加强对幼儿园保育和教育实践的研究和指导。地方大专院校和教研科研单位的专家、教师、教研员，应帮助、支持和指导幼儿园开展基于实

---

① 陈瑞昌. 江苏学前教育示范区建设作用大［N］. 中国教育报，2014-02-05.

践需要、能解决实际问题的研究活动，带领广大一线教师不断反思和改进自己的教育教学实践，为幼儿提供良好的环境和优质的教育。

国家和地方应整体部署和系统规划在《0—3 岁儿童学习与发展指南》引领下的保育和教育实践研究。通过建立实验区、试点园的方式，探索适宜的实践策略，全面提高教师的保育教育实践能力和幼儿园保育教育质量。

还需要特别注意的问题是，在一些地区，民办园仍未被纳入教育部门的管理范畴，教研部门无法进行对民办园的指导和质量监督，民办园的教育教学各行其是，专门课程和商业化课程较多。还有一些小学附属的幼儿园（班）没有进入学前教育系统的管理范畴，小学化倾向和重复学习严重，教育教学和其他日常活动违背幼儿身心发展规律。

2. 出台相关文件，保证幼儿园正常的教育活动

保证幼儿园正常的教育教学，需要有相关的政策措施作为支撑，既要有基本的物质条件保证，又要有相应的制度措施保障。

国家应出台相关文件，对幼儿园科学的保教行为予以具体指导和规定，形成重视质量、保证质量的大的政策环境。尽快出台幼儿园活动区设置与玩教具配备标准、幼儿园一日生活基本规范和保育教育活动指南，引导广大幼儿园和幼教工作者了解和明确科学规范的保教行为。广大农村特别是经济条件比较落后的农村地区，幼儿园的办园条件都比较差，短时间内难以从根本上改变，城乡间的巨大差距也很难在短时间内缩小。因此，国家应出台农村幼儿园（班）基本设备条件规范，引导农村幼儿园在师资、班额、玩教具配备、基本设备、园舍等方面都达到国家和地方规定的基本或最低标准，设置基本的活动区域，根据幼儿的年龄特点配备相应的游戏和活动材料，支持幼儿自发自主的游戏活动，让幼儿在游戏中学、玩中学，保证幼儿园以游戏为基本活动，使幼儿园的教育教学符合学前教育的基本规律。

3. 加强督导评估和教研活动，引领幼儿园走内涵发展的道路

健全幼儿园保教质量评估监管体系，完善区域教研和园本教研制度，加强对幼儿园保育教育工作的指导，促进幼儿身心健康成长。各地专业机

构和团队要引领幼儿园进行科学规划和整体设计，避免幼儿园"物质设施超豪华，内涵发展不重视"。

将各级各类幼儿园纳入质量监督体系。完整系统、常规规范的质量评估与监督体系，对幼儿园教育质量的提升具有重要的意义。各地首先应将民办园纳入质量监督体系，可以采取各种有效的方式促进民办园提高质量。

完善教研员队伍建设，不断提高教研员的专业能力和水平。尽快实现学前教育教研员角色和身份的转变，促使广大教研员从幼儿园教育质量的旁观者、管理者、评判者转变为参与者、引导者和促进者，优化教研员队伍，发挥教研员作用。

4. 依托专业资源和专门平台，加大科学保教的社会宣传

教育部应充分发挥国家学前教育专家指导委员会的作用，各地要充分发挥高等院校学前教育专业、学前教育教研科研单位和幼儿园的专业优势，充分利用好科学育儿资源平台，开展社会公益宣传。即通过多种途径和方式加大学前教育的社会宣传，转变家长的教育观念，普及科学的保育教育知识，提升家长科学育儿的信心和能力，自觉抵制各种违反幼儿身心健康的活动。

第六章

中国学前教育发展的主要成就与政策建议

随着《教育规划纲要》和学前教育"国十条"的贯彻实施，特别是经过学前教育三年行动计划的推进，我国学前教育普及程度迅速提高，学前教育基本公共服务体系已见雏形，学前教育师资队伍建设已有突破，学前教育质量提高也已经明确了方向，但仍然存在着许多问题。进一步扩大资源供给总量，增加普惠性资源所占的比例，健全政策和体制，进而形成学前教育可持续发展的长效机制，着力加强教师队伍建设，确保幼儿园教育质量不断提高，是未来工作的重点和发展方向。

一、学前教育发展的主要成就与经验

近年来，党中央、国务院高度重视学前教育的发展。为了落实《教育规划纲要》提出的到 2020 年基本普及学前教育的发展目标，国务院下发了学前教育"国十条"，系统设计，全面部署，统筹推进，要求各地以县为单位编制实施学前教育三年行动计划。自 2011 年起，从国家到地方采取了一系列新的政策和措施，着力推动学前教育事业的发展，我国学前教育进入了快速发展的新时期。国家八大项目的引领、17 个体制改革试点的探索和推进，形成了从中央到地方各级政府拉动事业发展的链条，环环相扣，强力推进。到 2013 年年底，第一期学前教育三年行动计划各项目标任务圆满完成，"入园难"问题初步缓解，学前教育改革发展取得历史性成就。

（一）学前教育普及程度迅速提高

在过去二三十年中，我国学前教育经历了曲折的发展历程，20 世纪 90 年代中期经历了明显的下滑，直至 2005 年才回升到 1995 年时 41% 的入园率，10 年间没有增长。经过学前教育三年行动计划的推进，2010 年以来学前三年毛入园率提高了十几个百分点，2013 年学前三年毛入园率达到 67.5%，提前并超额实现《国家教育事业发展第十二个五年计划》提出的到 2015 年达到 65% 的目标。我国过去 5 年学前教育资源的增加相当于在此之前的 20 年的总和。

1988 年，我国学前三年毛入园率只有 28.2%，随后有所增长。20 世纪 90 年代中期受企事业单位改制的影响，1998 年学前三年毛入园率小幅降至 38.4%，2001 年降至最低值 35.9%。从 2002 年开始学前三年毛入园率不断增长，2008 年达到 47.3%。在 1988—2008 年的 20 年间，学前三年毛入园率增加了 19.1 个百分点。2008 年是我国学前教育发展的重要时间节点。为了制定《教育规划纲要》，有关部门全面启动了学前教育调研，广泛征求意见，各地也开始思考学前教育发展中的问题，相应地采取了一些发展学前教育的新政策和新思路，学前三年毛入园率开始明显提高。经过学前教育三年行动计划的推进，学前三年毛入园率从 2008 年的 47.3% 快速提高到 2013 年的 67.5%，5 年间提高了 20.2 个百分点。据统计，2013 年全国共有幼儿园 19.86 万所，比 2010 年增加 4.82 万所，增长了 32%；在园幼儿达到 3895 万人，比 2010 年增加 918 万人，增长了 31%，相当于过去 10 年增量的总和。全国学前三年毛入园率达到 67.5%，比 2010 年增加了 10.9 个百分点。从各省（区、市）具体情况来看，黑龙江省学前三年毛入园率已从 2010 年的 50.6% 提高到 2013 年年底的 70.8%，提高了

20.2 个百分点，已提前 6 年完成了 2020 年的发展目标。

（二）学前教育基本公共服务体系已见雏形

《教育规划纲要》和学前教育"国十条"已经勾画出我国发展普及普惠的学前教育的蓝图和前景，明确提出要构建覆盖城乡的学前教育基本公共服务体系；《国家基本公共服务体系十二五规划》也提出要将普惠性学前教育纳入基本公共服务体系，从国家层面设计和规划我国学前教育基本公共服务体系的方向和蓝图。

1. 普惠性学前教育资源迅速增加

国家和地方学前教育基本公共服务体系建立之时，普惠性的幼儿园应占绝大多数，特别是公办幼儿园、集体办幼儿园、普惠性民办幼儿园比例提高。长期以来，我国普惠性学前教育资源特别短缺，经过学前教育三年行动计划的推进，普惠性学前教育资源快速增加。一是加快公办园建设。各地科学制定幼儿园建设规划，在资源严重不足的地区新建幼儿园，利用农村中小学布局调整的富余资源和其他公共资源改扩建幼儿园，依托农村小学增设附属幼儿园。据初步统计，各地已新建幼儿园 2.5 万余所，改扩建幼儿园 3.4 万余所，增设小学附属幼儿园 4.6 万余所。二是把城镇小区配套幼儿园办成普惠性幼儿园。各地积极研究制定规范城镇小区配套幼儿园建设和管理办法，新建、补建、回收了一批配套幼儿园，办成公办园或委托办成普惠性民办园，使小区配套幼儿园成为扩大城镇普惠性学前教育资源的主渠道。三是积极扶持企事业单位办园、集体办园和普惠性民办园。各地采取补助生均经费、以奖代补、派驻公办教师、免费培训教师等方式，已经扶持 6.9 万所次，受益幼儿约 1000 万人次。四是在偏远地区开展学前教育巡回指导。中央财政学前教育巡回支教项目支持陕西、贵州等13 个省（区、市）设立支教点 1500 余个，聘用乡村幼儿园教师和志愿者4000 余名，受益幼儿约 4 万人。

2. 财政性学前教育投入大幅增长

2011—2013 年中央财政学前教育项目经费投入达 500 亿元，带动地方各级财政投入 1600 多亿元。各地认真落实学前教育"国十条"关于加大学前教育财政投入的"五有"（预算有科目、增量有倾斜、投入有比例、拨款有标准、资助有制度）政策，全国财政性教育经费中学前教育占比从2010年的1.67%提高到了2012年的3.23%，2013年进一步增加。各地学前教育财政投入占比也快速增加，2012年上海达7.77%，山西达6.2%，陕西达5.26%。各地还普遍建立了学前教育资助制度，三年来已投入36亿元，资助家庭经济困难幼儿超过400万人次。陕西、青海等地还全面实行学前一年免费教育。各级政府积极采取措施，通过财政性经费奖补、创新购买服务等方式，鼓励企事业单位、集体和公民个人举办幼儿园，面向社会提供公共服务。2013年，企事业单位办园、集体办园和民办园较2010年增加3.2万所，增长了26%。

3. 各地选择不同的突破口构建学前教育公共服务体系

黑龙江省积极建设公办园。在推进学前教育三年行动计划期间，各级政府认真履行职责，资金投入力度空前，三年累计投入约56亿元，其中2013年投入22.5亿元，比2010年增加了两倍多，有力地保障了公办幼儿园建设资金需求。截至2013年年底，全省完成公办幼儿园建设1598所，其中新建474所，改扩建1124所。2013年，全省公办幼儿园达1898所，较2010年增加1100所，公办园比例由20.2%上升到27.3%，公办园在园儿童比例由2010年的30.7%增加到47.5%。

浙江省宁波市开展普惠性民办园扶持行动。宁波市有70%的在园儿童就读于民办园，因此，对民办园进行引导与扶持成为构建覆盖城乡、公益普惠的学前教育公共服务体系的关键步骤。宁波市特别出台了《宁波市关于加快发展普惠性民办幼儿园的若干意见》，指导各县区普惠性民办幼儿园认定和管理工作，具体措施包括：对民办幼儿园实行分类管理，积极扶持面向大众、收费合理、管理规范的普惠性民办幼儿园，通过给予土地提供、银行融资、税收减免等优惠政策和相应的财政补助，支持新建普惠性民办幼儿园；通过采取政府购买服务、减免租金、以奖代补、派驻公办教师等方式，引导支持民办幼儿园提供普惠性服务；普惠性民办幼儿园水、电、气等费用按当地中小学标准收缴。宁波市还按照《浙江省幼儿园准办标准》，积极引导各级各类幼儿园普遍提高办园水平。

（三）学前师资队伍建设已有突破

三年来，事业的迅速发展、幼儿园数量和学位数的快速增加无疑给师资队伍造成巨大的压力。尽管当前师资队伍还存在着数量短缺、素质偏低、稳定性差等一系列问题，但就长远发展来看，我国学前师资队伍建设已取得突破性进展。

1. 幼儿园教师队伍持续壮大

随着幼儿园数量和规模的增加，各地积极探索采用多种方式配备补充幼儿园教师。特别是教育部颁布了《幼儿园教职工配备标准（暂行）》之后，各地加快核定公办园教师编制，通过特岗计划、小学教师培训后转岗、接收免费师范生、公开招聘等多种途径，充实幼儿园教师队伍。2013年全国幼儿园教职工达283万人，比2010年增加98万人，增长了53%。其中，园长和专任教师189万人，比2010年增加了58万人，增长了45.7%。

2. 幼儿园教师的编制、待遇等问题开始有所突破

教育部颁布了《幼儿园教师配备标准（暂行）》，黑龙江、山东、四川、广西、贵州、广东、江苏、陕西等地出台了幼儿园教师编制标准。各地还出台了提高幼儿园教师工资待遇的措施。如黑龙江省为保障新增幼儿园师资需求，制发了《黑龙江省幼儿园机构编制管理实施办法》，规定幼儿园事业编制按照教职工与幼儿1∶6的比例核定，幼儿园事业编制总额的30%实行定编不定人，用购买服务的方式聘用人员，现有基础教育阶段空余编制优先安排学前教育。三年来，全省新增公办幼儿园教师编制9655人，在编教师总数达到13455人，比2010年增长了82.5%。四川省制定了"十二五"期间每年新增5000名公办幼儿教师的目标任务。三年来，全省新增公办幼儿专任教师16400人，是2010年公办幼儿教师总数的两倍多。浙江省杭州市提出到2015年实现非在编幼儿园教师与在编幼儿园教师同工同酬。山东省青岛市规定农村非公办幼儿园教师的工资、保险等经费70%以上列入财政预算，实现社保全覆盖。

3. 基本形成了幼儿园教师专业标准体系，教师资质有所提高

为保证幼儿园教师队伍的基本专业素养，短短三年时间，我国研制了《中小学和幼儿园教师资格考试标准（试行）》《幼儿园教师专业标准（试行）》《幼儿园教职工配备标准（暂行）》《幼儿教师国家级培训计划课程标准》《幼儿园园长专业标准》，出台了《国务院关于加强教师队伍建设的意见》以及教育部等四部委《关于加强幼儿园教师队伍建设的意见》等，取得了突破性的进展。

2010—2013 年，幼儿园教师的资质有所提高。从专任教师的学历来看，2010 年专科及以上学历的教师比例为 61.5%，2012 年提高到 65.1%，2013 年增至 68.1%。幼儿园专任教师中幼儿教育专业毕业的比例也有上升趋势，2011—2013 年这一比例分别为 63.7%、62.7% 和 63.9%。

4. 加大了培养培训力度

教育部批准升格了 9 所幼儿师专，各地根据事业发展需要积极扩大幼儿园教师培养规模。2013 年培养幼儿园教师的高等院校和中等师范学校已达 739 所，在校生规模达 53.7 万人，比 2010 年增加了 25.8 万人，增长了近一倍。

学前教育三年行动计划期间，学前专任教师培训受到前所未有的重视。2012 年，幼儿园专任教师总计参加境内外培训 676.4 万人次，人均培训 4.6 次。2013 年，幼儿园专任教师总计参加境内外培训次数增加到 872.2 万人次，比上年增加 195.8 万人次；人均培训 5.2 次，比上年提高 0.6 次。幼儿园教师国培计划投入 11 亿元，培训农村幼儿园教师 29.6 万名。各地普遍制定了幼儿园教师培训计划，2015 年前将完成一轮全员培训。

（四）学前教育质量提高已有方向目标并已取得明显效果

质量是学前教育事业健康发展的基本前提和重要保证。学前教育三年行动计划实施以来，教育部出台了一系列重要文件规范和引领学前教育不断提高质量，使学前教育事业呈现出"边普及，边提高"的良好发展局面。

1. 以《3—6岁学前儿童学习与发展指南》为引领，不断提高保教质量

2012年，《3—6岁儿童学习与发展指南》出台，强调了生活、游戏活动和环境对幼儿发展的重要价值，重申了幼儿身心发展的基本规律和幼儿园教育的基本特点，明确了学前教育质量提高的基本目标——促进幼儿快乐健康成长。

2. 加强幼儿园管理，不断规范办园行为

国家出台了《幼儿园收费管理暂行办法》《幼儿园卫生保健工作规范》，教育部组织修订了《幼儿园工作规程》《幼儿园建设标准》，正在加紧研制《幼儿园玩教具配备标准》。各地也积极完善幼儿园准入制度，加强幼儿园收费、安全、卫生、办园质量等方面的管理。各级各类幼儿园深入贯彻落实有关文件，提高幼儿园教师专业素质。

3. 举办全国学前教育宣传月活动，普及科学的质量观

三年来，教育部连续进行了全国学前教育宣传月活动，宣传普及科学保教知识，提高幼儿园的保教质量，向广大家长宣传和普及科学育儿知识，普遍提高家长科学育儿的能力水平。通过多形式的广泛宣传，增强全社会对学前教育特点和幼儿身心发展规律的认识，为实施科学的保育和教育营造良好的社会环境。

学前教育三年行动计划的实施，有力推动了学前教育事业的发展，各级政府对学前教育的重视程度、各级财政对学前教育的投入力度、普惠性学前教育资源增加的速度以及配套政策措施出台的密度都前所未有，学前教育全面实现了跨越式发展。

二、学前教育发展的政策建议

虽然近几年我国学前教育事业得到了快速发展，取得了一系列成就，但由于底子薄、历史欠账多，目前学前教育仍然是我国教育体系中的薄弱环节。城乡之间、区域之间学前教育发展差异过大，农村学前三年入园率总体偏低，特别是集中连片贫困地区、人口分散地区、留守儿童集中地区和进城务工人员随迁子女聚集地区"入园难"问题还十分突出；公办园民办园格局和结构不尽合理，民办园管理不规范；学前教育投入机制还不完善，普惠性资源严重不足；学前教育教师队伍数量缺乏，师资补充机制尚未建立；部分幼儿园小学化倾向严重，保教质量低……这些都是我国学前教育在未来的发展道路上所面临的问题和需要解决的困境。基于此，未来一段时期内我国学前教育发展应该聚焦于以下几个方面。

（一）继续扩大学前教育资源供给总量，加大普惠性资源所占比例

我国中西部农村地区学前三年入园率低以及部分城市人口聚集地区入园难等问题，归根结底还是由学前教育资源总量不足，特别是符合广大群众需求的普惠性学前教育资源短缺引起的。因此，继续通过各种途径、采取各种方式有效扩大学前教育资源，增加幼儿园园所数和学位数，让适龄儿童"有园可上"，成为我国一段时期内发展学前教育的首要任务。特别是着力扩大农村地区、集中连片贫困地区、偏远山区和牧区、少数民族地区、人口分散地区、留守儿童集中地区和进城务工人员聚集地区的普惠性学前教育资源成为当务之急。

根据我国基础教育管理体制的特点、学前教育发展的实际情况以及第一期学前教育三年行动计划的经验，扩大普惠性学前教育资源的主要途径有如下几种。

第一，继续加大发展公办园。一是实施公办园建设项目，在第一期学前教育三年行动计划实施的农村学前教育项目所支持的"乡镇中心园和大村落幼儿园建设"，以及校舍改建项目所支持的"农村闲置校舍改扩建幼儿园"的基础上，以区县为单位更加合理地确定和规划公办园的布局，逐渐再新建或改扩建一批公办园，扩大公办园园所数量和公办园占幼儿园总数的比例，以实现公办园"广覆盖、保基本"的发展目标。二是支持企事业单位和集体办园。各地政府需要创新学前教育发展方式，采取政府购买、减免税费和财政支持等各种方式重新激发企事业单位创办幼儿园的积极性，特别是在财政和专业方面加大对农村集体办幼儿园和城市街道办幼儿园的支持力度。三是规范对城镇小区配套幼儿园的管理并加大支持。虽

然我国早在 2010 年就已经从政策上明确规定城镇小区配套幼儿园应该与小区同步规划、同步建设、同步交付使用并且优先用于举办公办园，但在这几年具体实施的过程中，由于小区配套幼儿园的产权归属、当地政府的执行力度、小区开发商的配合程度等各个方面的影响，小区配套幼儿园的开发与建设效果并不理想。今后一段时期内需要全面进行小区配套幼儿园的清理整顿工作，出台小区配套幼儿园建设和管理实施办法，对规划、建设、移交、举办和回收、补建小区配套幼儿园做出具体规定。

第二，鼓励社会各界力量多元投入兴办幼儿园。各地可结合实际，制定优惠政策，吸引和支持公民个人、慈善组织、基金会、私营企业等捐资助园或投资办园。统计数据显示：2013 年我国民办园数量达到 13.35 万所，比第一期学前教育三年行动计划实施之初的 2010 年增加了 3.12 万所；2013 年民办园在园儿童数为 1399.47 万人，比 2010 年多出了近 600 万人。可见，社会力量办园为我国普及学前三年教育发挥了重要作用，已经成为学前教育事业发展中一支重要的力量。为了扩大学前教育资源总量，需要继续支持社会力量投入幼儿园，特别是鼓励社会力量举办普惠性幼儿园。

第三，逐步调整学前教育资源配置结构，扩大普惠性学前教育资源所占比例。建立覆盖城乡、布局合理的学前教育公共服务体系，要求普惠性学前教育资源在学前教育资源总量中占绝对主要的比重。我国教育行政部门已经提出今后 3—4 年城市和经济发达地区农村普惠性学前教育资源覆盖率达到 80%以上，其他农村地区达到 90%以上的发展愿景。要达到这个目标，除建设公办园之外，最为有效和可行的办法就是引导现存和新建的民办园成为普惠性民办园。因此，各地应在中央现有精神的基础上，制定普惠性民办园的具体扶持政策和支持办法，根据本地区普惠性资源布局和群众入园需求，认定一批普惠性民办园，并采取切实有效的措施扶持这些普惠性民办园的发展，支持这些幼儿园向社会提供普惠性学前教育服务。

（二）健全政策和体制，逐步建立学前教育可持续发展的长效机制

我国学前教育近几年来获得的迅速发展，得益于国家对学前教育事业的高度重视。教育部协同相关中央职能部门出台了一系列发展学前教育的

政策、文件和行动计划，指导各地方政府促进学前教育的发展。但总的来说，我国学前教育发展还处于探索阶段，要促进我国学前教育的可持续发展，需要在已有发展经验和举措的基础上，总结和建立、健全学前教育事业发展的政策体系与发展体制机制。目前学前教育事业发展中所遇到的一些问题，从根本上看，其实是学前教育法律法规不完善和体制机制不健全所引起的。具体来说，制约学前教育发展的主要机制包括学前教育政策法规体系、学前教育成本分担机制、学前教育运行保障机制、学前师资队伍建设机制、学前教育质量监管机制等。

学前教育阶段是《中华人民共和国教育法》规定的四个独立学制阶段中最不完备的，甚至是唯一没有立法的学段。由于缺乏"学前教育法"从法律的高度对学前教育发展做出明确定位，对各方利益相关者的权利、权益和职责做出刚性规定与约束，学前教育事业发展所必需的人财物都难以得到保障。虽然近几年以教育部为主出台了一系列引导学前教育事业发展的法规性文件和规章制度，但这些文件和制度还属于部门性的规章制度，与国家法律性文件相比，对于各地政府和相关各方的约束力有限。当然，教育部从 2008 年开始已经启动了学前教育立法的准备工作，但"学前教育法"的出台还需要社会各方共同努力，在众多关键问题上达成共识。此外，学前教育事业发展在管理、经费、师资、质量等各个方面的法规文件都还未形成体系，需要不断完善。

学前教育成本分担机制的建立是关系到学前教育经费是否能够得到保障的关键。《教育规划纲要》中对学前教育经费投资的解决思路是建立"教育投入分项分担机制"，家长、社会、政府对学前教育成本进行合理分担，国家在学前教育的投入方面会重点向弱势群体、处境不利儿童、中西部农村地区倾斜。虽然近几年国家财政和社会资金对学前教育的经费投入大幅增长，但各地一直未能建立合理的学前教育投入分担机制，财政性学前教育经费没有进入财政性教育经费预算。这一方面导致幼儿园高收费、乱收费、超低收费等乱象依然存在，另一方面也导致绝大多数地区的学前教育事业发展经费投入缺乏稳定性和持续性。未来一段时期内，中央和地方政府必须落实政府在学前教育投入中的主体责任，保证财政性学前教育经费在财政性教育经费中的比例不断提高。而且，各地需要根据本地的经济发展水平和社会发展状况，确定合理的学前教育成本分担比例，在扩大财政投入的同时，调动社会、家长投入学前教育的积极性。

完善学前教育发展的运行保障机制是保障学前教育可持续发展的另一个重要方面。保障学前教育管理的顺畅和有效，保障教师的工资，保障幼儿园安全，保障幼儿园日常保教工作的正常开展，保障幼儿园教育质量的不断提高，这些都是学前教育运行保障的重要内容。

（三）采取各种有效措施，着力解决学前教育教师队伍建设与发展问题

随着第一期学前教育三年行动计划中幼儿园园所建设项目的不断推进，幼儿园硬件建设方面的问题逐渐得到解决，但学前教育教师队伍建设方面的问题在政策上一直未能得到突破，在实践中这一问题则愈发凸显。随着学前教育普及率的不断提高，幼儿园园所数和在园儿童数的不断增加，幼儿园教师队伍数量缺口越来越大，并且由于这几年幼儿园教师队伍培养速度远远满足不了幼儿园教师聘用需求，大量没有教师资格证和没有任何学前教育专业背景的"教师"涌入幼儿园教师队伍，导致幼儿园教师队伍的专业水平难以保证。因此，未来一段时期内，着力解决学前教育教师队伍数量短缺和专业质量低下的问题成为推进学前教育发展的重点任务。

由于我国幼儿园类型众多，幼儿园的主办方和管理体制也有较大差异，因此不同类型幼儿园的教师队伍问题的解决方式和途径也有所不同。对于公办园而言，应健全公办幼儿园教师编制核定、补充制度，加快核定公办园教师编制，按照《幼儿园教职工配备标准（暂行）》补足配齐各类幼儿园职工。对于民办园而言，应提高教师的工资待遇，保障教师享有与公办园在编教师同工同酬的权益，吸引合格师资进入幼儿园安心工作。从国家政策和政府职能的角度来看，无论针对何种类型的幼儿园，要从整体上促进整个国家幼儿园教师队伍的建设和提高，都必须完善教师资格、职称评聘制度，制定保障教师工资、社保等待遇的具体措施，创新教师培养培训模式。特别是对于中西部农村地区，更需要制定特殊政策，吸引优秀人才从事学前教育工作。目前开始计划或已经在部分地区实施的"中西部农村幼儿园教师特岗计划""中西部农村学前教育专业免费师范生制度"和县域内巡回指导团队建设等，被证明是行之有效的举措。

此外，提高幼儿园教师的工资待遇和社会保障水平也是一段时期内需要尽快落实和解决的问题。我国幼儿园教师队伍数量短缺和专业质量低下的问题，与目前幼儿园教师工资待遇差、社会经济地位低有直接关系，优秀人才难以进入幼儿园教师队伍，同时幼儿园留不住优秀人才，导致了人才补充不足，流失严重，需要各地政府予以高度重视，并切实采取措施改变这一状况。

加强对已有在岗幼儿园教师的在职培训是提高幼儿园教师队伍专业水平的有效途径。2013年我国幼儿园教师队伍已达到283万人，而在2011—2013年的国培计划期间只有30万人接受过培训，在职培训任务的艰巨性非同一般。今后一段时期，各地政府特别是教育行政部门和教育培训机构应该探索出更为有效的培训方式，对幼儿园教师实施事半功倍的在职培训，以提高整个幼儿园教师队伍的业务能力和专业水平。

（四）构建幼儿园教育质量保障体系，提升幼儿园保教质量

一个国家发展学前教育的最终目的是通过向适龄儿童提供有质量的学龄前保育和教育，促进适龄儿童获得更好的身心发展，并更好地适应社会生活和未来学习的需要。没有质量保障的学前教育是难以完成这样的使命和达到这样的目的的，甚至会导致相反的后果。目前，我国幼儿园类型多，管理杂，幼儿园保教质量参差不齐，特别是部分民办园由于缺乏管理、引导和规范，保教质量低下，对幼儿的发展产生了极为不良的影响，也无助于在整个社会营造良好的早期教育氛围和推广科学的早期教育方法。我国学前教育事业的发展一直秉持着"边普及，边提高"的思路，在数量扩大和质量提高两方面双管齐下，在学前教育将要迎来更大发展的未来，质量提高将会愈发重要。

幼儿园保教质量的提高可以从幼儿自身和外部条件两个方面加以保障。从幼儿园教育自身的因素来说，应加强对幼儿园保育教育活动的研

究，深化认识，提高幼儿园教师的专业素养和实施保育教育活动的能力，改善幼儿园的办园条件，保证各类幼儿园在园舍、班额、师资、玩教具等各个方面达到国家或地方相关标准。

从影响幼儿园教育质量的外部因素来讲，则需要健全幼儿园教育质量监管机制。具体来说，一是加强对幼儿园资质的审核与监管，加强对集体办园、民办园的园舍环境、安全卫生、教职工资质和收费等方面的动态管理和规范。特别是县级教育行政部门应该利用国家建立学前教育信息系统的机会，完善本县幼儿园的信息，全面把握本县各类幼儿园资质、师资状况、收费等基本信息。二是加强对幼儿园保教工作的管理、研究与指导，各地教育行政部门需要继续充实学前教育管理和科研力量，根据国家规定，县级以上要配备专职学前教育管理干部和教研员，以区县为单位划定教育教研指导责任区，安排兼专职教研人员对区域内的幼儿园进行业务指导，同时充分发挥公办园的示范、引领和指导作用。近期内，贯彻落实《3—6 岁儿童学习与发展指南》的相关精神将是促进学前教育质量提高的有力抓手。三是制定幼儿园教育质量国家标准，建立质量评估与督导制度。幼儿园教育质量国家标准的出台，有助于各地区和社会各界统一对合格的、优质的幼儿园教育的理解，也有助于各种不同类型的幼儿园在认识基本一致的前提下开展保教工作。各地教育行政部门需要根据国家教育质量标准和本地幼儿园实际，制定具体的幼儿园教育质量评估工具，定期开展质量评估并及时进行反馈，在实行幼儿园教育质量动态监测的同时促进幼儿园教育质量不断改进。

后　记

　　本报告为中国教育科学研究院 2013 年度基本科研业务费专项基金"国情系列"项目（课题批准号：GY2013003）的研究成果，由中国教育科学研究院基础教育研究中心刘占兰研究员主持完成。本报告是集体智慧的结晶，是合作研究的成果。刘占兰承担了框架内容的设计和统筹组织工作，负责全书的多次统稿、报告撰写的指导和修改，并撰写了前言、第四章第一节和第二节、第六章；易凌云撰写了第五章，并承担了部分统稿工作；高丙成撰写了第一章、第二章、第四章第四节和第五节，并负责数据分析与图表制作；北京师范大学霍力岩教授撰写了第三章；刘玉娟撰写了第四章第三节。本报告的完成经过了多次修改，课题组成员始终秉持严谨求实的学风和高度负责的态度推进工作。特别是霍力岩教授和她的团队，尽管查找国际比较的数据资料非常困难，他们始终尽心尽力，获取必需的数据。专题调研过程中有数十位高校教师、地方教研员、幼儿园园长和教师参与了数据收集，他们长途跋涉，认真细致，保证了数据的真实可靠。感谢所有课题组成员和合作者的辛勤付出！

　　本报告是中国教育科学研究院系列研究成果的重要组成部分，得到了院领导的指导和帮助。科研处、基础教育中心的领导和同事们给予我们许多的支持、建议和帮助。报告的审读专家也付出了辛劳与智慧，提出了中肯和富有建设性的意见。在此，课题组全体成员对各位领导、专家和同事们表示衷心的感谢和诚挚的敬意。

由于数据来源、研究时间和水平所限，疏漏在所难免，敬请各位读者批评指正，提出宝贵意见。

出 版 人　所广一

责任编辑　何　艺

版式设计　孙欢欢

责任校对　贾静芳

责任印制　叶小峰

图书在版编目（CIP）数据

中国学前教育发展报告. 2013 ／ 中国学前教育发展
报告课题组著 . —北京：教育科学出版社，2015.6
　　（国情教育研究书系）
　　ISBN 978-7-5041-9582-1

　　Ⅰ. ①中… 　Ⅱ. ①中… 　 Ⅲ. ①学前教育—发展—研究
报告—中国—2013 　Ⅳ. ①G619.2

中国版本图书馆 CIP 数据核字（2015）第 127303 号

中国学前教育发展报告 2013
ZHONGGUO XUEQIAN JIAOYU FAZHAN BAOGAO 2013

出版发行	**教育科学出版社**		
社　　址	北京·朝阳区安慧北里安园甲 9 号	**市场部电话**	010-64989009
邮　　编	100101	**编辑部电话**	010-64981167
传　　真	010-64891796	**网　　址**	http://www.esph.com.cn
经　　销	各地新华书店		
制　　作	北京金奥都图文制作中心		
印　　刷	保定市中画美凯印刷有限公司		
开　　本	169 毫米×239 毫米　16 开	**版　次**	2015 年 6 月第 1 版
印　　张	15.75	**印　次**	2015 年 6 月第 1 次印刷
字　　数	213 千	**定　价**	48.00 元

里，李老师经常与我们一起讨论金融领域的学术问题，小到某个现实问题的调研方法，大到国家宏观经济金融政策的设计，李老师都亲自与我们一起分析探讨。三年来，李老师的言传身教使我受益匪浅，我也深深折服于李老师作为一代大师严谨的治学态度、渊博的学识和有口皆碑的为人风范。

感谢中国博士后科学基金的慷慨资助。在博士后研究阶段，我的研究项目《转型期开放经济下的货币政策操作方式研究》获中国博士后科学基金一等资助（项目号：20070420056），研究项目《转型期开放经济下货币政策规则研究》获中国博士后科学基金首批特别资助（项目号：200801143）。本书的出版还获得了江苏高校优势学科建设工程（PAPD）的资助。

感谢南京财经大学校长徐从才教授、副校长许承明教授对我的厚爱和栽培，感谢南京财经大学金融学院全体同仁对我的工作支持和帮助，感谢我的父母和妻子对我生活的照顾，感谢我的儿子卞钰晨给我带来的工作动力和家庭欢乐。多年的求学生涯使我难以保证有足够的精力去承担作为一个儿子、父亲和丈夫应尽的责任和义务，为此我深感惭愧，唯有继续努力工作、踏实求学以回报家庭和社会。

卞志村
2011 年 12 月 18 日于南京财经大学